清华终身学习丛书
COLLECTION OF TSINGHUA LIFELONG LEARNING

从大写意到工笔画

|"一带一路"的理论与实践|

王义桅 主　编　唐　玲　魏敬哲 副主编

清华大学出版社
北京

图书在版编目（CIP）数据

从大写意到工笔画："一带一路"的理论与实践 / 王义桅主编 . —北京：清华大学出版社，2021.8

（清华终身学习丛书）

ISBN 978-7-302-54847-8

Ⅰ．①从… Ⅱ．①王… Ⅲ．①"一带一路"－国际合作－研究 Ⅳ．① F125

中国版本图书馆 CIP 数据核字 (2020) 第 017688 号

责任编辑：朱玉霞
封面设计：徐　超
版式设计：方加青
责任校对：王凤芝
责任印制：宋　林

出版发行：清华大学出版社

　　　　　网　　　址：http://www.tup.com.cn，http://www.wqbook.com
　　　　　地　　　址：北京清华大学学研大厦 A 座　　　　邮　　编：100084
　　　　　社 总 机：010-62770175　　　　　　　　　　邮　　购：010-62786544
　　　　　投稿与读者服务：010-62776969，c-service@tup.tsinghua.edu.cn
　　　　　质 量 反 馈：010-62772015，zhiliang@tup.tsinghua.edu.cn

印 装 者：三河市国英印务有限公司
经　　　销：全国新华书店
开　　　本：170mm×240mm　　　印　　张：15.75　　　字　　数：248 千字
版　　　次：2021 年 8 月第 1 版　　　印　　次：2021 年 8 月第 1 次印刷
定　　　价：59.00 元

产品编号：086056-01

"清华终身学习丛书"编委会

编委会主任

刘　震

编委会副主任

李　越

编　委

刁庆军　张文雪　郭　钊　李森林　钟　敏
李思源　吴志勇　王爱义　宗　燕　周学敏

本书编委会

主　编

王义桅

副主编

唐　玲　魏敬哲

编撰委员会

朱雪峰　张明超　李　鹏　何烈辉　陈　超　赵守刚
黄雌麟　熊信念

我们已进入了终身学习时代!

法国著名教育家保罗·朗格朗（Paul Lengrand）1965年在联合国教科文组织主持召开的第三届促进成人教育国际委员会会议上提交了"终身教育议案"，重新认识和界定教育，不再将教育等同于学校教育，而视教育为贯穿整个人生的、促进个体"学会学习"的全新概念。1970年，保罗·朗格朗首次出版《终身教育引论》，详细阐述其对终身教育的理解，带来了革命性的终身教育和终身学习的思想，使我们进入终身教育、终身学习时代。**终身教育、终身学习思想，它不仅仅是一种思想体系，更是一种教育改革和教育政策制定设计的基本原则，是构建未来教育体系的指针。**

进入21世纪以来，国际组织愈发倾向以终身学习（Lifelong Learning）覆盖终身教育（Lifelong Education）。2008年，欧洲大学协会制定并发表《欧洲大学终身学习宪章》，明确提出在大学发展战略中应植入终身学习理念，大学的使命和发展战略中应包含构建终身学习体系的规划，为营造终身学习的文化氛围发挥关键作用。2015年11月，联合国教科文组织发布《教育2030行动纲领》，确立了"确保全纳平等优质的教育，促进终身学习"的宏大目标，标志着全球教育进一步迈向了终身学习的新时代，是否践行终身学习理念，成为衡量一个国家教育现代化水准的一面镜子。

终身学习理念也促进人们对工作、学习及人生的深层次思考。2016年，伦敦商学院（LBS）教授琳达·格拉顿（Lynda Gratton）和安德鲁·斯科特（Andrew Scott）在两人合著的新书《百岁人生：长寿时代的生活与工作》（*The 100-Year Life: Living and Working in an Age of Longevity*）中预言，人类已经进入长寿时代，我们这代人活到100岁将是大概率事件。长寿时代，我们的人生格局将会发生巨大改变。传统的学校学习、单位工作、退休养老的三段式人生终将被更多段式的人生格局所取代。所谓更多段式，就是一辈子被分割成4段、5段，甚至7段、8段，乃至更多小阶段。每一小段都有自己不同的主题，各段之间穿插进行，不会再有明确边界。所以，从个人生命周期来说，学习将成为人的一生的习惯及人生的常态，"学生"将是贯穿一生的唯一职业。而多段式人生的学习应该是连接过去、通往未来的终身学习，这将是未来多段式人生节奏中的一种经常出现的状态。

我国党和政府也十分重视终身教育和终身学习，党的十六大、十七大、十八大、十九大都有相关论述。习近平总书记对于终身学习有着一系列重要表述。2013年9月9日在教师节致全国广大教师慰问信中，他特别要求"牢固树立终身学习理念"。2013年9月25日在"教育第一"全球倡议行动一周年纪念活动贺词中，他指出"努力发展全民教育、终身教育，建设学习型社会"。2019年11月召开的中共十九届四中全会明确把"构建服务全民终身学习的教育体系"作为推进国家治理体系和治理能力现代化的重大战略举措，并提出"完善职业技术教育、高等教育、继续教育统筹协调发展机制"。

继续教育既是终身学习理念的倡导者、传播者，也是终身学习的重要载体。美国教育社会学家马丁·特罗认为：高等教育是学校教育和终身学习两个系统的关键接点，必须担负起不可替代的历史重任。因此，发展继续教育是高校应承担的使命和责任，以终身学习理念引领推动高校本科、研究生教育与继续教育统筹协调发展，构建体系完备的人才培养体系，是高等教育综合改革的一个重要趋势和方向。

清华大学继续教育以终身学习理念引领改革和发展，以"广育祖国和人民需要的各类人才"为使命，努力办出特色办出水平。为了更好地总结清华大学继续教育三十多年的创新实践，清华大学继续教育学院启动了"清华终身学习丛书"编写出版工作，该系列丛书以习近平新时代中国特色社会主义思想为指导，顺应国内外终身学习发展的大趋势，围绕终身学习/继续教育基本理论、创新实践及学科行业新前沿，理论创新与实践应用并重，争取在五年内推出一系列精品图书，助力中国特色、世界一流的继续教育建设。

聚沙成塔、集腋成裘。希望通过这套丛书，倡导终身学习理念，弘扬终身学习文化。

郑力
清华大学副校长
2019年11月

2013 年 9 月和 10 月，习近平总书记基于对世界发展、人类前途命运的深邃思考，提出建设"新丝绸之路经济带"和"21 世纪海上丝绸之路"的合作倡议。七年来，我们见证了两届"一带一路"国际合作高峰论坛的盛况，分享了一个又一个合作项目造福人民的喜悦。共商、共享、共建"一带一路"已然绘就挥毫泼墨的大写意，一幅精谨细腻的工笔画正在世界面前呈现。

过去外界经常问，中国强大以后和世界的关系是什么样的，会对世界有什么影响？我觉得，"一带一路"倡议已经给出了最好的答案。世界处于百年未有之大变局，中国特色社会主义进入新时代。在对世界、对中国都颇为紧要的历史节点，中国通过共商、共享、共建"一带一路"，主动分享发展红利，为世界经济增长开辟新空间，为完善全球经济治理拓展新实践，为增进各国民生福祉作出新贡献，为世界各国共同发展创造新机遇。特别是 2020 年新冠肺炎疫情期间，"一带一路"国际合作为沿线国家抗击疫情、改善民生、促进当地经济社会恢复作出了积极贡献。在这个中国与世界同呼吸、共命运的时代，"一带一路"将二者更加紧密地联系起来，通过构建全球互联互通伙伴关系，描绘出构建人类命运共同体的宏伟蓝图。

我作为一名教育者，同时也是一名"国际传播者"。向世界传播中国"一带一路"理念的同时，也在对"一带一路"进行思考。思之愈深，我便愈发体会到共建"一带一路"不仅是进行时，也是将来时；不仅是我们这代人倾注心血的事业，也是需要未来的建设者们不懈奋斗的目标。家国情怀、国际视野、理论知识，对未来的"一带一路"建设者而言都是不可或缺的。令人欣慰的是，越来越多的学者朋友正在致力于把"一带一路"带进高校、带进课堂，让更多同学关心国家发展的前途命运，拓宽自身的国际视野，掌握"一带一路"的理论内涵和实践进展，为投身民族复兴伟大事业储备好应有的能力、知识和胸怀。

"一带一路"内涵之深，范围之广，已然超出了单一学科的范畴。推进高质量共商、共享、共建"一带一路"，更需要通晓国际关系、国际经济、企业管理等专业知识的复合型人才。这部教材将理论和实践结合起来，汇集了学界对"一带一路"的最新研究成果，采用的案例也是从各行各业收集到的一手资料。这本书作为清华终身学习教材，相信定能助力高校"一带一路"教学系统化、专业化，为高质量共商、共享、共建"一带一路"培养更多复合型人才。

　　理论来源于实践，更能为实践提供指导。希望这部教材不仅能为同学们的课程学习提供帮助，其中的方法、经验亦能在不久的将来伴随同学们走到实践中，帮助大家画好"一带一路"这幅世上最美的工笔画。

　　是为序。

刘震

清华大学东南亚中心主任

清华大学继续教育学院院长

2020 年 11 月

编者致谢

　　《从大写意到工笔画："一带一路"的理论与实践》，从 2019 年 3 月确定开始编写，到 8 月底全部清稿。在时间很紧，人手少的情况下，我们通过走访、函调、网络查询等多种方式，收集整理了大量最新资料和实践案例，全面介绍了"一带一路"的提出、现状、路径、发展及已经取得的成果。本书全部案例都真实，材料均来自参与的各单位，他们的经验、教训、建议，为愿意参与"一带一路"的国家和企业提供了很有价值的参考，是一部鲜活的教科书。

　　本书分为理论和实践两大部分，共十二章。王义桅老师完成前言和第一章至第五章撰写[①]，对案例收集提供建议和支持等。唐玲老师完成第七章至第十二章的编写，完成本书的结构设计、案例函调和材料收集，魏敬哲老师完成第六章编写，完成案例收集的协调工作，与国家发改委国际合作中心的陈超一道对内容和文字进行校对。

　　本书在编辑过程中得到了很多的支持和帮助，中国铁建股份有限公司，中国路桥工程有限责任公司，中国远洋海运集团有限公司，河钢集团，河南民航发展投资有限公司，重庆市政府口岸物流办公室，甘肃中医药大学国际合作处，华为技术北京分公司，阿里研究院，恒逸实业（文莱）有限公司，湖北省卫健委国际合作处，全球能源互联网发展合作组织等单位，对本教材提供了案例素材，由于篇幅所限只遴选了部分案例呈现。对清华大学继续教育学院领导和同事，以及对本教材编写提供了支持帮助的所有单位和朋友，在此一并表示诚挚的感谢！

---

① 理论部分写作受北京市委宣传部宣传文化高层次人才培养资助项目"一带一路理论研究"资助，谨致谢忱.

目录

"一带一路"：再造中国，再造世界

"可以毫不夸张地说，这条交通干线（丝绸之路）是穿越整个旧世界的最长的路。从文化—历史的观点看，这是联结地球上存在过的各民族和各大陆的最重要的纽带。……中国政府如能使丝绸之路重新复苏，并使用现代交通手段，必将对人类有所贡献，同时也为自己树起一座丰碑。"

"中国人重新开通丝绸之路之日就是这个古老民族复兴之时。"

——[瑞典]斯文·赫定《丝绸之路》（1936）

2000 多年前，我们的先辈筚路蓝缕，穿越草原沙漠，开辟出联通亚欧非的陆上丝绸之路；扬帆远航，穿越惊涛骇浪，闯荡出连接东西方的海上丝绸之路。古丝绸之路打开了各国友好交往的新窗口，书写了人类发展进步的新篇章。

古丝绸之路上的驼铃桨声穿越时空，在新世纪奏响"一带一路"交响曲。"一带一路"倡议是中国特色大国外交的伟大实践。2013 年秋，习近平提出共建丝绸之路经济带和 21 世纪海上丝绸之路的倡议，11 月推进丝绸之路经济带、海上丝绸之路建设，形成全方位开放新格局，作为一项重大决策部署，写入党的十八届三中全会审议通过的《中共中央关于全面深化改革若干重大问题的决定》。2014 年 6 月，习近平在中国—阿拉伯国家合作论坛第六届部长级会议上首次正式使用"一带一路"的提法，并对丝绸之路精神和"一带一路"建设应该坚持的原则作出系统的阐述。"一带一路"建设作为一种全新的合作模式和共同繁荣发展的方案正式提出。2015 年 3 月，中国发布《推动共建丝绸之路经济带和 21 世纪海上丝绸之路的愿景与行动》。2017 年 5 月，首届"一带一路"国际合作高峰论坛在北京成功召开。2017 年 10 月，中国共产党第十九次全国代表大会通过了《中国共产党章程（修正案）》的决议，正式将推动构建人类命运共同体，遵循共商共建共享原则，推进"一带一路"建设等内容写入党章，彰显中国共产党人和中华民族实现世界大同的初心。"一带一路"也被写入联合国大会、安理会的有关决议，成为广受欢迎的国际公共产品。

共建"一带一路"实施八年以来，从倡议到共识、从理念到行动、从愿景到现实，得到了越来越多国家和国际组织的积极响应，受到国际社会广泛关注，影响力日益扩大。这一伟大倡议顺应和平、发展、合作、共赢的时代潮流，以构建新型国际关系和人类命运共同体为使命担当，赋予了古丝绸之路崭新的时代内涵，承载了丝绸之路沿线各国发展繁荣的梦想。在实践上，它以构建和平之路、繁荣之路、开放之路、创新之路、文明之路来解决当下现实人类社会中面临的和平赤字、发展赤字与治理赤字，具有强烈的现实关怀与引领意义。

一、"一带一路"倡议的内涵

国家发展改革委、外交部、商务部 2015 年 3 月 28 日联合发布《推动共建丝绸之路经济带和 21 世纪海上丝绸之路的愿景与行动》指出，"共建'一带一路'旨在促进经济要素有序自由流动、资源高效配置和市场深度融合，推动沿线各国实现经济政策协调，开展更大范围、更高水平、更深层次的区域合作，共同打造开放、包容、均衡、普惠的区域经济合作架构。""一带一路"连接中外、融通古今，其内涵可进一步阐释为"一二三四五六七八"，即一个概念、两个组成、三个原则、四大丝路、五个方向、六大走廊、七大地区、八大领域。

（一）一个概念

2013 年 9 月，习近平主席基于对世界发展、人类前途命运的深邃思考，提出了共建"一带一路"倡议。"丝绸之路"作为商路和文明交流之路，源自汉代张骞"凿空之旅"，但直到 1877 年才由德国人李希霍芬命名。共建"一带一路"倡议借用古丝绸之路的历史符号，融入了新的时代内涵，既是维护开放型世界经济体系，实现多元、自主、平衡和可持续发展的中国方案；也是深化区域合作，加强文明交流互鉴，维护世界和平稳定的中国主张；更体现了中国作为最大的发展中国家和全球第二大经济体，对推动国际经济治理体系朝着公平、公正、合理方向发展的责任担当。

（二）两个组成

"一带"和"一路"是这一倡议的双翼，旨在同沿线合作国家一道实现腾飞。一条是陆上的"丝绸之路经济带"，另一条是海上的"21 世纪海上丝绸之路"。2014 年 11 月 8 日，习近平主席在"加强互联互通伙伴关系"东道主伙伴对话会上讲到，如果将"一带一路"比喻为亚洲腾飞的两只翅膀，那么互联互通就是两只翅膀的血脉经络。

"一带"主要依托国际大通道，以沿线中心城市为支撑，以重点经贸产业园区为合作平台，包括新亚欧大陆桥、中蒙俄、中国－中亚－西亚、中国－中南半岛等国际经济合作走廊。"一带"是中国改革开放形成的"以点带线""以线带面"等经验的外延，通过各种经济走廊形成经济带，与海上经济走廊形成陆海联动的系统化效应。

"一路"着眼于深海时代，打造人海合一的人类新型海洋文明。21 世纪海上丝绸之路围绕一个愿景、遵循一条主线、共走四条道路。即围绕构建包容、共赢、和平、创新、可持续发展的蓝色伙伴关系这个愿景，以发展蓝色经济为主线，创新合作模式，搭建合作平台，共同制定若干行动计划，实施一批具有示范性、带动性的合作项目，实现人海和谐，共同发展。

（三）三个原则

1. 共商：集思广益——利益共同体

中国倡导"共商"原则，是在"一带一路"建设中充分尊重沿线国家对各自参与合作事项的发言权，妥善处理各国利益关系。互相尊重、互相信任，是友好合作的前提和基础。世界上没有放之四海皆准的发展模式，也没有唯一不变的发展道路。我们要树立开放包容的态度，充分尊重彼此自主选择社会制度和发展道路的权利，尊重各自推动经济社会发展、改善人民生活的探索和实践。我们要相互支持、求同存异，充分考虑相关各方不同利益诉求，团结协作、同舟共济，共同维护地区发展稳定大局。中国秉持"亲、诚、惠、容"的周边外交理念，完善合作机制，增进战略互信。

2. 共建：群策群力——责任共同体

中国倡导"共建"原则，是鼓励共担风险、共同治理，打造责任共同体。一方面我们要做好"走出去"的服务工作，同时鼓励沿线国家在引入资金、技术后培养相关人才，增强自主发展能力，保证建设成果能够被沿线国家所共享。我们要深化互利共赢的格局，沿线各国经济发展水平不同，生产要素和资源禀赋各异，经济互补、命运与共。我们应当珍惜机遇、抓住机遇，统筹自身利益与共同利益的关系，深化贸易投资合作，扩大利益汇合点，在更大范围、更高水平、更深层次上实现开放、融合，让合作成果更多惠及沿线各国人民。

3. 共享：人民普惠——命运共同体

古代丝绸之路有重要历史意义。它是全球最著名的东西方宗教、艺术、语言和新技术交流的大动脉。"往来于丝绸之路上最重要也是最有影响力的人群是难民。"古代丝绸之路所描绘的命运共同体发展到今天，已经成为正在崛起的中国向世界展示的"脱胎于经济而落脚于文化的国家名片"，从60多年前亚洲人民"有难同当"——告别西方殖民统治而走向独立自主发展道路，到今天的"有福同享"——以"一带一路"所描绘的亚欧非洲际"互联互通"蓝图，致力于共同发展和繁荣，体现了"计利当计天下利"的大局意识。

（四）四个关键词

"一带一路"有四个关键词：互联互通、战略对接、国际产能和装备制造合作、第三方市场合作。其中，要把握企业主体、市场运作、政府服务、国际标准的运行原则，发扬和传承"和平合作、开放包容、互学互鉴、互利共赢的丝路精神"。2017年5月成功举办第一届"一带一路"国际合作高峰论坛，一是使"一带一路"形成好势头，激励更多国家跟上趟；二是通过多边协商，推动"一带一路"机制化建设；三是全面对接联合国可持续发展各项目标，尤其是2030年可持续发展目标和巴黎气候变化协定，彰显人类共同意志，推动建设绿色丝绸之路、健康丝绸之路、智力丝绸之路、和平丝绸之路打造人类命运共同体。

（五）"五个方向"——"五通"：政策、设施、贸易、资金、民心相通

"一带一路"让世界分享中国发展经验，让中国拓展发展空间。"一带一路"的核心是互联互通。

一是政策沟通。通过加强友好对话与磋商，各国可以共商经济发展战略和对策，求同存异，消除政策壁垒和其他人为的合作屏障，协商制定推进区域合作的规划和措施，以政策、法律和国际协议为沿线经济融合保驾护航。加强政府间合作，积极构建多层次政府间宏观政策沟通交流机制，深化利益融合，促进政治互信，达成合作共识，是"一带一路"建设的重要保障。

二是设施联通。设施联通是合作发展的基础，也是"一带一路"建设的优先领域。"一带一路"倡议提出以来，中国秉持共商、共建、共享的原则，在推动形成共识的基础上，以基础设施互联互通规划和技术标准对接为切入点，以基础设施建设项目为依托，务实推进与沿线国家在铁路、公路、水运、民航、邮政等领域的深度合作，推动区域交通互联互通不断取得新进展。

三是贸易畅通。投资贸易合作是"一带一路"建设的重点内容。各方应该就贸易和投资便利化问题进行探讨并作出适当安排，消除贸易壁垒，降低贸易和投资成本，提高区域经济循环速度和质量，实现互利共赢。推进投资贸易便利化，消除投资和贸易壁垒，加强双边投资保护协定、避免双重征税协定磋商，保护投资者的合法权益，构建国家和区域良好的营商环境，积极同沿线国家和地区共同商建自由贸易区，激发释放合作潜力，做大做好合作"蛋糕"。

四是资金融通。《推动共建丝绸之路经济带和 21 世纪海上丝绸之路的愿景与行动》指出，资金融通是"一带一路"建设的重要支撑。如果各国能大大降低资金流通成本，就能有效增强抵御金融风险能力，提高本地区经济的国际竞争力。"一带一路"建设将为中国和沿线国家实现金融合作提供新契机。

五是民心相通。"一带一路"建设需弘扬睦邻友好的合作精神，在教育、青年、文化、旅游等领域深入开展人文合作，以文化交流推动包容开放理念的形成和扩散，促进文化交融，促成文化认同，为深化沿线国家合作提供内在动力。

（六）"六大架构"——六廊六路，多国多港

"六廊六路多国多港"是中国按照共建"一带一路"的合作重点和空间布局提出的合作框架。"六廊"指六大国际经济合作走廊，包括新亚欧大陆桥、中蒙俄、中国—中亚—西亚、中国—中南半岛、中巴和孟中印缅经济走廊；"六路"指铁路、公路、航运、航空、管道和空间综合信息网络，是基础设施互联互通的主要内容；"多国"是指培育若干重点合作国家；"多港"就是建设若干重点合作港口，保障海上运输大通道安全。

"道路通，百业兴"。在设施联通方面，聚焦"六廊六路多国多港"主骨架，一批标志性项目取得实质性进展。以中老铁路、中泰铁路、匈塞铁路、雅万高铁等合作项目为重点的区际、洲际铁路网络建设等扎实推进；瓜达尔港、比雷埃夫斯港、哈利法港等进展顺利；空中丝绸之路建设加快，中国已与 126 个国家和地区签署了双边政府间航空运输协定；能源资源通信设施合作力度加大，中国与沿线国家在电力、油气、核电、新能源、煤炭等领域开展了广泛合作，中俄原油管道、中国—中亚天然气管道保持稳定运营，中缅油气管道全线贯通。

（七）七大地区

自 2013 年提出以来，"一带一路"倡议始终向全球伙伴张开热情怀抱。从目前开展合作的范围看，"一带一路"朋友圈涵盖中亚、东南亚、南亚、中东、非洲、欧洲、拉美等七大地区。"一带一路"贯穿亚欧非大陆，一头是活跃的东亚经济圈，一头是发达的欧洲经济圈，中间广大腹地国家经济发展潜力巨大。丝绸之路经济带重点畅通中国经中亚、俄罗斯至欧洲 (波罗的海)；中

国经中亚、西亚至波斯湾、地中海；中国至东南亚、南亚、印度洋。21世纪海上丝绸之路重点方向是从中国沿海港口过南海到印度洋，延伸至欧洲；从中国沿海港口过南海到南太平洋。

共建"一带一路"致力于亚欧非大陆及附近海洋的互联互通，建立和加强沿线各国互联互通伙伴关系，构建全方位、多层次、复合型的互联互通网络，实现沿线各国多元、自主、平衡、可持续的发展。"一带一路"的互联互通项目将推动沿线各国发展战略的对接与耦合，发掘区域内市场的潜力，促进投资和消费，创造需求和就业，增进沿线各国人民的人文交流与文明互鉴，让各国人民相逢相知、互信互敬，共享和谐、安宁、富裕的生活。

（八）八大领域

一是促进基础设施互联互通，中国将与沿线各国和地区在交通基础设施、能源基础设施和通信干线网络三个方面加强合作。二是提升经贸合作水平。在机械设备、机电产品、高科技产品、能源资源产品、农产品等方面，与沿线各国和地区开展投资与贸易领域的广泛合作。进一步创新贸易方式，不断提高贸易便利化水平。三是拓展产业投资合作。鼓励和引导企业到沿线国家投资兴业，合作建设产业园区，设立研发中心，提升产业层次，增加当地就业，壮大企业实力。四是深化能源资源生产、运输和加工等多环节合作，加强能效和新能源开发等领域的合作，提升能源资源深加工能力。五是拓展金融合作领域。已建立亚洲基础设施投资银行和丝路基金。加强双边开发性金融的合作，发挥好社会资金的主力军作用。继续扩大双边本币互换的规模，扩大贸易本币的结算。六是拓展人文交流合作，为深化合作奠定坚实的民意基础。在旅游领域，与沿线国家和地区联合打造国际精品旅游线路和产品。七是加强生态环境合作，与沿线国家和地区建立健全有效地对话机制和联动机制，规划实施一批各方共同参与的重大项目，统筹推进区域内生态建设和环境保护。八是积极推进海上合作。深化农业渔业互联互通、海洋环保、航道安全、海上搜救、防灾减灾等领域的合作，以海水养殖、海洋渔业加工、新能源和可再生能源、海水淡化、海洋生物制药、环保和海上旅游等产业为重点，合作建立一批海洋经济示范区，海洋合作科技园，境外经贸合作区和海洋人才培训基地。

二、"一带一路"再造中国

中国外交史学者章百家曾用"改变自己，影响世界"来概括 20 世纪中国外交发展的基本线索："改变自己是中国力量的主要来源，改变自己也是中国影响世界的主要方式。"今天，中国提出并号召世界共商、共建、共享"一带一路"，在世界上积极打造对话而不对抗、结伴而不结盟的伙伴关系，进而建立以合作共赢为核心的新型国际关系，打造共建人类命运共同体的新型全球化，推动全球治理体系的变革，已经成为国际形势的稳定锚，世界增长的发动机，和平发展的正能量，全球治理的新动力。这正是我们要建设"一带一路"的内在逻辑，即通过中国倡议、中国方案、中国智慧塑造和引领全球化和全球治理。

"再造中国"是邓英淘（2013）提出的概念，立足对西部大开发的考察，致力于寻求新的发展方式以超越胡焕庸曲线，实现国内一体化、东西方协调发展的"多数人的现代化"。他从当今国内区域经济布局与发展的现实角度出发，为超越传统的经济发展模式展开了广阔前景。从时间角度上审视，"再造中国"的客体应包涵传统中国之文明、现代中国之发展、全球中国之贡献三重维度，也与 1901 年梁启超在《中国史叙论》一文中首次描绘中国的"中国之中国""亚洲之中国"及"世界之中国"三重身份遥相呼应。

与此对应，今日之中国，身份有三：一是"传统中国"（Traditional China），即传统农耕文化、内陆文明孕育的"文化共同体"。二是"现代中国"（Modern China），即近代以来随着"天下"观破灭后被迫融入西方国际体系而塑造的现代"民族国家"身份。中华人民共和国国名中除"中华"外，"人民""共和国"都是近代西方概念。"现代中国"身份仍在建构中，民族融合与核心价值观建构挑战尚在。三是"全球中国"（Global China）。它是指随着中国的改革开放，那些利益和观念国际化、全球化的部分，即坚持传统文化，又包容价值普世性，而处于初级阶段的全新国家身份。比如，近十亿网民越来越多地拥有"全球公民"身份，而非"中国人"之单一属性。"一带一路"肩负着推动中华文明转型的历史担当、推动实现新时代中国特色社会主义的现实担当和实现伟大复兴中国梦的未来担当，正从重塑传统中国、现代中国、全球中国的层面"再造中国"。

（一）再造"传统中国"，推动中华文明转型的历史担当

中华文明从起源与思维方式上讲是大河文明，从形态与生活方式上讲是内陆文明，从本质与生产方式上讲是农耕文明。中国是一个佯装成国家的文明，这是美国汉学家白鲁恂（Lucian Pye）的著名论断。纵观人类文明史，只有中华文明是唯一延续至今、从未间断过的古老文明。据汤因比分析世界上七种古老文明的历史命运，或夭折、枯萎，或中断、消灭、异化，唯有中华文明幸免于此，仍熠熠生辉并蒸蒸日上。作为文明型国家，中国正在经历从内陆文明向海洋文明、从农耕文明向工业—信息文明、从地域性文明向全球性文明的转型。"一带一路"正充分展示了中国在全球化时代的文明自觉与文明自信。

首先，"一带一路"打破了中华文明长期受制于北方威胁，局限于内陆的传统劣势，突破了"海防还是塞防"这一长期困惑中国的防御布局和"走向海洋还是西进"这一困扰中国的发展布局，它明确中国同时从陆上和海上走出去，既发挥传统陆上文明优势，又推动海洋文明发展，使中国陆海文明协调发展从而打造陆海兼备的文明型国家。其次，"一带一路"重点建设"六廊六路"，关注"五通"及其基础上的"网通"（第六通），将会在沿线交通线路逐渐形成相关的产业集群，以中国的资本、技术、经验开拓欧亚大市场，推动中国制造的国际化标准，见证传统农耕文明向工业—信息文明转型。最后，"一带一路"重构了世界地缘政治、地缘经济版图，并推动中国以企业为主的多元主体进一步"走出去"，是中国提供给全球化的公共产品，标志着中国从地域性文明向全球性文明转型。从人类文明史看，中华文明不是简单复兴、转型，更面临着创新的伟大使命，应当为人类文明的可持续发展做出中华文明应有的贡献。因此"一带一路"正再造"传统中国"，肩负这一伟大历史担当，这是五千年未有之变局。

（二）再造"现代中国"，实现新时代中国特色社会主义的现实担当

现代中国，是一个五百年来被迫融入西方体系的民族嬗变。文艺复兴、宗教改革和启蒙运动从思想上开启了欧洲现代化的滥觞，塑造了起源于工业文明与启蒙运动的政治文明经历全球扩张成为全球化的文明形态。在宗教伦理与资本主义精神的保驾护航下，西方列强在全球殖民扩张、掠夺要素资源、

抢占世界市场，将西方资本主义现代化的模式殖民倾销到世界所谓的"落后""边缘"地区，与此相生相伴的社会主义开始作为反对资本主义的一种社会思潮而不断演变。五百年来谁著史？实现现代化的方式应是各个国家根植于自身历史背景和国情现实自觉主动地探索，而绝非简单嫁接移植西方所推广的经济社会发展模式。面对"现代化就是西方化"的反思与叩问，近百年来中国艰苦卓绝的探索用实践给出了最佳答案。一百年前，列宁主导俄国开启经济文化落后国家走向社会主义的道路，将在批判旧世界中发现新世界的科学社会主义理论付诸实践，但是正如邓小平所说"社会主义究竟是个什么样子，苏联建设了很多年，也并没有完全搞清楚。可能列宁的思路比较好，推行新经济政策，但是后来苏联的模式僵化了。"世界社会主义五百年跌宕起伏的发展中，如今中国特色社会主义走到了新的历史方位。如何应对人民日益增长的美好生活需要和不平衡不充分的发展之间的矛盾这一我国社会主要矛盾？"一带一路"在新一轮改革开放的背景下应对区域发展、产业布局不均衡、要素流动市场发育不充分等重大社会经济现实问题上开出了一剂良方。

党的十九大报告指出"只有社会主义才能救中国，只有改革开放才能发展中国、发展社会主义、发展马克思主义。必须坚持和完善中国特色社会主义制度，不断推进国家治理体系和治理能力现代化。""一带一路"是中国全方位改革开放的最重要的一个倡议，通过中国的开放促进世界的开放推动世界的融合发展：从开放的内涵来讲，"引进来""走出去"二者更好结合，培育参与和引领国际经济合作竞争新优势，以开放促改革；从开放的广度来讲，为发展中国西部地区，实施向西、向南开放的战略，形成全方位开放新格局；从开放的深度来讲，顺应世界区域经济一体化发展趋势，以周边为基础加快实施自由贸易区战略，实现商品、资本和劳动力的自由流动。"一带一路"作为新时代中国特色社会主义的伟大实践，不仅突破了西方开启了传统全球化的藩篱，而且在世界社会主义五百年思想实践发展中前所未有，正在塑造"现代中国"，这是五百年未有之变局。

（三）再造"全球中国"，实现中华民族伟大复兴中国梦的未来担当

2017年初美国国际关系专家约瑟夫·奈在《金德尔伯格陷阱：特朗普的中国挑战？》一文中表达了对中国能否承担国际责任并为国际社会提供全球公共产品的担忧。"一带一路"以实践证明霸权稳定论者的杞人忧天。早在

1956 年，毛泽东主席就曾说道："辛亥革命，到今年，不过四十五年，中国的面目完全变了。再过四十五年，就是二千零一年，也就是进到二十一世纪的时候，中国的面目更要大变。中国将变为一个强大的社会主义工业国。中国应当这样……中国应当对人类有较大的贡献。而这种贡献，在过去一个长时期内，则是太少了。这使我们感到惭愧。"像过去的辉煌时期那样，对人类有较大的贡献，既是崇高的价值追求，又是复兴中华民族曾经的光荣的梦想，还是中华民族作为世界民族大家庭一员自觉担当的责任。

"一带一路"建设中国追求以经济合作为先导、确保沿线国家合作意愿，以政治合作为基石、消除开展经济合作的人为障碍，以文明交流和文化合作为支撑、弥合沿线国家间的信任鸿沟，赢得民心、塑造合作基础，进而拔除极端势力根源、预防安全冲突，构建利益共同体、责任共同体和命运共同体。世界养育中国，中国回馈世界。追求中国自身的繁荣富强和为世界和平发展作出更大贡献都是"中国梦"的重要内涵——"一带一路"将这两者更加自然、和谐地统一起来，沿线各国的前途命运也将更加紧密相连、休戚与共。中国直接表示欢迎相关国家"搭乘中国发展的便车"，通过把互惠互利的国际合作原则提升至命运共同体的高度，使中国的发展更好地惠及他国，也使中国从他国发展当中获益。

总而言之，"一带一路"正从自身维度彰显中国模式魅力，为解决全球问题提供中国方案。它是中国奉献的国际合作倡议与公共产品，互联互通的引领将提升中国在全球治理中的制度性话语权。随着中国综合国力的不断提升，我们更要按照习近平主席的要求，将传统中国、现代中国与全球中国三重身份认同"创造性转化"与"创新性发展"。

三、"一带一路"再造世界

我们首先看一下历史，拿破仑以后，法国就没有打败过德国，而德国两次打败过法国（普法战争和二战）。法国为何不是德国对手？法国的铁路网和德国的铁路网不一样。1871 年德国统一之后，修了很多密集型的铁路网络。而法国的铁路，条条铁路通巴黎。在中央集权的法国，除了巴黎以外，没有任何一个城市可以跟巴黎叫板。关键法国在非洲有 24 个殖民地，法国的殖民地在今天还是这样的治理模式，两个邻国之间没有直航，要去巴黎转机才能到达另一国。法国南部两座城市之间，以前是没有铁路的，要到巴黎转车。对内统治很方便，但一旦涉及对外战争就打不过德国。因为到了铁路时代以后，铁路主要是运输、投送兵力。今天的全球化就是法国这样的模式：中心—边缘型全球化。中欧贸易的结算，不是用欧元，而是用美元结算的。也就是说，今天的全球化是美国或者西方主导的一种全球化，尤其是在信息、金融领域。这种全球化，一旦美国经济衰退，一旦美国出现债务危机，一旦美国不愿意提供公共产品的时候，这个全球化就会出现很多问题。最重要的是美国这种资本导向的全球化，让资本到处逐利，出现了很多泡沫与金融危机。一直到今天，欧美国家都没有完全走出金融危机的影子。所以我们必须要开创一种新型的全球化，这就是我们今天看到为什么"一带一路"在世界上能够引起巨大的反响，因为原来的全球化不可持续，所以要开创人类新型的合作模式和新型的全球化。

中国古人云："以天下之目视者，则无不见；以天下之耳听者，则无不闻；以天下之心思虑者，则无不知。""一带一路"倡议的提出，既展示了中国坚持开放发展的坚定态度，更彰显了中国"兼济天下"的大国担当，开创人类共赢的美好前景。"一带一路"将近代西方开创的威斯特伐利亚国际体系上溯到两千多年前形成的文明体系，告别了西方中心时代，以文明共同复兴的逻辑超越了现代化逻辑，从而"再造世界"，重塑海洋时代 2.0 下的世界经济地理、文明秩序版图。"一带一路"建设正在超越西方中心论，打造东西互济、南北包容、陆海联通的新世界，开创天地一体、人机交互、万物互联的包容性横向全球化。

（一）经略欧亚大舞台，推动大陆古老文明共同复兴

古代海陆丝绸之路曾是中国联系东西方的"国道"，是中国、印度、希腊三个文明交汇的桥梁。"奥斯曼之墙"切断东西方两大文明之陆上交通，此后，欧洲得益于经传阿拉伯的中国指南针、火药等四大发明走向海洋，以殖民化方式开启全球化。继阿拉伯人开辟海运之后，进一步加速了丝绸之路的衰落，东方文明走向封闭保守，进入所谓的近代西方中心世界。直至美国崛起，西方权力财富话语权中心从欧洲转到美国，欧洲经历着一体化也难以扭转的颓势。如今，在"一带一路"的倡议提出之后，欧洲迎来了重返世界

中心地位的历史性机遇，这就是欧亚大陆的复兴，作为东西方文明沟通的桥梁与纽带，阿拉伯文明、波斯文明等其他古老文明也迎来新的发展曙光。

中国是世界上唯一没有间断的古老文明。但是古巴比伦、古埃及、古印度文明遗迹均在"一带一路"覆盖地理范围内，完全有可能通过今天的互信互利将历史资源记忆激活，共谋发展、共担责任、共迎挑战、共享收益，重塑昔日之辉煌。因此，古老文明共同复兴正承载着世界重托，就是弘扬"和平合作、开放包容、互学互鉴、互利共赢"的丝路精神，开创以合作共赢为核心的新型国际关系，探寻 21 世纪人类共同价值体系，建设命运共同体。为往圣继绝学，就是着眼于实现人类永续发展，推动各种文明、发展模式相得益彰、美美与共，开创中华文明与各大文明交流互鉴的美好前景。

（二）盘活世界大格局，推动建设开放型世界经济

西方主导的近代全球化是基于海权的逻辑，作为"国家主权"概念自然延伸，对制海权的掌控已经成为大国崛起历程中兵家必争之地。黑格尔《法哲学原理》中指出"陆地是树立家法的土壤，海洋是孕育工业的风帆。"美国军事理论家马汉的《海权论》，更是揭示了"谁掌握了海洋，谁就掌握了全世界"的隐喻。传统全球化由海而起，由海而生，沿海地区、海洋国家先发展起来，内地、陆上国家则较落后，形成巨大的贫富差距。传统全球化由欧洲开辟，由美国发扬光大，形成国际秩序的"西方中心论"，导致东方从属于西方，农村从属于城市等一系列效应与当今世界"贫困""贫富差距"这"两贫"的难题。

如今，"一带一路"正在推动全球再平衡。首先是中国自身的发展彰显了推动各国共同发展的大国担当。中国将深入贯彻创新、协调、绿色、开放、共享的发展理念，不断适应、把握、引领经济发展新常态，积极推进供给侧结构性改革，实现持续发展，为"一带一路"注入强大动力，为世界发展带来新的机遇。其次，"一带一路"鼓励向西开放，带动西部开发以及中亚国家、蒙古等内陆国家的开发，向国际社会推行全球化的包容性发展理念。同时，"一带一路"将改变历史上中亚等丝路沿途地带只是作为东西方贸易、文化交流的过道而成为发展"洼地"的面貌。这就超越了欧洲式全球化所造成的贫富差距、地区发展不平衡，推动建立持久和平、共同繁荣的世界。

（三）开创新型国际关系，构建人类命运共同体

当今世界充满不确定性，人们对未来既寄予期待又感到困惑。随着传统全球化失去目标，能否探索一条超越西方狭隘全球化之路成为世界性的难题。习近平主席在 2017 年 5 月 14 日第一届"一带一路"国际合作高峰论坛开幕式主旨演讲中指出，"我们正处在一个挑战频发的世界。和平赤字、发展赤字、治理赤字，是摆在全人类面前的严峻挑战"。在此背景下，"一带一路"倡议就是要立足构建以相互尊重、公平正义、合作共赢为核心的新型国际关系，构建人类命运共同体，建设持久和平、普遍安全、共同繁荣、开放包容、清洁美丽的世界，从根本上铲除这"三大赤字"产生的根源。这是中国为解决全球问题开出的一剂"中国药方"。

2017 年 3 月 17 日，联合国安理会一致通过关于阿富汗问题的第 2344 号决议，呼吁国际社会凝聚援助阿富汗共识，通过"一带一路"建设等加强区域经济合作，敦促各方为"一带一路"建设提供安全保障环境、加强发展政策战略对接、推进互联互通务实合作等。这表明"一带一路"构建人类命运共同体正逐渐成为国际社会的共识。"一带一路"基于"命运相连，休戚与共"的人类命运共同体的价值追求，展示着全球治理的共商、共建、共享原则的核心理念，超越传统意义上"人类只有一个地球，各国共处一个世界"，为建设持久和平、普遍安全、共同繁荣、开放包容、清洁美丽的世界而贡献着"中国方案"。

总而言之，"一带一路"放眼欧亚大舞台、世界大格局，是再造中国与再造世界双重逻辑的统一。"穷则独善其身，达则兼济天下"，共商、共建、共享"一带一路"，不仅将为中国的开放发展创造更大的空间，也将为各国发展和全球经济注入强劲的动力，体现着中国梦与世界梦的融通，为构建人类命运共同体，建设持久和平、普遍安全、共同繁荣、开放包容、清洁美丽的世界作出中国应有的贡献。

第二届"一带一路"国际合作高峰论坛介绍

上　篇

理论篇

第一章

时间维度：源于历史，属于未来

　　"一带一路"建设植根于丝绸之路的历史土壤，重点面向亚欧非大陆，同时向所有朋友开放。不论来自亚洲、欧洲，还是非洲、美洲，都是"一带一路"建设国际合作的伙伴。"一带一路"建设将由大家共同商量，"一带一路"建设成果将由大家共同分享。

　　　　　　　　——习近平在第一届"一带一路"国际合作高峰论坛开幕式上的演讲

第一节 传统：古丝路精神

世界旋转之轴正在转移，移回到那个让它旋转千年的初始之地——丝绸之路。

——[英]弗兰科潘《丝绸之路——一部全新的世界史》

古丝绸之路绵亘万里，延续千年，积淀了以和平合作、开放包容、互学互鉴、互利共赢为核心的丝路精神。这是人类文明的宝贵遗产。

一、和 平 合 作

公元前 140 多年的中国汉代，一支从长安出发的和平使团，开始打通东方通往西方的道路，完成了"凿空之旅"，这就是著名的张骞出使西域。中国唐宋元时期，陆上和海上丝绸之路同步发展，中国、意大利、摩洛哥的旅行家杜环、马可·波罗、伊本·白图泰都在陆上和海上丝绸之路留下了历史印记。15 世纪初的明代，中国著名航海家郑和七次远洋航海，留下千古佳话。这些开拓事业之所以名垂青史，是因为使用的不是战马和长矛，而是驼队和善意；依靠的不是坚船和利炮，而是宝船和友谊。一代又一代"丝路人"架起了东西方合作的纽带、和平的桥梁。

二、开 放 包 容

古丝绸之路跨越尼罗河流域、底格里斯河和幼发拉底河流域、印度河和恒河流域、黄河和长江流域，跨越埃及文明、巴比伦文明、印度文明、中华文明的发祥地，跨越佛教、基督教、伊斯兰教信众的汇集地，跨越不同国度和肤色人民的聚居地。不同文明、宗教、种族求同存异、开放包容，并肩书写相互尊重的壮丽诗篇，携手绘就共同发展的美好画卷。酒泉、敦煌、吐鲁番、喀什、撒马尔罕、巴格达、君士坦丁堡等古城，宁波、泉州、广州、北海、科伦坡、吉达、亚历山大等地的古港，就是记载这段历史的"活化石"。历史告诉我们：文明在开放中发展，民族在融合中共存。

三、互学互鉴

古丝绸之路不仅是一条通商易货之道，更是一条知识交流之路。沿着古丝绸之路，中国将丝绸、瓷器、漆器、铁器传到西方，也为中国带来了胡椒、亚麻、香料、葡萄、石榴。沿着古丝绸之路，佛教、伊斯兰教及阿拉伯的天文、历法、医药传入中国，中国的四大发明、养蚕技术也由此传向世界。更为重要的是，商品和知识交流带来了观念创新。比如，佛教源自古印度，在中国发扬光大，在东南亚得到传承。儒家文化起源中国，受到欧洲莱布尼茨、伏尔泰等思想家的推崇。这是交流的魅力、互鉴的成果。

四、互利共赢

古丝绸之路见证了陆上"使者相望于道，商旅不绝于途"的盛况，也见证了海上"舶交海中，不知其数"的繁华。在这条大动脉上，资金、技术、人员等生产要素自由流动，商品、资源、成果等实现共享。阿拉木图、撒马尔罕、长安等重镇和苏尔港、广州等良港兴旺发达，罗马、安息、贵霜等古国欣欣向荣，中国汉唐迎来盛世。古丝绸之路创造了地区大发展大繁荣。

历史是最好的老师。这段历史表明，无论相隔多远，只要我们勇敢迈出第一步，坚持相向而行，就能走出一条相遇相知、共同发展之路，走向幸福安宁和谐美好的远方。古代丝绸之路在经贸合作、文化交流、民族稳定三个方面发挥了积极作用，而当今"一带一路"的建设，也同样会发挥古丝绸之路这三大独特作用，以负责任的风范与真诚包容的大国态度同世界分享自身发展红利。放眼古今丝绸之路，两者同为"亲善之路""繁荣之路""交流之路"。

"亲善之路"指的是当今"一带一路"建设，立足于古丝绸之路对民族稳定、和谐共处的贡献，在和平发展成为日益成为主题的当下，将"一带一路"打造成一条福泽各国民众的发展之路，促进沿线各不同国家、不同民族之间的友好往来与和睦共处。伴随着中国的崛起，西方世界影响下产生的"中国威胁论"使得世界各国对中国崛起心存疑虑，将中国的强大看做对世界现存政治秩序的威胁。而这条"亲善之路"充分地体现了我国坚持走和平崛起的道路，不谋求世界霸权，在国力强大的今天，将"引进来"与"走出去"更好地结合，同世界分享自身发展红利，在互联互通的基础之上，同各国平等发展，互利共赢。

"繁荣之路"是指当今"一带一路"建设，同古代丝绸之路联系东西方贸易，创造大量社会财富一样，在当今贯穿亚欧非大陆，一头是活跃的东亚经济圈，一头是发达的欧洲经济圈，能够在经贸交流的过程中推动东西方两大市场的繁荣，为沿线国家提供巨大的发展机遇和潜力。从"一带一路"的议程设置来看，伴随着一系列自贸区，如中日韩自贸区、中国—东盟自贸区以及各类经济走廊，如孟中印缅经济走廊、中蒙俄经济走廊的建设升级，这能够有效地促进产业合理分工，减小各国相互间的贸易壁垒，便利各国进出口运营以及经贸投资，从而建立起高效运行的"财富流通网""物资运输网"与"货币交换网"。

"交流之路"是指当今"一带一路"不仅仅是一条经贸之路，也是一条文化交流，民众交往之路。伴随着各国基础设施的不断完善以及经贸合作的不断深化，建立在其基础之上的文化交流也同样会大放异彩。如今的"一带一路"沿线涵盖30亿人口，在建设的过程中，如能发扬传统"和平合作、开放包容、互学互鉴、互利共赢"的"丝路精神"，以开放包容的态度推动沿线各国民众之间的交流，不仅能够推动"民心相通"的早日实现，增强各国民众对政策的支持和拥戴，而且能够极大地推动文化多样性的发展，在文化沟通交流的基础上实现物质同精神的双重结合，从经济和人文两个层面真正实现"共商""共建""共享"的合作理念。

当今"一带一路"的建设在继承古丝绸之路的基础上，立足发展大局，在继承传统"亲善""繁荣""交流"之路基础上，打造互尊互信之路、合作共赢之路、文明互鉴之路。但是，需要注意的是，"一带一路"建设是一个持续性的过程，难以一蹴而就，作为一项宏观政策，应该立足长远，从长期收益看待政策有效性。目前，应不断完善相关的配套政策安排、加强基础设施建设，审慎的处理各类问题，而非冒进的汲取短期效益，舍重就轻。

第二节　今天：现实路径选择

　　"一带一路"倡议顺应时代潮流，适应发展规律，符合各国人民利益，具有广阔前景。要把"一带一路"真正打造成一条和平之路、繁荣之路、开放之路、创新之路和文明之路。

　　——习近平在第一届"一带一路"国际合作高峰论坛开幕式上的演讲

　　当今世界正处于大发展大变革大调整时期，和平、发展、合作仍是时代潮流。"一带一路"是和平之路、繁荣之路、开放之路、创新之路、文明之路。和平之路着力推动合作共赢，建立彼此尊重的伙伴关系；繁荣之路聚焦发展这个根本，加强产业和金融合作，推动设施联通；开放之路以开放为导向，解决经济增长和平衡问题；创新之路坚持创新驱动发展，集聚创新资源、优化创新环境；文明之路着力深化多层次人文交流，开辟更多合作渠道。"五路"是引领以经济发展和文明交流为主要内容的新型全球化浪潮，推动全球治理，打造新型全球秩序，构建多元一体的人类命运共同体的具体途径。习主席阐发的"五路"建设，则预示着人类文明将会通过共同奋斗由好变优，迈入一个发展进步的新纪元。

一、和 平 之 路

　　"一带一路"是和平之路。古丝绸之路，和时兴，战时衰。"一带一路"建设离不开和平安宁的环境。习近平主席在第一届"一带一路"国际合作高峰论坛开幕式演讲中指出，古丝绸之路沿线地区曾经是"流淌着牛奶与蜂蜜的地方"，如今很多地方却成了冲突动荡和危机挑战的代名词。这种状况不能再持续下去。我们要树立共同、综合、合作、可持续的安全观，营造共建共享的安全格局。要着力化解热点，坚持政治解决；要着力斡旋调解，坚持公道正义；要着力推进反恐，标本兼治，消除贫困落后和社会不公。

　　古丝绸之路，和时兴，战时衰。"一带一路"建设离不开和平安宁的环境。我们要构建以合作共赢为核心的新型国际关系，打造对话不对抗、结伴不结盟的伙伴关系。各国应该尊重彼此主权、尊严、领土完整，尊重彼此发展道路和社会制度，尊重彼此核心利益和重大关切。

和平安全是推进共建"一带一路"的基本前提和保证。各国需树立共同、综合、合作、可持续的安全观，营造共建共享的安全格局。要着力化解冲突，坚持政治解决；要着力斡旋调解，坚持公道正义；要着力推进反恐，标本兼治，消除贫困落后和社会不公。各国需摒弃冷战思维、零和游戏和强权政治，坚决反对恐怖主义、分裂主义、极端主义。在涉及国家主权、领土完整、安全稳定等重大核心利益问题上给予相互支持。坚持以对话解决争端、以协商化解分歧，增进合作互信，减少相互猜疑。各国需深化在网络安全、打击跨国犯罪、打击贩毒、打击"三股势力"、联合执法、安全保卫等方面的合作，为区域经济发展和人民安居乐业营造良好环境。

中国始终是维护地区和世界和平、促进共同发展的坚定力量。中国坚持走和平发展道路，坚定奉行独立自主的和平外交政策，尊重各国人民自主选择的发展道路和奉行的内外政策，决不干涉各国内政，不把自己的意志强加给对方，不把本国利益凌驾于他国利益之上。为保证共建"一带一路"顺利推进，中国愿同沿线各国共同构建争端解决机制，共建安全风险预警防控机制，共同制定应急处置工作机制。一旦发生纠纷，当事方能够坐下来就相互利益关切沟通交流，对话而不是对抗，不但为共建"一带一路"营造良好发展环境，而且共同推动建设各国彼此尊重核心利益、和平解决分歧的和谐世界。

二、繁荣之路

"一带一路"是繁荣之路。发展是解决一切问题的总钥匙。推进"一带一路"建设，应聚焦发展这个根本性问题，释放各国发展潜力，实现经济大融合、发展大联动、成果大共享。要深入开展产业合作，推动各国产业发展规划相互兼容、相互促进，抓好大项目建设，加强国际产能和装备制造合作，抓住新工业革命的发展新机遇，培育新业态，保持经济增长活力。要建立稳定、可持续、风险可控的金融保障体系，创新投资和融资模式，推广政府和社会资本合作，建设多元化融资体系和多层次资本市场，发展普惠金融，完善金融服务网络。要加强互联互通合作，大力推进基础设施"硬联通"和政策规则标准"软联通"。

产业是经济之本。我们要深入开展产业合作，推动各国产业发展规划相互兼容、相互促进，抓好大项目建设，加强国际产能和装备制造合作，抓住新工业革命的发展新机遇，培育新业态，保持经济增长活力。金融是现代经济的血液。血脉通，增长才有力。我们要建立稳定、可持续、风险可控的金融保障体系，创新投资和融资模式，推广政府和社会资本合作，建设多元化融资体系和多层次资本市场，发展普惠金融，完善金融服务网络。设施联通是合作发展的基础。我们要着力推动陆上、海上、天上、网上四位一体的联通，聚焦关键通道、关键城市、关键项目，联结陆上公路、铁路道路网络和海上港口网络。要抓住新一轮能源结构调整和能源技术变革趋势，建设全球能源互联网，实现绿色低碳发展。要完善跨区域物流网建设。我们也要促进政策、规则、标准三位一体的联通，为互联互通提供机制保障。

"各国经济，相通则共进，相闭则各退"。顺应开放大势、把握合作大局，既是实现更大发展的必然选择，也是迈向民族复兴的必由之路。沿线国家市场规模和资源禀赋各有优势，互补性强，潜力巨大，合作前景广阔。各国需在充分照顾各方利益和关切基础上，凝聚共识，将共识转化为行动，按照战略对接、规划对接、平台对接、项目对接的工作思路，形成更多可视性成果，实现优势互补，促进共同繁荣发展。

三、开 放 之 路

"一带一路"是开放之路。对一个国家而言，开放如同破茧成蝶，虽会经历一时阵痛，但将换来新生。共建"一带一路"倡议源于中国，但机会和成果属于世界，中国不打地缘博弈小算盘，不搞封闭排他小圈子，不做凌驾于人的强买强卖。"一带一路"建设以开放为导向，解决经济增长和平衡问题。结合自身国情，积极发展开放型经济，参与全球治理和公共产品供给，携手构建广泛的利益共同体。要有"向外看"的胸怀，维护多边贸易体制，推动自由贸易区建设，促进贸易和投资自由化便利化。着力解决发展失衡、治理困境、数字鸿沟、分配差距等问题，建设开放、包容、普惠、平衡、共赢的经济全球化。

开放带来进步，封闭导致落后。"一带一路"建设要以开放为导向，解决经济增长和平衡问题。我们要打造开放型合作平台，维护和发展开放型世界经济，共同创造有利于开放发展的环境，推动构建公正、合理、透明的国际经贸投资规则体系，促进生产要素有序流动、资源高效配置、市场深度融合。我们欢迎各国结合自身国情，积极发展开放型经济，参与全球治理和公共产品供给，携手构建广泛的利益共同体。贸易是经济增长的重要引擎。我们要有"向外看"的胸怀，维护多边贸易体制，推动自由贸易区建设，促进贸易和投资自由化便利化。也要着力解决发展失衡、治理困境、数字鸿沟、分配差距等问题，建设开放、包容、普惠、平衡、共赢的经济全球化。

中国支持、维护和加强基于规则的、开放、透明、包容、非歧视的多边贸易体制，促进贸易投资自由化便利化，与沿线国家共建高标准自由贸易区，推动经济全球化健康发展。同时，共建"一带一路"也着力解决发展失衡、治理困境、数字鸿沟、分配差距等问题，让世界各国的发展机会更加均等，让发展成果由各国人民共享。在共建"一带一路"过程中，中国开放的大门只会越开越大，中国愿为世界各国带来共同发展新机遇，与各国积极发展符合自身国情的开放型经济，共同携手向着构建人类命运共同体的目标不断迈进。

四、创 新 之 路

"一带一路"是创新之路。创新是推动发展的重要力量。"一带一路"建设本身就是一个创举，搞好"一带一路"建设也要向创新要动力。我们要坚持创新驱动发展，加强在数字经济、人工智能、纳米技术、量子计算机等前沿领域合作，推动大数据、云计算、智慧城市建设，连接成 21 世纪的数字丝绸之路。我们要促进科技同产业、科技同金融深度融合，优化创新环境，集聚创新资源。我们要为互联网时代的各国青年打造创业空间、创业工场，成就未来一代的青春梦想。

21 世纪以来，全球科技创新进入空前密集活跃时期，新一轮科技革命和产业变革正在重构全球创新版图、重塑全球经济结构。共建"一带一路"合作国家大部分仍处于工业化初中级阶段，为平等合理融入全球产业链和价值链提供了新契机。随着各类要素资源在沿线国家之间的共享、流动和重新组合，各国可以利用各自比较优势，着眼于技术前沿应用研究、高技术产品研发和转化，不断将创新驱动发展推向前进。共建"一带一路"将成为沿线国家创新发展的新平台，成为沿线国家实现跨越式发展的驱动力，成为世界经济发展的新动能。

创新是推动发展的重要力量。共建"一带一路"需向创新要动力。共建"一带一路"这些年来，中国与沿线国家坚持创新驱动发展，优化创新环境，集聚创新资源，加强创新合作，数字经济蓬勃发展，各国利益更加紧密相连。通过沿线国家青年科学家互访，形成多层次、多元化的科技人文交流机制。共建国家级联合科研平台，深化长期稳定的科技创新合作机制，提升沿线国家的科技创新能力。构建"一带一路"技术转移协作网络，促进区域创新一体化发展。

五、文 明 之 路

"一带一路"是文明之路。习近平主席在第二届"一带一路"国际合作高峰论坛开幕式主旨演讲中指出，"世界文明的魅力在于多姿多彩，人类进步的要义在于互学互鉴。千百年来，古丝绸之路见证了沿线国家在互通有无中实现发展繁荣，在取长补短中绽放灿烂文明。面对当今世界的各种挑战，我们应该从丝绸之路的历史中汲取智慧，从当今时代的合作共赢中发掘力量，发展全球伙伴关系，开创共同发展的光明未来。"

"国之交在于民相亲，民相亲在于心相通。""一带一路"建设以文明交流超越文明隔阂、文明互鉴超越文明冲突、文明共存超越文明优越，推动各国相互理解、相互尊重、相互信任。古丝绸之路打开了各国各民族交往的窗口，书写了人类文明进步的历史篇章。共建"一带一路"深厚的文明底蕴、包容的文化理念，为沿线国家相向而行、互学互鉴提供了平台，促进了不同国家、不同文化、不同历史背景人群的深入交流，使人类超越民族、文化、制度、宗教，在新的高度上感应、融合、相通，共同推进构建人类命运共同体。

我们要建立多层次人文合作机制，搭建更多合作平台，开辟更多合作渠道。中国愿与沿线国家和有关国际组织共同推动建立多层次人文合作机制，搭建更多合作平台，开辟更多合作渠道。推动共建"一带一路"合作国家在教育、科技、文化、卫生、体育、媒体、旅游等领域开展广泛合作，创新合作模式，推动务实项目。加强各国议会、政党、智库、民间组织往来和交流协同，密切妇女、青年、残疾人等群体交流，促进包容发展，推动形成和而不同、多元一体的文明共荣发展态势。要发挥智库作用，建设好智库联盟和合作网络。要用好历史文化遗产，联合打造具有丝绸之路特色的旅游产品和遗产保护。

六、绿色之路

"一带一路"是绿色之路。共建"一带一路"倡议践行绿色发展理念，倡导绿色、低碳、循环、可持续的生产生活方式，致力于加强生态环保合作，防范生态环境风险，增进沿线各国政府、企业和公众的绿色共识及相互理解与支持，共同实现2030年可持续发展目标。在共建"一带一路"过程中，要始终从发展的视角看问题，将可持续发展理念融入项目选择、实施、管理的方方面面。我们要致力于加强国际发展合作，为发展中国家营造更多发展机遇和空间，帮助他们摆脱贫困，实现可持续发展。

中华文明历来主张"天人合一、道法自然"。佛家说"天下名山僧占多"。马克思主义生态哲学强调人与自然和谐统一。在结合中国古代智慧和马克思主义生态思想基础上，习近平主席在十九大报告中指出"人与自然是生命共同体，人类必须尊重自然、顺应自然、保护自然"。习近平主席在博鳌亚洲论坛2021年年会开幕式上的视频主旨演讲中提出，"将建设更紧密的卫生合作伙伴关系""将建设更紧密的互联互通伙伴关系""将建设更紧密的绿色发展伙伴关系""将建设更紧密的开放包容伙伴关系"四大建议，表示中方将同各方携手，加强基础设施"硬联通"以及规则标准"软联通"，畅通贸易和投资合作渠道，积极发展丝路电商，共同开辟融合发展的光明前景；加强绿色基建、绿色能源、绿色金融等领域合作，完善"一带一路"绿色发展国际联盟、"一带一路"绿色投资原则等多边合作平台，让绿色切实成为共建"一带一路"的底色。

中国愿与沿线各国开展生态环境保护合作，将努力与更多国家签署建设绿色丝绸之路的合作文件，扩大"一带一路"绿色发展国际联盟，建设"一带一路"可持续城市联盟。建设一批绿色产业合作示范基地、绿色技术交流与转移基地、技术示范推广基地、科技园区等国际绿色产业合作平台，探索发展绿色金融，将环境保护、生态治理有机融入现代金融体系，打造"一带一路"绿色供应链平台，形成生态环保与经贸合作相辅相成的良好绿色发展格，与沿线各国一道保护好我们共同拥有的家园。绿色"一带一路"深得人心，是因为它促进了经济发展与环境保护的双赢，为沿线国家人民带来长远的好处与实惠。在全球环境面临严峻挑战的背景下，建设绿色"一带一路"是中国为全球可持续发展贡献的中国方案。

七、廉洁之路

"一带一路"是廉洁之路。廉洁是共建"一带一路"的道德"底线"和法律"红线"。坚持一切合作都在阳光下运作，共同以零容忍态度打击腐败。我们在第二届"一带一路"国际合作高峰论坛专设"廉洁之路"分论坛发起了《廉洁丝绸之路北京倡议》，愿同各方共建风清气正的丝绸之路。中国愿与各国一道完善反腐败法治体系和机制建设，不断改善营商环境，持续打击商业贿赂行为。深化与沿线国家反腐败法律法规对接，深化反腐败务实合作。加强对"走出去"企业廉洁教育培训，强化企业合规经营管理。中国愿与沿线国家共同努力，把"一带一路"建设成为廉洁之路。

加强对"一带一路"建设项目的监督管理和风险防控，建立规范透明的公共资源交易流程。在项目招投标、施工建设、运营管理等过程中严格遵守相关法律法规，消除权力寻租空间，构建良性市场秩序。各国应加强反腐败国际交流合作，以《联合国反腐败公约》等国际公约和相关双边条约为基础开展司法执法合作，推进双边引渡条约、司法协助协定的签订与履行，构筑更加紧密便捷的司法执法合作网络。各国需推动企业加强自律意识，构建合规管理体系，培育廉洁文化，防控廉洁风险，坚决抵制商业贿赂行为。政府、企业、国际社会三方需共同努力，采取有效措施，建立拒绝腐败分子入境、腐败资产返还等合作机制，通力协作斩断腐败链条、构筑反腐败防线。

第三节　明天：畅通未来之路

"未来已至，只是分布不均。"

——[美] 威廉·吉布森

"一带一路"是未来导向的。英国作家狄更斯提醒，"那是最美好的时代。

那是最糟糕的时代"。"一带一路"首先要直面时代风险，解决时代问题。要从后天看明天，而不只是从昨天看明天。习近平主席在第一届"一带一路"国际合作高峰论坛主旨演讲中指出："设施联通是合作发展的基础。我们要着力推动陆上、海上、天上、网上四位一体的联通，聚焦关键通道、关键城市、关键项目，联结陆上公路、铁路道路网络和海上港口网络。""一带一路"不仅着眼于国内，更着眼于时代。这是在新的历史起点上谱写"一带一路"新篇章的政治宣言和行动纲领。

一、陆上丝绸之路

丝绸之路经济带是在"古丝绸之路"概念基础上形成的一个新的经济发展区域。丝绸之路经济带首先是一个"经济带"概念，体现的是经济带上各城市集中协调发展的思路。丝绸之路沿线大部分国家处在两个引擎之间的"塌陷地带"，整个区域存在"两边高，中间低"的现象，发展经济与追求美好生活是本地区国家与民众的普遍诉求。这方面的需求与两大经济引擎通联的需求叠加在一起，共同构筑了丝绸之路经济带的国际战略基础。

"一带一路"直击三个战略问题，其中"三通"——通路、通航和通商是"一带一路"解决战略问题的发力点。"三通"范畴下的相关行业将率先直接受益于"一带一路"建设的落地，其中通路是丝绸之路经济带首要解决的问题，通路的畅通对于解决中国的三个战略问题意义重大。通路是"一带"的抓手，通路、通航和通商则是"一带一路"解决发展问题的发力点。从现实来说，考虑到西部基础设施薄弱，为了更好地外联内呼，打通顺畅的交通动脉是第一位的，也符合"一带一路"的题义，即首先着手的必将是通路、通航。

"一带"主要是从通路着手，通路所推进的地区基础设施薄弱，提升空间更大，其对接的是西部广阔的腹地，将在交通设施建设和油气管道建设上发力。

交通设施建设：包括铁路、公路、口岸、民航。重点方向是中亚、南亚、东南亚。中老、中泰、中缅、中巴、中吉乌等铁路项目可能会优先考虑。中塔公路、中哈公路可能会成为重点改造的路段。

油气管道建设：西北、西南、东北、海上都是油气运输的战略通道。包括中俄、中亚天然气管道，中缅油气管道都会作为重点项目建设。西南电力通道、中俄电力通道都会进行部署，建设或升级改造。

交通设施建设和油气管道建设，只是"一带一路"战略构想中互联互通的基础，除此之外还有中国与沿线国家间政策、贸易、货币与人心多层互通的内涵。

二、海上丝绸之路

海洋是各国经贸文化交流的天然纽带，共建"21世纪海上丝绸之路"，是全球政治、贸易格局不断变化形势下，中国连接世界的新型贸易之路，其核心价值是通道价值和战略安全。2013年10月，在出席亚太经合组织（APEC）领导人非正式会议期间，习近平主席在《共同谱写中国印尼关系新篇章 携手开创中国—东盟命运共同体美好未来》的演讲中指出，东南亚地区自古以来就是"海上丝绸之路"的重要枢纽，中国愿同东盟国家加强海上合作，使用好中国政府设立的中国—东盟海上合作基金，发展好海洋合作伙伴关系，共同建设21世纪"海上丝绸之路"。

中国既不走西方列强走向海洋的扩张、冲突、殖民的老路，也不走与美国海洋霸权对抗的邪路，而是寻求有效规避传统全球化风险，开创人海合一、和谐共生、可持续发展的新型海洋文明。不仅如此，21世纪海上丝绸之路主张开放、包容，不是去挑战现有海洋秩序，而是推动海洋秩序更加包容、公正、合理、可持续。中华文明是最连续性的文明，可持续是中华文明的基因。21世纪海上丝绸之路的主题就是打造绿色、健康、智力、和平之路。

21世纪海上丝绸之路的合作伙伴并不仅限于东盟，而是以点带线、以线带面，以重点港口为节点，共同建设通畅安全高效的运输大通道，增进同沿边国家和地区的交往，将串起连通东盟、南亚、西亚、北非、欧洲等各大经济板块的市场链，发展面向南海、太平洋和印度洋的战略合作经济带，以亚欧非经济贸易一体化为发展的长期目标。由于东盟地处海上丝绸之路的十字路口和必经之地，而中国和东盟有着广泛的政治基础，坚实的经济基础，21世纪海丝战略符合双方共同利益和共同要求。"一路"强调在21世纪如何实现港口改造、航线升级换代，这不仅要提升航运能力，更要做到"人海合一"，与陆上丝绸之路强调的"天人合一"相呼应。

图 1.1　中国在全球投资的港口分布

三、天上丝绸之路

"天上丝绸之路"是"一带一路"倡议与中国太空发展规划的结合，既是"一带一路"倡议不断细化拓展的写照，也是我国太空产业国际化的产物。2015 年 3 月 28 日，国家发改委、外交部、商务部联合发布《推动共建丝绸之路经济带和 21 世纪海上丝绸之路的愿景与行动》，明确指出要"完善空中（卫星）信息通道，扩大信息交流与合作"。2016 年 10 月 22 日，国防科工局和发展改革委联合发布《关于加快推进"一带一路"空间信息走廊建设与应用的指导意见》，提出"一带一路"空间信息走廊建设构想。

"一带一路"地区拥有极高的自然资源禀赋和巨大的经济开发价值，连接全球重要的能源供给地区和运输通道，但同时也面临地质条件复杂、生态环境脆弱、传统与非传统安全交织等问题。利用卫星遥感、导航和通信技术，可适时完成对地观测、天气监测以及复杂态势感知，从天上到地上支持"一带一路"建设。"太空丝绸之路"是一个开放、包容的倡议，将有效整合沿线航天资源，完善天基资源和地面信息共享网络，形成"感、传、知、用"

四位一体的空间服务系统，为"一带一路"沿线国家提供面向多领域多行业的应用方案，切实促进欧亚区域的互联互通。中国已在北斗卫星导航、气象卫星援助、整星出口与服务升级、促进国际合作以及开放中国空间站项目等方面取得了一些成绩、形成了一些亮点，为沿线国家提供了高水平、全方位的太空公共产品。

北斗卫星导航系统为"一带一路"沿线国家提供了强大的空间技术支持。北斗系统是中国着眼于国家安全和经济发展需要，自主建设、独立运行的卫星导航系统。北斗卫星导航系统是我国面向全球的重大公共服务空间基础设施，是进入新时代的中国为人类导航提供的新方案。目前，北斗高精度多系统兼容的卫星导航应用产品覆盖100多个国家与地区，其中包括近40个"一带一路"国家。从巴基斯坦的交通运输、港口管理，到缅甸的土地规划、河运监管，到老挝的精细农业、病虫灾害监管，再到文莱的现代化城市建设、智慧旅游，都有北斗系统的精准服务。

第二，高分卫星系统和风云气象卫星有效助力"一带一路"沿线的防灾减灾工作，成为中国"灾难外交"的重要组成部分。"一带一路"贯穿欧亚大陆，连接印度洋和太平洋，沿线地质条件复杂，气候敏感度与脆弱性高。根据国际灾害数据库的统计，"一带一路"沿线相对灾害损失是全球平均值的两倍以上。目前，我国已有多颗资源、风云、高分系列卫星加入空间与重大灾害国际宪章机制（CHARTER），承担服务国际防灾减灾工作。

第三，航天企业不断加大卫星整星与相关服务出口力度，逐步实现从"中国制造"向"中国智造＋服务"转型。"太空丝绸之路"倡议提出后，以"一带一路"合作伙伴为主要面向，中国加大整星出口力度，出口了"老挝1号""白俄罗斯1号""阿尔及利亚1号"、亚太9号、亚太6C等通信卫星和"巴基斯坦1号""委内瑞拉2号"等遥感卫星，实现了对"海上丝绸之路"周边区域的基本覆盖。

第四，中国航天项目不断扩大国际合作力度，探索与"一带一路"沿线国家空间技术融合的新路径。中国的卫星技术日臻成熟，已基本实现对"一带一路"地区的全覆盖。中国并未止步于自身航天技术辐射力的增强，还致力于不断加大国际航天合作力度，为与沿线国家的技术融合创造契机。中国的嫦娥四号中继星任务中搭载了沙特月球小型光学成像探测仪，既是中沙两国合作取得的重要成果，也是"一带一路"航天合作的典范。

第五，中国空间站建设秉持外空命运共同体理念，为"一带一路"沿线国家提供平等参与太空活动、共享太空成果的机遇。中国空间站又称"天宫空间站"，是一个在轨组装成的具有中国特色的空间实验室系统，计划于2022年建成并投入使用。"中国空间站不仅属于中国，也属于世界。所有国家，无论大小和外空方面发展水平，都能在平等基础上参与合作"。

四、网上丝绸之路

"网"是互联网，中国是人类进入互联网时代的正中间进入的，却开创互联网时代的奇迹，并在互联网下半场有引领数字革命之势。习近平主席在主题为"互联互通·共享共治——构建网络空间命运共同体"的第二届乌镇世界互联网大会主旨演讲中指出，网络空间是人类共同的活动空间，网络空间前途命运应由世界各国共同掌握。各国应该加强沟通、扩大共识、深化合作，共同构建网络空间命运共同体。应该坚持尊重网络主权，尊重各国自主选择网络发展道路、网络管理模式、互联网公共政策和平等参与国际网络空间治理的权利。

"一带一路"是21世纪的，网络空间的互联互通最能体现"一带一路"的时代特色。网络的本质在于互联，信息的价值在于互通。发展中国家人口占世界人口总数的80%，而互联网用户数只占全球用户数的43%，未来增长潜力巨大。中国有近10亿网民，占世界网民总数的五分之一强。世界上只有4个国家有自己的搜索引擎——美国、中国、俄罗斯和韩国，欧洲国家都没有自己的搜索引擎。中国将加大资金投入，加强技术支持，积极推动全球网络基础设施建设，增强各国网络发展能力，让更多发展中国家和人民共享互联网带来的机遇。中国将进一步加强与"一带一路"沿线国家的网络合作，率先打通"一带一路"的"血脉经络"；依托亚洲基础设施投资银行、中国互联网投资基金、中国互联网发展基金会等，深化与发展中国家的务实合作，大力推进互联网基础设施建设，消除"信息壁垒"，缩小"数字鸿沟"，让信息资源充分涌流，让更多发展中国家和人民通过互联网掌握信息、获取知识、创造财富，过上更加幸福美好的生活。

互联网巨头谷歌公司的执行董事长埃里克·施密特曾大胆预言：互联网

即将消失，一个高度个性化、互动化的有趣世界——物联网即将诞生。未来将有数量巨大的 IP 地址、传感器、可穿戴设备以及虽感觉不到却可与之互动的东西，时时刻刻伴随你。"设想下你走入房间，房间会随之变化，有了你的允许和所有这些东西，你将与房间里发生的一切进行互动。世界将变得非常个性化、非常互动化和非常非常有趣。所有赌注此刻都与智能手机应用基础架构有关，似乎将出现全新的竞争者为智能手机提供应用，智能手机已经成为超级电脑。我认为这是一个完全开放的市场。互联网的下一波浪潮将是在人员、流程、数据以及实物之间实现融合而形成的网络。这也就是思科正在全球范围内发起并推动的万物互联 (Internet of Everything，简称 IoE)。顾名思义，万物互联就是将一切还未联接起来的人、数据、流程和万事万物都联接起来。"

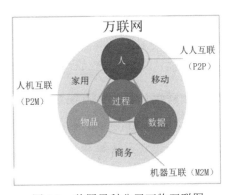

图 1.2　美国思科公司万物互联图

当下，全球正加速朝数字化、绿色化、智能化方向转型。随着新科技和新兴产业竞争日趋白热化，技术之争、数据之争、标准之争、知识产权之争预计将日益成为影响国际经贸乃至地缘政治的重要因素。1994 年中国全功能接入国际互联网以来，创造了互联网发展的很多奇迹，彰显多重发展优势，这源于中国对互联网的深入理解和广泛运用。

中国互联网发展的三大优势与三大经验：一是文明优势。中国抓住从工业文明向数字文明转型的历史机遇，将互联网作为一种信息化和工业化的黏合剂，甚至是人类新文明来看待，加速推进工业信息化和信息产业化，进而谋求更大发展。二是体制优势。在数字化转型过程中实现新的工业化，在新型工业化过程中进行数字化转型，这是新中国实现机械化、信息化并联发展的经验延伸。依托体制优势，中国通过快速工业化建立独立自主的工业体系，为互联网发展奠定产业基础。改革开放后建立社会主义市场经济体制，涌现出中国移动等大型国有企业与华为、阿里巴巴等私营企业，共同开创中国互联网发展的奇迹。三是比较优势。互联网从生产方式、生活方式和思维方式上，再造中国的比较优势。"要致富，先修路；要快富，修高速；要闪富，通网路"，成为中国基础设施先行的鲜活表述。互联网深刻改变中国的经济形态、社会形态和人的思维理念。新冠肺炎疫情防控中健康码、人脸识别、大数据的广泛使用，是中国能够率先复工复产的重要原因。这三大优势成就中国互联网发展的三大经验：其一，视互联网为人类新文明，热情拥抱互联网，实现"弯道超车"；其二，工业化与信息化相互促进、协同发展；其三，以互联网改革生产方式、生活方式和思维方式，实现互联网与文化有机融合。

一是共建网络基础设施，缩小数字发展鸿沟，夯实信息互联互通基础。发展不平衡是当今世界最大的不平衡。"一带一路"沿线国家网络基础设施建设现状差异较大，在共建数字"一带一路"过程中，要始终根据不同国家的情况开展不同的合作。先解决信息化，再谈数据化、智能化、云化，步子不宜迈得太快太大。对于"一带一路"中的新型新兴经济体，在一定的网络基础条件之上，应加快融入和建立云计算和数据中心，在"一带一路"沿线部署数据节点，为"一带一路"各项数字合作服务提供优质的云计算服务。加强"一带一路"云计算建设与合作，打造更为有效的大数据经济生态链，真正消除国家间、区域间的"数字鸿沟"。

二是布局网络安全体系，共同抵御网络攻击，保障数字经济持续稳定发展。网络安全体系是建设数字"一带一路"的重要保障，包括了设施安全、金融安全、信息安全多方面等。网络安全已成为全球性挑战，没有任何国家可以置之度外，全球范围内的合作分工势在必行，网络大国更应主动承担责任共同维护全球网络安全。始终坚持尊重各国自主选择网络发展道路、网络管理模式、互联网公共政策和平等参与国际网络空间治理的权利，为"一带一路"沿线国家赋能助力。加强在网络安全和信息技术的交流与合作，建立不同层面的对话机制，数据共享，共同研发网络安全创新技术，应对"一带一路"网络安全威胁。

三是参与数字贸易国际规则制定，降低贸易壁垒，促进国际贸易自由有序发展。规则和信用是国际治理体系有效运转的基石，也是国际经贸关系发展的前提。中国在尊重网络安全、个人数据、隐私保护与促进数字贸易发展之间一直在积极寻求平衡，支持和参与世贸组织改革，愿与"一带一路"沿线各国在全球新一轮国际贸易规则与数字贸易制定中共同争取属于发展中国家的主动权，推动建立公平、透明、统一、一致的全球贸易规则框架。借鉴国际经验，对跨境数据流动实施分级分类管理，做到数据安全和数据共享双得利；加强本国数字贸易立法，保障国家信息安全保护个人隐私安全；制定全球跨境电商规则，构建国际统一的适应跨境电商发展的制度体系。

四是强化数字人才交流和培训，优化人力资本，为发展数字"一带一路"提供原动力。加强数字人才国际交流，引进国际数字人才同时鼓励中国的人才走出去。其次，对国际数字人才持开放、支持的态度，给予国际人才到中国发展的特殊政策，同时与国际优秀科技公司合作，在中国开设人才培养基地。再者，加大数字人才培养投入，实现传统行业人才结构转型。成立"一带一路"数字经济研究项目，共同制定人才培养计划，定向培养人工智能、计算机、跨境电商等方面的人才，实现人才的均衡发展。积极实施创新人才交流项目，未来 5 年支持 5000 人次中外方创新人才开展交流、培训、合作研究。

专栏　数字丝绸之路

习近平主席在第二届"一带一路"国际合作高峰论坛上提出："我们要坚持创新驱动发展，加强在数字经济、人工智能、纳米技术、量子计算机等前沿领域合作，推动大数据、云计算、智慧城市建设，连接成 21 世纪的数字丝绸之路"。如今，数字丝绸之路建设已成为共建"一带一路"的重要组成部分，中国与埃及、老挝、沙特阿拉伯、塞尔维亚、泰国、土耳其、阿联酋等国家共同发起《"一带一路"数字经济国际合作倡议》，与 16 个国家签署加强数字丝绸之路建设合作文件，与"一带一路"沿线国家建成超过 30 条跨境陆缆、10 余条国际海缆。中国发布《标准联通共建"一带一路"行动计划（2018—2020 年）》，与 49 个国家和地区签署 85 份标准化合作协议。

第二届"一带一路"国际合作高峰论坛新增数字丝绸之路分论坛，凸显高质量推进"一带一路"专业领域对接合作有序推进。数字丝绸之路建设的加速推进，让世界更好分享中国互联网发展经验，也凸显数字丝绸之路的世界意义。

数字丝绸之路的建设，有利于消除传统全球化的弊端，即中心—边缘体系造成的贫富差距、不公平、不可持续；有利于避免掉入传统创新陷阱，如美国式创新注重节省劳动力、强调效率，欧洲式创新注重节省能源、原材料，强调可持续发展。发展中国家的竞争优势通常是劳动力便宜、资源丰富，两种创新模式导致他们日益被边缘化，这是当今世界贫富差距产生的重要原因。

推进数字基础设施建设和传统基础设施数字化可以同时发挥弥合数字鸿沟的作用。此外，在数字贸易方面，数字商务是WTO改革的重要内容，这是软联通。世界互联网大会已经发起《"一带一路"数字经济国际合作倡议》，将来可能涉及全球价值链、供应链、产业链的建设。

第二章
空间维度：源于中国，属于世界

世界上所有国家、所有民族都应该享有平等的发展机会和权利。我们要直面贫富差距、发展鸿沟等重大现实问题，关注欠发达国家和地区，关爱贫困民众，让每一片土地都孕育希望。

——2021年7月6日，习近平在中国共产党与世界政党领导人峰会上的主旨演讲

古代海陆丝绸之路曾是中国联系东西方的"国道"，是中国、印度、希腊三种主要文化交汇的桥梁；今天，丝绸之路重焕活力，成为新形势下中国对外开放重要规划布局。清朝陈谵然在《窬言二迁都建藩议》一文说到，"不谋全局者，不足以谋一域；不谋万世者，不足以谋一时。"过去，中国的大规划往往是"以时间换取空间"，这固然与中国的"天下观"中空间不是选项有关，也表明中国未成为真正的世界大国。"一带一路"倡议的提出，改变了这种局面，表明中国统筹时间与空间、统筹国内与国际、统筹内陆与海洋的历史性飞跃。

习近平主席在第二届"一带一路"国际合作高峰论坛开幕式上的主旨演讲中说，从亚欧大陆到非洲、美洲、大洋洲，共建"一带一路"为世界经济增长开辟了新空间，为国际贸易和投资搭建了新平台，为完善全球经济治理拓展了新实践，为增进各国民生福祉作出了新贡献，成为共同的机遇之路、繁荣之路。将自己发展好，进而造福世界，这是中国人民通过"一带一路"展现出的美好愿望。

新中国成立以来，中国人民立足本国国情，在实践中不断探索前进方向，开辟了中国特色社会主义道路。今天的中国，已经站在新的历史起点上。众多合作国对"一带一路"的信心，实际上源于对中国的信心，对各自发展的期盼，对美好未来的信念。事实证明，共建"一带一路"倡议不仅为中国开放发展开辟了新天地，也为世界各国发展提供了新机遇。

第一节　改革开放升级版

一、中国开放发展

我们将继续沿着中国特色社会主义道路大步向前，坚持全面深化改革，坚持高质量发展，坚持扩大对外开放，坚持走和平发展道路，推动构建人类命运共同体。下一步，中国将采取一系列重大改革开放举措，加强制度性、结构性安排，促进更高水平对外开放。

——习近平在第二届"一带一路"国际合作高峰论坛开幕式上的主旨演讲

以共建"一带一路"倡议为标志，中国开放发展逻辑在升级：以改革促开放，以开放促改革。改革是治理能力与治理体系现代化，提升制度比较优势；开放是赢得市场，提升话语权。开放发展，是中华民族兼收并蓄、融会贯通传统的时代继续。从我向世界开放，到世界向我开放，从东学西渐到西学东渐，如今是东西互鉴、南北包容，中国的开放观在不断升级。从发展为了振兴中华、伟大复兴，到发展自己也是发展世界，为国际社会提供更多、更好的公共产品，体现中国的大国责任，中国的发展观也在升级换代。

优化经济发展空间格局已成为未来中国经济改革攻坚的重要内容。其中，"一带一路"相比于其他发展战略——京津冀协同发展、长江经济带而言，更具时空、内外、陆海、东西四大要素的统筹使命。"一带一路"超越了鼓励中国公司"走出去"战略，而是让中国的地方"走出去"，建立中国与世界深入而全面互动的新途径，具有更大的未来担当。"一带一路"通过构建"全方位开放体系"，推行"全方位、多层次、宽领域"新一轮对外开放，在以下四个方面实现"升级"：

一是开放主体。建设"一带一路"，要全面调动沿线和地方的积极性，尤其是调动中西部欠开放、欠发达地区的积极性，将其生产优势与东部和丝路沿线国家的市场需求结合起来。同时，"一带一路"没有对参与成员的"身份"进行限制，对沿线国家和以其它形式参与进来的国家和实体也具有开放性，提倡多样化经营，倡导政府、企业、民间的多层面交往。

二是开放对象。"一带一路"要求确立面向更广阔的国内、国际市场的开放政策。"一带一路"发端于中国,是世界上跨度最长的经济大走廊。建设"一带一路"首先要扩大"对内开放",即沿线各省份要积极投入、搞好自身经济建设,将辖区内的建设项目落到实处,实现与国内其它地区的相互联通。建设"一带一路"也要扩大"对外开放",即面向数量更多、多样化程度更高的国家实施开放政策。中国推进"一带一路"建设不针对、不排斥任何国家,跨越了传统的地缘区域界限,合作伙伴的选择空间可谓空前广泛。

三是互动形式。开放是为了更好地实现双边或多边的经济互动。从贸易来看,"一带一路"将重点支持中国与沿线国家相联结的交通、通信等基础设施建设,提高沿线地区物流效率,便利双向或多边的贸易往来。从投资来看,"一带一路"将帮助我国的制造业提升在全球价值链分工中的地位。持续助力中国企业"走出去",努力形成与"引进来"相当的双向互动,是"一带一路"包容性开放的重要内涵。

四是开放心态。中国通过建设"一带一路",倡导进行更具包容性的对外开放、开展更具包容性的务实合作,引领国际合作新风。以往发动如此大规模的经济带建设,主导国家往往选择以单向输出为主的方式来确保自身利益无虞。在"一带一路"建设过程中,中国将贯彻不干涉内政原则,不走容易引发矛盾冲突的老路,做到与邻为善、美美与共,谋求共同发展。强调不搞单边主义,不把自己的意志强加于人;欢迎沿线国家直陈自身发展优势和需要,支持沿线国家自主创新能力的提高和国家间以坦诚沟通达成的高效合作。

"一带一路"具有21世纪融通中国梦与世界梦的未来担当。从"睁眼看世界"一直到改革开放,中国的改革到了和世界共赢的时代。中国提出的深化改革、全面构建开放型经济格局的构想为"一带一路"伟大倡议奠定了坚实的基础。21世纪的特征是陆海联通、万物互联,是"高铁+第二次地理大发现+新型城镇化"的时代,和平、繁荣、开放、创新、文明的"一带一路"与创新、协调、绿色、开放、共享的发展理念一脉相承,为推进开放、包容、普惠、平衡、共赢的经济全球化擘画美好蓝图、指明前进方向。

二、陆海内外联动

要以"一带一路"建设为重点，坚持引进来和走出去并重，遵循共商共建共享原则，加强创新能力开放合作，形成陆海内外联动、东西双向互济的开放格局。

——党的十九大报告

古代丝绸之路都有陆上、海上分别兴盛之时，但很少同时兴盛。本质上，中华文明是内陆文明，海洋文明基因发育不充分，郑和下西洋只是黄土文明的海上漂移而未改其本色。中华民族繁衍栖息的东亚大陆，一面临海，三面陆地，形成相对封闭的地理环境，造成了与外部世界相对隔绝的状态。而本土辽阔的地域、复杂的地形和多样的气候，形成了中国各具特色的地缘文化和区域观念。在自给自足、缺乏向外需求，相对保守、崇尚和平的农耕文化环境中，人们习惯于和谐、宁静与相对稳定的生活。海洋在"重陆轻海"的农耕社会只是一道天然的安全屏障而已。这些因素也决定了中国古代文化比较内敛、追求身心自我完善、伦理至上、注重养生的农耕文化形态。如今，"一带一路"倡导陆海统筹，实现中华文明从内陆文明到海洋文明的转型，开创千年未有之变局。

当今世界，经济产出的 60% 来自于距海岸线不超过 100 公里的沿海地区，这让一些国家尤其是内陆国家和地区在经济全球化过程中被边缘化，成为全球化的"洼地"，反过来也制约了经济全球化的进程。推进"一带一路"建设秉持亲诚惠容理念，坚持共商共建共享原则，推进同有关国家和地区多领域互利共赢务实合作，打造陆海内外联动全面开放新格局。以基础设施互联互通为先导，陆上依托国际大通道，共同打造国际经济合作走廊，海上以重点港口为节点，共同建设运输大通道。

第二届"一带一路"国际合作高峰论坛开幕式上提出："中国将同各方继续努力，构建以新亚欧大陆桥等经济走廊为引领，以中欧班列、'陆海新通道'等大通道和信息高速路为骨架，以铁路、港口、管网等为依托的互联互通网络"，将"陆海新通道"作为共建"一带一路"的重要合作成果和关键平台，标志通道建设步入新的历史发展阶段。

"陆海新通道"以共建"一带一路"为统领，依托中新（重庆）战略性互联互通示范项目，西承中欧国际铁路大通道，东连长江黄金水道，南经中国—中南半岛经济走廊与新加坡等国相连，实现了"一带一路"和长江经济带有机衔接，促进了"陆海内外联动，东西双向互济"开放新格局的形成，成为"一带一路"走深走实的重要载体和平台，具有多重经济效应。

"陆海新通道"利用铁路、公路、水运、航空等多种运输方式，由重庆向南经贵州等地，通过广西北部湾等沿海沿边口岸，通达新加坡及东盟主要物流节点；向北与中欧班列连接，利用兰渝铁路及西北地区主要物流节点，通达中亚、南亚、欧洲等区域。西部陆海新通道是"一带一路"中21世纪海上丝绸之路重要物流通道，同时还与丝绸之路经济带和长江经济带在成渝地区双城经济圈形成战略交叉，具有重要的价值地位。重庆、广西、贵州、甘肃、青海、新疆、云南、宁夏等西部省份相继签署合作共建中新互联互通项目国际陆海贸易新通道框架协议，将合作推进"陆海新通道"建设，助推我国加快形成"陆海内外联动、东西双向互济"的对外开放格局。

三、东西双向互济

共建"一带一路"倡议是扭转中国区域发展失衡的新契机。1935年，我国著名地理学家胡焕庸绘制了从黑龙江瑷珲到云南腾冲的一条线，这就是"胡焕庸线"。"胡焕庸线"把中国分成了东西两部分，线以东地区以43%的国土面积养育了94%的人口。这是东西部的差距。改革开放以来，受自然条件、历史沿革、政策倾向等因素影响，我国对外开放在区域空间上并不平衡。

邓小平同志曾经说过，"恐怕明朝明成祖时候，郑和下西洋还算是开放的……以后清朝康乾时代，不能说是开放……长期闭关自守，把中国搞得贫穷落后"。东西部经济发展能够成功，是和开放分不开的。1978年改革开放是从东部地区开始的。东部沿海地区经济发展水平高，资金技术聚集度高，具有良好的地缘优势，因此可以充分发挥东部的地缘优势，让东部地区先发展起来；当东部地区发展到一定时期后，国家再拿出更多的力量支援西部地区的发展，此时东部地区也要支援西部的发展。中西部地区由于起步晚，经济发展水平与东部地区相比总体上存在较大差距。特别是西部地区基础设施落后，沿边地区与邻近国家连而不通、通而不畅，交通条件成为束缚发展的绊脚石。1999 年我国提出的西部大开发战略，开始向西部地区倾斜。真正的西部大开发实际上应该是和西部的开放联系起来的，因为改革开放实际上就是一个问题的两个方面。

如今，"一带一路"引领加大西部开放力度，是西部大开发上升到新阶段的一个标志。《推动共建"丝绸之路"愿景与行动》指出，推进"一带一路"建设，中国将充分发挥国内各地区比较优势，实行更加积极主动的开放战略，加强东中西互动合作，全面提升开放型经济水平。因此，"一带一路"将形成中国新一轮对外开放的局面。党的十九大报告指出，中国特色社会主义进入新时代，我国社会主要矛盾已经转化为人民日益增长的美好生活需要和不平衡不充分的发展之间的矛盾。东西部的不平衡是"不平衡"的一个重要方面，因此，要解决这个问题，就要靠改革开放，靠深化改革，靠西部的对外开放来解决。

"一带一路"建设不仅是为了解决东西部之间、城乡之间的发展不平衡问题，同时还要解决不同行业之间的收入差距问题。让东西部地区实现平衡发展，实现"东西双向互济"。中共中央、国务院《关于新时代推进西部大开发形成新格局的指导意见》中还指出，要提高西部地区的开放力度，大力施展"一带一路"政策。以共建"一带一路"为引领，加大西部开放力度，积极推进枢纽城市规划、大通道建设、跨境经济合作区布局等。"一带一路"是中国走出去、与全球各国实现互利共赢的倡议，其中西部是陆上丝绸之路的重点区域，承担着联通中亚、欧洲等沿线国家的重要任务。西部大开发与"一带一路"同时进行又相辅相成，随着西部地区高速发展，经济体量发展到足够大规模，生产、物流、仓储、交换等能力的进一步提升，也将让"一带一路"合作的基础更稳固，影响力更大。

例如，山城重庆这座西部内陆城市乘着共建"一带一路"的东风，正在从开放末梢转变为开放前沿——向东，通过长江黄金水道出海；向西，中欧班列直达欧洲；向南，"陆海新通道"通达东南亚国家；向北，"渝满俄"班列直达俄罗斯。近年来，重庆对俄罗斯、捷克、沙特阿拉伯、波兰等国家的进出口贸易额年均增长 40% 以上，对共建"一带一路"国家和地区进出口均保持 1100 亿元以上规模。重庆正是中国中西部地区在共建"一带一路"中加快开放步伐、协调发展的缩影。

专栏　中欧班列

中欧班列是由中国铁路总公司组织、运行于欧亚大陆（中国与欧洲）的陆路集装箱国际联运列车。班列根据"干支结合、枢纽集散"的铁路运营组织方式，按照客车化组织模式和"五定"原则运行。2016年6月8日，中国铁路正式统一使用"中欧班列"品牌。

中欧班列始于2011年3月19日首列试运行的"渝新欧班列"，2013年7月18日正式运行。自创立之日起，中欧班列发展势头迅猛，辐射范围快速扩大，货物品类逐步拓展，开行质量大幅提高，使得从中国出发经欧亚大陆中部直达欧洲的陆路铁路交通线呈现爆发式增长。据统计，中欧班列从第1列到第500列历时4年，从第501列到第1000列历时7个多月，从第1001列到第1500列历时5个月。

中欧班列迅速发展壮大，在大通道建设中扮演了不可替代的角色，对外成为新时代联通亚欧大陆的实体纽带，对内则带动了我国内陆区域开放型经济发展，完善了国际物流运输体系，有效串联了东西两大板块并拉动中部地区货运物流建设。国家发展和改革委员会2016年发布的《中欧班列建设发展规划（2016—2020年）》计划到2020年将直达班列线路增至43条，累计开行5000列。2020年，中欧班列共开行1.24万列、运送货物113.5万标箱，同比增长50%、56%，综合重箱率98.4%，单月开行均稳定在1000列以上。

中欧班列是"一带一路"建设中的"钢铁驼队"，它架起了东西交流的友谊桥梁，为中欧贸易提供了全新的物流模式，也为我国乃至全球的经济发展注入了蓬勃动力。

第二节　双循环发展格局

要深化供给侧结构性改革，充分发挥我国超大规模市场优势和内需潜力，构建国内国际双循环相互促进的新发展格局。

——2020 年 5 月 14 日中共中央政治局常委会会议精神

"一带一路"倡议实施必须有坚实的国内基础。这一基础是中国改革开放所展示的魅力，正激励广大发展中国家通过参与"一带一路"建设来分享中国改革开放经验，所倡导的全方位开放格局，既包括在国内构建开放型经济体系，又包括区域经济一体化与开放的区域主义架构，正在引发广泛的国际共鸣。

首先，全面推进新一轮对外开放和构建开放型经济体系为中国全面推进"一带一路"提供了必要的内部动力。习近平主席 2014 年在亚太经合组织工商领导人峰会开幕式上的演讲中提出，高水平对外开放是全面深化改革的着力点，为中国全面深化改革开放探索新途径、积累新经验。针对中国构建开放型经济体系的问题，需要"全面推进新一轮对外开放，发展开放型经济体系，为亚洲和世界发展带来新的机遇和空间"。应对中国经济"新常态"需要国内改革的深化，深化国内改革需要高水平的对外开放，而高水平的对外开放离不开以"一带一路"为代表的国际合作计划。

其次，加快实施自由贸易区规划则是我国全方位开放格局的重要内容。习近平主席在博鳌亚洲论坛 2015 年年会上的演讲中指出，中国一向是区域合作的受益者，更是区域合作的积极倡导者和推进者，因而"逐步构筑起立足周边、辐射'一带一路'、面向全球的自由贸易区网络"是中国适应经济全球化新趋势的客观要求，也是构建开放型经济新体制的理性选择，更是我国盘活现有对外关系格局、实现对外规划目标的重要经济手段。此外，针对自由贸易区普遍呈现的排他性特征，习近平主席强调中国同"一带一路"沿线国家之间构建的高标准自由贸易区需要都具有高度的开放性，积极融入全球自由贸易区网络。

再次，推动构建开放的地区主义是发展全方位开放格局的应有之义。立足于本国的开放型经济体系，亚太各国之间应该打破藩篱，推动地区经济一体化安排的构建，并在此基础上实施开放的区域主义。习近平主席强调"'一带一路'建设秉持的是共商、共建、共享原则，不是封闭的，而是开放包容的；不是中国一家的独奏，而是沿线国家的合唱"，而"开放包容、联合自强，是亚洲国家实现发展繁荣和民族振兴的成功经验，也是今后实现更大发展的必由之路"，应该"推动建设开放型经济新体制和区域合作构架，让亚太的大门始终向全世界敞开"。

此外，中国在"一带一路"建设中并非是扮演为沿线国家设计发展方案的救世主角色，而是推动沿线国家实现发展规划相互对接、优势互补。归结到底，中国致力于通过"一带一路"推动建立一个在开放中融合的利益共同体，使亚太地区经济实现在开放中融合、在融合中发展。

一、引领国际经济循环

共建"一带一路"为世界经济增长开辟了新空间，为国际贸易和投资搭建了新平台，为完善全球经济治理拓展了新实践，为增进各国民生福祉作出了新贡献，成为共同的机遇之路、繁荣之路。世界各国对"一带一路"的信心，源于对中国的信心，对各自发展的期盼，对美好未来的信念。看好中国，就看好"一带一路"。中央全面深化改革领导小组第十八次会议强调，加快实施自由贸易区规划，综合运用国内国际两个市场、两种资源，坚持与推进共建"一带一路"和国家对外发展紧密衔接，逐步构筑起立足周边、辐射"一带一路"、面向全球的高标准自由贸易区网络。"一带一路"反对贸易保护主义，提倡构建开放、包容、共享、均衡的全球经济，承载着以构建自由贸易区网络为目标、促进全球自由贸易进程的新使命，为经济全球化带来了新的理念，将成为经济全球化的新主角。我国也将以"一带一路"为总抓手，加快形成对外开放的大平台、大通道、大布局，进一步赢得国内经济转型和国际市场竞争的主动。

从国际来看，"一带一路"为经济全球化提供了开放、包容、共享、均衡的新理念，在未来的建设中将采取灵活多样的多边、双边合作形式，加快构建多种形式的自贸区网络，以"一带一路"自由贸易制度安排为重点，继续推进全球自由贸易的进程。

一是务实推进"一带一路"与自由贸易区网络的融合。以点连线、以线带面、重点突破，成熟一个推进一个。对条件成熟的国家，采取自由贸易区的形式。对条件尚不成熟的国家，争取实行基础设施项下、服务业项下的自由贸易政策安排，以在一定程度上实现自由贸易的突破。

二是推进以中欧自贸区为重点的双边自贸区建设。随着中国居民消费结构快速升级，中欧间贸易互补性将明显增强，中欧服务贸易潜力巨大。建立中欧自贸区，不仅有利于中国经济转型升级与欧洲经济可持续发展，而且对维护欧洲经济一体化以及推进全球自由贸易进程将产生重大影响。

三是建立多种形式的"一带一路"经济合作圈。通过建立多种形式的经济合作圈，实施产业项下的自由贸易政策，对贸易和投资自由化、便利化的制度安排先行先试，打造区域贸易中心。

四是积极与"一带一路"沿线国家和地区共建跨境经济合作区。境外经贸合作区已成为推进"一带一路"的重要载体之一，需要加快积极推进。事实证明，共建"一带一路"不仅为世界各国发展提供了新机遇，也为中国开放发展开辟了新天地。

二、优化国内区域布局

"一带一路"建设是我国实现更高水平开放型经济的总抓手，直接影响我国区域经济发展的对外开放目标和任务，对于统筹区域经济布局中的国际国内两种资源、两个市场提出了新的要求。当前，我国正在着力构建区域协调发展新机制，目标在于形成主体功能明显、优势互补、高质量发展的区域经济布局。因此，优化区域协调发展战略布局，实施区域协调发展战略，对于建设现代化经济体系、促进经济高质量发展、解决人民日益增长的美好生活需要和不平衡不充分的发展之间的矛盾，具有十分重要的长远意义和现实意义。

2018 年 11 月，国务院印发《关于建立更加有效的区域协调发展新机制的意见》，明确提出推动国家重大区域融合发展，进一步要求"以'一带一路'建设、京津冀协同发展、长江经济带发展、粤港澳大湾区建设等重大规划为引领，促进区域间相互融通补充"。新形势下推进"一带一路"与国家区域发展对接，统筹全面对外开放与国内重点区域发展，有助于构建新时代优化全面开放新格局、促进区域协调发展、推动体制机制改革创新、发挥协同耦合效应。

（一）"一带一路"建设提升京津冀区域对外开放水平

发挥"一带一路"建设在对外开放方面的催化提升作用，持续提高京津冀协同发展的国际开放影响力。一是引领提升开放决策力。推进"一带一路"建设将不断提升中国政府在开放决策方面的影响力，继而提升京津冀地区整体开放控制力。二是引领提升开放影响力。以"一带一路"国际合作高峰论坛为代表的一系列国际合作交流会议、各类重大外交外事活动等在京津冀区域举办，将推动京津冀区域国际展示交往、国际科技文化交流等国际服务经济业态发展，持续提高京津冀区域的国际影响力。三是引领提升开放统筹力。"一带一路"建设框架下国际经济走廊建设和区域合作，将发挥京津冀协同发展的国际枢纽作用，带动环渤海、东北等区域板块协同对外开放，提升京津冀区域对其他区域对外开放的协同统筹能力。京津冀协同发展牵引"一带一路"建设不断取得新成效。发挥北京政策源的特殊优势，持续提供对接"一带一路"建设的政策设计，牵引"一带一路"建设不断开创新境界。

（二）"一带一路"建设与长江经济带发展对接

"一带一路"建设推动贯通长江经济带发展国际大通道。发挥"一带一路"建设在打通我国大进大出国际通道方面的作用，切实为长江经济带东西双向开放提供新出口。一是向西开放联通。依托中国—中亚—西亚、新亚欧大陆桥等国际经济走廊，结合渝新欧、蓉欧、汉欧等班列开通，促进长江经济带发展与欧洲市场有机互联互通，有力带动长江经济带向西开放水平。二是向南开放联通。依托中国—中南半岛、孟中印缅等国际经济走廊建设，结合中新互联互通项目、西部陆海新通道加快建设，进一步加速长江经济带的南向开放进程。三是向东开放联通。继续发挥长江黄金水道交通枢纽作用，更好地统筹丝绸之路经济带和 21 世纪海上丝绸之路建设，为长江经济带沿线地区向东开放提供新平台新机遇。江经济带为协同对接"一带一路"建设提供战略依托。发挥长江经济带贯通东中西、上中下游协调发展和绿色发展等特色优势，可为差异化协同对接"一带一路"建设提供规划依托。

（三）"一带一路"建设与粤港澳大湾区对接

"一带一路"建设提升粤港澳大湾区开放平台水平。发挥"一带一路"建设对粤港澳大湾区提升国际影响力方面的平台带动作用，促进粤港澳大湾区在更高水平参与国际竞争与合作。一是国际商贸合作平台。粤港澳大湾区市场经济活力大、国际化程度高，国家鼓励和支持香港、澳门参与"一带一路"建设，将有利于珠三角九市协同港澳抱团走出去，在"一带一路"框架下建立更高层次和水平的国际商贸合作平台，繁荣国际商务、贸易、金融等外向型服务经济。二是国际双向投资平台。通过"一带一路"建设，更好发挥"一国两制"的制度优势，可搭建更多双向投资平台，建立健全投资合作机制，既能够吸引更多国际人才、资金、技术和战略投资者到粤港澳大湾区，也将更好促进粤港澳大湾区优势企业和产品走出去，扩大国际市场。三是国际规则对接平台。借力"一带一路"建设框架和机制，粤港澳大湾区可通过国别政策沟通、战略合作、国际投资和优势产能"走出去"等多种方式，积极参与或部分主导国际规则与标准制定。粤港澳大湾区发展为"一带一路"建设提供样板展示。充分利用港澳作为自由经济体和广东作为改革开放先行兵的优势条件，进一步激发和释放粤港澳大湾区配置全球资源的无限潜力，为推进"一带一路"建设提供样板展示。

三、打造全球互联互通

习近平主席指出，共建"一带一路"，关键是互联互通。我们应该构建全球互联互通伙伴关系，实现共同发展繁荣。全球互联互通伙伴特别针对当今世界的三种现象：被联通——通往邻国的航班取道巴黎；联而不通——邻国间的心理距离比各自与西方的心理距离远，可谓同床异梦；通而不联——文明古国心心相契，然缺乏互联。"一带一路"让天堑变通途，才能天涯若比邻，体会天涯共此时。

总的看，中国在"一带一路"中扮演三重角色：一是倡导者，发动机。"一带一路"是中国提供给世界的公共产品，从资金、技术、人才全方位投入，统筹各种合作平台，构建全球伙伴网络。二是转化器，让全球化、市场规则更好落地生根，从根本上实现可持续和平与发展。给那些市场经济未充分发展起来的国家提供了全新的选择。三是粘合剂，通过"一带一路"粘合发展中国家、新兴国家、发达国家。

在全球产业链中，中国处于游刃有余的地位：既在向上迈进，与发达国家既合作也竞争——但竞争一面越来越大、越来越尖锐；也可向下深挖互补合作潜力，这就是"一带一路"；与此同时，还可与发达国家联合开发第三方市场，不仅规避竞争，又发掘新的互补合作空间。"一带一路"与国际产能合作是中国从全球产业链中高端向低端转移优质产能的过程，将以互联互通为基础的相关行业人力、物力、财力、经验、标准的全方位比较优势充分发挥，全面提升中国在技术、资本、标准等领域的国际竞争力。随着生产和贸易全球化的不断深入，中国进入以转型升级带动经济持续发展的阶段，产业已由劳动密集型转向技术密集型，正从全球价值链低端向中高端攀升。

其结果，世界经济的循环从传统的"中心—外围"式的单一循环，越来越变为以中国为枢纽点的"双环流"体系，其中一个环流位于中国与发达国家或地区之间（北美经济体和西欧经济体等），另一个环流存在于中国和亚非拉等发展中国家或地区之间。一方面，中国与发达国家之间形成了以产业分工、贸易、投资、资本间接流动为载体的循环体系；另一方面，中国又与亚非拉发展中国家之间形成以贸易、直接投资为载体的循环体系。这就是"一带一路"的全球价值链效应。在融入全球价值链的基础上重新构建双环流价值体系，不是要放弃已具有的国际市场份额和需求，而是要由中国依赖发达国家转化为发展中国家依赖中国融入全球价值链，拓展市场范围和需求，提高经济可持续发展能力。正如下图所显示的：

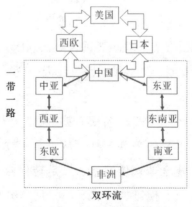

图 2.1　双环流价值链体系

美国发起的贸易战扰乱全球产业链、价值链，凸显"一带一路"的珍贵。开展贸易和投资合作要统筹国际国内两个市场、两种资源，双向开放才能实现更好的利益融合。一是完善贸易投资促进机制。在现有区域和双边合作框架下，进一步完善与相关国家的贸易投资促进机制，与国际组织联合开展战略性问题研究。推动与沿线和有关国家商签或修订贸易投资便利化条约和协定。二是有序引导支持对外投资。开展优势产能、装备制造和基础设施建设合作，共同建好一批示范性经贸合作区。创新对外投资方式，以投资带动贸易发展、产业发展。三是鼓励沿线和有关国家来华投资。积极开展投资促进工作，吸引沿线和有关国家企业到我国投资兴业，特别是投向高新技术产业、先进制造业和现代服务业，支持国内实体经济发展。四是促进贸易双向平衡。搭建好经贸交流新平台，进一步向世界开放市场。优化出口商品结构，提高传统优势产品的竞争力。加强跨境电子商务合作，大力发展服务贸易，培育贸易新增长点。

基础设施互联互通是"一带一路"建设的优先领域。当前，"一带一路"建设进入深耕细作的新阶段，要继续把互联互通作为重点，打破沿线和有关国家发展瓶颈。一是完善基础设施联通网络。扎实推进国际经济合作走廊建设。以铁路、公路、航空、水运、通信、电力、油气管网为重点，聚焦关键通道、关键城市、关键项目，着力推动陆上、海上、天上、网上四位一体的联通。二是协调政策规则标准联通。加强与相关国家和地区基础设施建设规划、质量技术体系对接，开展海关、检验检疫、边境管理等合作，促进政策、规则、标准三位一体的联通，为互联互通提供机制保障。三是创新设施联通融资渠道。充分发挥亚洲基础设施投资银行、丝路基金等平台作用，深化金融机构与金融市场合作，创新投资和融资模式，加大完善服务"一带一路"建设金融支持保障体系。

创新是推动发展的重要力量。搞好"一带一路"建设也要向创新要动力，加强创新能力开放合作，推动创新资源共享、创新优势互补，促进沿线和有关国家创新能力的共同提升。加强技术创新的开放合作，把握新一轮产业革命带来的机遇，推进国际科研项目合作，着力加强在数字经济、人工智能等前沿领域合作。加强理论创新的交流互鉴，建设好智库联盟和合作网络，加强"一带一路"建设学术研究、理论支撑、话语体系建设，为各国开辟发展新路径提供智力支持。加强创新人才资源的交流合作，加强同沿线和有关国家科技人才交流，合作培养培训各类专业人才，夯实"一带一路"建设的民意基础。

全球经济治理应该以合作为动力，全球性挑战需要全球性应对。主动参与和引领全球经济议程，参与全球治理和公共产品供给，增强新兴经济体和发展中国家在国际事务中的代表性和发言权，推动形成更加公正、合理的国际经济秩序。积极同有意愿的国家和地区商建自由贸易区，逐步形成立足周边、辐射"一带一路"、面向全球的高标准自由贸易区网络。积极参与国际经贸规则制定、争取全球经济治理制度性权力，不当旁观者、跟随者，要做参与者、引领者，在国际规则制定中发出更多中国声音、注入更多中国元素。

第三节　开创新型全球化

资产阶级在它的不到一百年的阶级统治中所创造的生产力，比过去一切世代创造的全部生产力还要多，还要大。……正像它使农村从属于城市一样，它使未开化和半开化的国家从属于文明的国家，使农民的民族从属于资产阶级的民族，使东方从属于西方。

——马克思、恩格斯《共产党宣言》

"世界是平的"被称作全球化时代的典型写照。可是，扁平的世界却以商品、劳动力、技术、资金自由流通名义悄然完成社会分层：贫富分化，使得《21世纪资本论》成为继《世界是平的》之后研究全球化又一最流行著作。这就提示我们，世界并非"平的"那么简单。我们生活在分割的地球村：内陆与海洋、发达与发展中国家、核心与边缘，应了一句中国古话"咫尺天涯"。

一、改变南北关系逻辑

从卫星上看夜晚的地球，发现我们并非生活在全球化的地球村：只有日本、北美和欧洲发达国家沿海地区灯火辉煌，证明实现了现代化，而在世界的其他地方上几乎看不到灯光。

如何让黑暗的地方灯亮起来？如何让占世界人口80%的发展中国家不输在起跑线上？如何帮助内陆地区寻找海洋，帮助南方国家实现工业化，助推人类文明共同复兴？这是全球化时代的重大课题。

令人忧虑的是，近代以来西方中心的全球化局面，今天不仅没有改变，反而有所强化。世界互联网分布更加剧了美国的优势地位，因为技术创新让强者更强，弱者更弱。英国国防部报告《2010—2040全球战略趋势》认为，2040年之前的世界都处于转型期，未来数十年要面对的挑战包括气候变化、人口的快速增长、资源短缺、意识形态复苏等，以及权力从西方向东方的转移。

我们知道，世界海底光缆集中在跨大西洋两岸，广大发展中国家要通过美欧而连接在一起。麦肯锡全球研究院（McKinsey Global Institute）2016年2月发布的报告《数字全球化：一个全球流动的新时代》指出，数据流动产生了比全球货物贸易更多的价值。尽管光纤电缆覆盖了世界大部分地区，但却没有一条光缆直接连接亚洲与南美洲。拉丁美洲国家和中国的互联网通信需要途经北美洲。而如今南南经济交流胜过南北经济交流，这种状况亟待改变。更一般地说，技术与信息的非对称性及其让强者更强、弱者更弱的设计，形成巨大的信息壁垒和数字鸿沟，这是导致当今世界贫富差距、冲突不断的重要根源。

当今世界不仅不是平的，还乱象丛生。乱之源，尤以贫困与贫富差距为甚。一国的贫困问题可能引发国际混乱，贫富差距引发并助长了这种混乱。扶贫发展机构乐施会2016年1月18日报告显示，全球仅62名富豪拥有的财富就与占全球人口一半的最贫穷人口拥有的财富相当，而世界最富有1%人口拥有的财富多于其余99%人口拥有的财富总和。世界贫富悬殊的鸿沟不仅越来越大，而且富人变得更富的速度也更快了。于是，动乱不只是限于欠发达国家，也在发达国家内部滋生、蔓延：难民危机、恐怖袭击、极端思潮……

世界银行等国际机构的最新研究表明，"一带一路"合作将使全球贸易成本降低1.1%到2.2%，推动中国—中亚—西亚经济走廊上的贸易成本降低10.2%，还将促进2019年全球经济增速至少提高0.1个百分点。世界银行发布研究文章指出，"一带一路"相关投资可以额外帮助全球多达3400万人摆脱中度贫困，其中2940万人来自"一带一路"沿线国家和地区。除了脱贫外，"一带一路"还是削减贫富差距的有效药方，通过帮助内陆国家和地区寻找海洋，融入全球分工；通过聚焦基础设施和互联互通，再现中国经验——要致富先修路。

当今世界充满不确定性，人们对未来既寄予期待又感到困惑。随着传统全球化失去目标，能否探索一条超越西方狭隘全球化之路成为世界性的难题。习近平主席在 2017 年 5 月 14 日的"一带一路"国际合作高峰论坛开幕式上发表的主旨演讲中指出，"我们正处在一个挑战频发的世界。和平赤字、发展赤字、治理赤字，是摆正全人类面前的严峻挑战"。在此背景下，"一带一路"倡议就是要立足构建以相互尊重、公平正义、合作共赢为核心的新型国际关系，构建人类命运共同体，建设持久和平、普遍安全、共同繁荣、开放包容、清洁美丽的世界。从根本上铲除这"三大赤字"产生的根源。这是中国为解决全球问题的开出的一剂"中国药方"。

二、中华文明自觉自信

2021 年 4 月 20 日，习近平主席在博鳌亚洲论坛 2021 年年会开幕式上的视频主旨演讲中指出，"一带一路"是大家携手前进的阳光大道，不是某一方的私家小路。所有感兴趣的国家都可以加入进来，共同参与、共同合作、共同受益。共建"一带一路"追求的是发展，崇尚的是共赢，传递的是希望。面向未来，我们将同各方继续高质量共建"一带一路"，践行共商共建共享原则，弘扬开放、绿色、廉洁理念，努力实现高标准、惠民生、可持续目标。他提出"将建设更紧密的卫生合作伙伴关系""将建设更紧密的互联互通伙伴关系""将建设更紧密的绿色发展伙伴关系""将建设更紧密的开放包容伙伴关系"四大建议，表示中方将同各方携手，加强基础设施"硬联通"以及规则标准"软联通"，畅通贸易和投资合作渠道，积极发展丝路电商，共同开辟融合发展的光明前景；加强绿色基建、绿色能源、绿色金融等领域合作，完善"一带一路"绿色发展国际联盟、"一带一路"绿色投资原则等多边合作平台，让绿色切实成为共建"一带一路"的底色；将本着开放包容精神，同愿意参与的各相关方共同努力，把"一带一路"建成"减贫之路""增长之路"，为人类走向共同繁荣作出积极贡献，彰显中华文明立己达人，构建人类命运共同体的自觉自信。

概言之，"一带一路"具有"三五效应"：一是五十年未有之变局，中国正在经历改革开放以来经济社会发展模式的转型，以引领新型工业化、城镇化；二是五百年未有之变局，当今世界正面临航海大发现以来以西方中心为主导的传统全球化的挑战，中国的"一带一路"是走出近代、告别西方的新型全球化的倡导，以互联互通打造人类命运共同体；三是五千年未有之变局，是中华文明伟大复兴实现由内陆到海洋，由农业到工业、信息，由地区到全球的转型。

中国是世界上唯一没有间断的古老文明。"一带一路"倡议完全有可能通过今天的互信互利将历史资源记忆激活，共谋发展、共担责任、共迎挑战、共享收益，重塑昔日之辉煌。古老文明共同复兴正承载着世界重托，弘扬"和平合作、开放包容、互学互鉴、互利共赢"的丝路精神，为往圣继绝学，就是着眼于实现人类永续发展，推动各种文明、发展模式相得益彰、美美与共，开创中华文明与各大文明交流互鉴的美好前景。

三、全球治理体系变革

现代全球治理体系是第二次世界大战之后以现代国家为基础、以经济全球化为背景，由发达国家主导建立的。然而，随着科学技术的迅猛发展，以交通运输、通信技术、数据处理等为标志的经济全球化深入发展，不同国家、不同地区间的经济交往、政治对话、文化交流愈益密切等因素导致全球政治经济安全格局出现变化。单边主义、保护主义思潮抬头，全球治理体系和多边机制受到冲击，全球治理出现"治理赤字"；国际竞争摩擦上升，地缘博弈色彩加重，冷战思维和工具被重新拾起，国际社会信任的根基遭受侵蚀，国际合作出现"信任赤字"；地区局势持续动荡，恐怖主义蔓延肆虐，人类社会发展出现"和平赤字"；全球发展失衡，尤其是贫富差距及南北发展失衡，导致一些国家与地区陷入动荡，国际社会出现"发展赤字"。治理赤字、信任赤字、和平赤字和发展赤字，不仅是全球治理陷入困境的深层原因，更是摆在全人类面前的严峻挑战。

通过"一带一路"倡议参与全球治理，其意义不仅在于中国已经具备为全球治理提供公共产品的能力，更意味着中国在国际社会中的身份从"世界发展的受益方"成长为"世界发展的推动方"。这一身份转变，是中国参与全球治理的认知、责任与路径的全面升级。"一带一路"是应对全球治理新挑战的方案选择。"一带一路"不是撇开现有全球治理体系"另起炉灶"，而是对其进行有益补充和完善，不断创新合作方式和内容，探讨共建新的高标准国际规则，确立新的全球治理合作原则。

一是实现"一带一路"倡议与国际组织发展规划对接，深入参与全球治理体系。"一带一路"建设不是重新建立一个全球治理体系，而是注重与已有国际组织发展规划实现战略对接，发挥优势互补。截至2021年初，中国已与31个国际组织签署"一带一路"合作文件，"一带一路"倡议写入联合国大会决议，"一带一路"的合作精神成为名副其实的全球共识。参加"一带一路"的国际组织与相关国家将自身发展规划和目标与"一带一路"倡议实现战略对接，着力推动自身规划的实施，这种对接成为"一带一路"参与全球治理的独特形式。其中，联合国《2030年可持续发展议程》已成为"一带一路"倡议对接全球治理的重要方案。

二是共建"一带一路"规则体系，完善全球治理规则制定的民主机制建设。当前，全球治理规则制定体系不平衡的结构致使发展中国家利益得不到充分保护。这种情况直接导致现阶段全球治理体系中发达国家所拥有的权力超过其所占的经济份额，全球治理民主化体系形同虚设，成为全球治理遇到阻力的重要原因。"一带一路"倡议以共商共建共享的方式充分吸纳多方意见，在尊重发展中国家利益的同时，重视对接现有国际准则。在所有国家平等的基础上，以民主原则构建起一套高标准的全球治理规则体系，从而对现有国际规则体系进行有益的补充。

三是共建"一带一路"合作体系，提高全球治理的合作水平。现阶段，全球治理体系中缺乏各国所认可的合作方式。"一带一路"以共商共建共享为合作原则，以基础设施建设为抓手，打造合作平台，提供全球合作新方案。在南北合作中，以共商作为大原则，发展中国家与发达国家共同讨论确定合作方案，保护双方利益；在南南合作中，鼓励发展中国家相互合作，寻求发展公约数，在合作中寻求共赢。在项目工程评价体系中，以共享作为项目评估的重要因素，确保参与者均能享受建设成果。

四是共建"一带一路"高质量体系，增加开放、绿色、高标准、惠民生、可持续等内容，为全球治理方案注入新内涵。第二届"一带一路"国际合作高峰论坛将高质量共建"一带一路"写入联合公报，使高质量成为"一带一路"

倡议新的行动指南和关键词。高质量共建"一带一路"包含以下几方面内容：坚持公开透明的市场原则，以国际通用规则和标准建设"一带一路"；通过完善知识产权保护制度，促进"一带一路"建设实现创新与发展；通过以人民为中心的发展理念，促进民心相通，推动全球化标准的实现；以"一带一路"沿线国家人民的获得感与当地经济发展的实际贡献为目的，为全球治理中的发展中国家项目注入新内涵。

五是加强第三方市场合作，为发达国家与发展中国家合作提供新方案。在经济全球化的背景下，外资成为各国促进发展的重要助力。全球价值链分工体系、全球金融体系的建立使发展中国家在产业建设与升级过程中会不断吸引不同国家进行投资。但不同国家在投资过程中出现的恶性竞争、缺乏协作等问题阻碍了投资效率，对投资国与被投资国都造成了损害。第三方市场合作通过两个以上国家以共商共建共享为原则，在第三方国家开展经济合作，有利于提高外资利用效率，从而更有效地促进第三方国家经济发展。在第三方市场中，"一带一路"建设以被投资国产业发展与民生改善为目标，参与各国优势互补、协调合作，以达到 1+1+1>3 的目的。

第三章

理论维度："一带一路"的自身逻辑

1897年，法国印象派艺术大师高更完成一幅大型作品，他用梦幻的记忆形式，把观赏者引入似真非真的时空延续中，在长达4米半的画物上，从左到右表达了生命从诞生到死亡的历程。树木、花草、果实，所有的植物象征着时间的飞逝和生命的消失。画的标题是三个震撼心灵的发问：我们从何处来？我们是谁？我们往何处去？当今世界，正面临高更之问的考验。"一带一路"不能只是政策分析或政策解读，要有"原理论"；不能总是讲"一带一路"不是什么，要讲清楚"一带一路"是什么？往何处去？

"一带一路"需要"原理论"。以习近平新时代中国特色社会主义思想为指导，如何阐明"一带一路"与中国发展模式的关系及其世界意义，成为理论界的重要任务。习近平主席2016年8月在推进"一带一路"建设工作座谈会上强调，加强"一带一路"建设学术研究、理论支撑、话语体系建设。如果不能打造"一带一路"理论体系，而是停留在政策宣示和理念传播，就不能真正说服国际社会，也不能说服国内和自己。我们要在"一带一路"建设从大写意到工笔画进程中，推动"一带一路"从"政治外宣语言"转化为"国际规则语言"乃至"国际法语言"，推动实现理论与实践、情感与理智的统一，倡导融东西南北，通古今中外，超越分科之学的"一带一路"学，推动"一带一路"建设从共商、共建、共享到共研的飞跃。

第一节　理　论　升　华

一、"一带一路"经济学

"发展是解决一切问题的总钥匙"。"一带一路"沿线多为发展中国家，从发展经济学的视角来看，"一带一路"作为中国为世界提供的最重要的公共产品，搭建起了开放合作、互利共赢的国际合作平台，其促进合作共赢的理论要义体现在以下几个方面。

第一，投资贸易的增长有利于缓解储蓄与外汇"两缺口"。"一带一路"沿线有不少发展中国家和新兴经济体存在上述储蓄与外汇"两缺口"的情况。由于"一带一路"建设带动了中国以及中国与第三方合作的投资项目落地沿线国家，有助于缓解这些国家储蓄缺口造成的投资不足；而新增投资会促进这些国家的工业发展和出口贸易增长，从而缓解其外汇缺口；"一带一路"相关国家现有基础设施互联互通的水平比较低，相互之间的投资贸易联系较弱，在"一带一路"建设过程中，通过基础设施建设能够促进相关国家的内部联通，有利于提高这些国家之间的投资贸易水平，从而也有助于缓解这些国家存在的储蓄与外汇"两缺口"问题。

第二，产能合作推动工业化发展，促进出口贸易增长。"一带一路"建设通过产能合作以及境外产业园区建设，推动了沿线发展中国家的工业化进程，促使一些发展中国家能够以此逐步建立自己的制造业基础，进而使得其采取出口导向策略成为可能，促进贸易产品升级，从而避免靠单一资源出口而陷入低收入陷阱和贸易陷阱的结局，打破恶性循环累积、依附状态，走向快速发展的轨道。

第三，工业化开启人口红利，促进经济增长。"一带一路"沿线一些国家劳动年龄人口比例较高，存在较好的人口红利基础，在"一带一路"建设过程中，通过产能合作能够推动沿线国家的工业化发展进程，吸引农村剩余劳动力和更多城市人口就业，这有助于这些国家开启人口红利窗口，促进经济增长。

第四，多元投融资选择缓解资金缺口，激活金融机制。"一带一路"沿线不少国家基础设施条件差，急需投融资促进建设，中国倡导成立亚洲基础设施投资银行、丝路基金以及"一带一路"专项贷款等资金渠道，不附加干涉别国内政的条件，为沿线国家提供了更为多元的投融资选择，并可能拉动其国内民间资本的进入，从而缓解基础设施建设中的资金缺口；同时，合作共建"一带一路"的过程中，中国帮助沿线一些国家建立本国的金融要素市场，有利于激活其国内金融机制，吸引资金、人才等要素流入，促进其金融发展步入正轨。

第五，缩小发展鸿沟，消减数字鸿沟。"一带一路"建设涉及农业、教育、培训、医疗以及减贫等民生项目的合作。作为最大的发展中国家，中国可以通过民生项目合作，与沿线相关国家交流经验，助力其实现更好发展，从而在一定程度上缩小发展鸿沟；数字鸿沟是互联网时代全球发展面临的新的失衡问题，阿里巴巴、腾讯、华为、百度、京东等数字经济企业在中国极大地促进了大众创业和万众创新，随着"一带一路"建设的不断推进，这些企业通过电商平台、社交媒体以及智慧城市建设等途径，能够帮助沿线国家的民众拓宽信息渠道和就业途径，从而有助于消减沿线发展中国家面临的数字鸿沟问题。

第六，助力实现联合国建立"发展的全球合作机制"的目标。在联合国《2030 年可持续发展议程》其中一些领域，"一带一路"建设大有可为：通过设施联通，特别是与欧亚各国间中欧班列的运行以及与新加坡合作建设国际贸易大通道，让亚欧非陆锁国借船出海成为现实，从而享受开放发展的经济红利。"一带一路"建设致力于推动形成陆海联动格局，将打破陆锁国发展魔咒，让新的发展机遇更多惠及内陆国家。通过这些途径，"一带一路"将助力联合国建立"发展的全球合作机制"的目标不断向前推进。

可以说，"一带一路"设想已经超越了传统的斯密增长模式，进一步在熊彼特增长和诺斯增长方面等方面提出了更高的要求；不仅要通过国家之间的合作扩大市场规模，更强调大力推进技术和制度等方面的创新方面的创新和进步。"一带一路"秉承创新、协调、绿色、开放、共享的发展理念，以建成和平之路、繁荣之路、开放之路、创新之路、文明之路的目标，显然超越了过去单方面追求某种特定单一目标经济发展理念，不应该简单地用斯密增长来描述这一倡议，而要强调全面的包容性增长，加入熊彼特增长或诺斯增长等方面的视角。

"一带一路"前所未有的强调创新为国家之间的合作和经济发展注入了更多的活力和内容。一方面是技术创新。技术创新本身就是"一带一路"的重要内涵，相关国家愿意就技术创新与转移、数字"一带一路"建设以及科技人才的培养深入交流开展合作，前所未有的让数字经济、绿色经济、电子商务、人工智能等先进的技术和理念贯穿始终。另一方面是在国际合作制度建设方面有新的突破，在合作共赢为核心的新型国际关系和人类命运共同体的框架之下，共商、共享、共建，改变独善其身的旧有思维，实现共同的经济增长和社会发展。

二、"一带一路"政治学

美国纽约州立大学伊曼纽尔·沃勒斯坦是著名的社会学家,在其看来现代世界体系是一个由经济体系、政治体系、文化体系三个基本维度构成的复合体。过去的全球化形成了以资本主义为核心的世界经济体系,"一体化"与"不平等"是这一体系的两个最主要特征。"一带一路"是对沃勒斯特"世界体系理论"的超越。

世界体系理论的逻辑是"中心—边缘"秩序,而"一带一路"的逻辑是"去中心",即通过互联互通将边缘地带打通成为节点,节点之间形成网格,每一个国家都是"自中心",由此国家在网格体系中实现公平与普惠。在政治体系中,英、美等发达国家居于体系的"中心",一些中等发达程度的国家属于体系的"半边缘",亚非拉等发展中国家处于体系的"边缘"。政治上追求霸权地位和经济上追求利润最大化一样,是资本主义世界体系的推动力。追求霸权地位是资本主义国家的共同目标。在经济体系中,世界性劳动分工体系与世界性商品交换关系两条主线,将各个国家牢牢地粘结在庞大的世界经济网中。中心-半边缘-边缘的层级结构表明了世界经济体的极端不平等性,发达国家外围到处存在不发达,"中心"拥有生产和交换的双重优势,对"半边缘"和"边缘"进行经济剥削。

回顾过去,"一带一路"建设有一个明显特征,就是大多数重点项目建在边缘或半边缘国家,如中亚五国、中东欧十六国等。这些国家很多是"内锁国"(land-locked country),如东南亚的老挝、非洲的埃塞俄比亚、中东欧的捷克等,这些国家一直被锁在大陆腹地,无法连通海洋,无法享受全球化所带来的福利。中老铁路、亚吉铁路、中欧班列等使这些"内锁国"可以联通海洋,变成"陆联国"(land-linked country),实现了陆海统筹,由此共享全球化的红利与福祉。"一带一路"强调"去中心""非极化",不追求霸权地位。与美国以自身霸权或权威构建的盟友体系不同(在盟友体系内部也有等级存在),"一带一路"是全球伙伴关系体系的具化,共赏、共建、共享是全球治理的原则,也是"一带一路"的原则。

	经济体系	政治体系	文化体系
世界体系理论	"中心"拥有生产和交换的双重优势，对"半边缘"和"边缘"进行经济剥削。	阶级导致身份集团的出现，中产阶级为中心；追求霸权地位，也建立了依附关系。	以西方文化为标准的普世价值凌驾于多元民族文化之上；价值观是趋"同"。
"一带一路"逻辑	将边缘地带打通成为节点，节点之间形成网格，每一个国家都是"自中心"；将"内锁国"变成"陆联国"，实现了陆海统筹。	强调"去中心"、"非极化"；全球伙伴关系体系，倡导共赏、共建、共享。	承认差异，据此构建相互欣赏、相互理解、相互尊重的人文格局；价值观是倾"通"。

图 3.1　世界体系理论与"一带一路"逻辑

　　"一带一路"为实现建立在多样性基础上的国际秩序提供了可供尝试的路径：首先，"一带一路"的核心原则是"共商、共建、共享"，参与者都是主体，而不是等待被某一个主导国家改造的客体，这一倡议的目标、方式和路径都是在参与者相互沟通与互动中逐渐形成、演化和改进的，"实现优势互补、互利共赢，不断朝着人类命运共同体方向迈进"。其次，"一带一路"五通是"政策沟通""设施联通""贸易畅通""资金融通"和"民心相通"。"通"既是过程，也是目标。"一带一路"的多样化主体需要在政治、经济、基础设施、资金和人员往来等不同领域增进了解、信任与合作，最终实现"不同"但"通"，即对他者的理解、包容与欣赏。

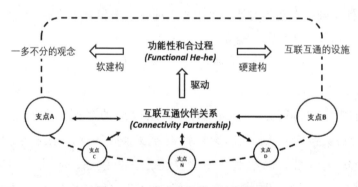

图 3.2　全球互联互通理论逻辑图

　　具体而言，"一带一路"所体现的"互联互通理论"具有以下主要内涵和鲜明特征。一是不以削弱各国主权为代价推动跨国性合作，而是肯定主权、维护主权，注重发挥各国政府在促进合作方面的枢轴作用。不以建立超国家实力为目标，而是倡导建立平等互助、合作共赢的"共生体系"。二是不以消除差异性为目标，而是充分尊重文明多元性和国际发展模式多样性，重视以共同理念、共通目标凝聚各国合力，实现"开放性聚合"。不靠什么唯一的价值观和体制来"统合"他国，而是寻求适应"一带一路"沿线国家各具特色的经济、政治和文化生态。三是不搞"唯我独尊"，要"合唱"不要"独奏"，强调"对接"而不是"趋同"，力求建立"平等的伙伴关系网络"而非"等级性秩序"，不强求他方制定新的战略呼应中方，而是将中方倡议与各国已有的发展规划紧密衔接起来，以务实的共同规划推动相关合作。四是不搞"唯规则论"，既推动规则建设，也重视沟通、协商、调解的作用，尽量照顾各方舒适度，维护彼此默契。面对分歧摩擦，既靠规则疏导，也靠关系"润滑"，将"规则治理"和"关系治理"相互结合。五是不搞"小圈子"，拒绝非此即彼、阵营分立、零和博弈，注重协调"一带一路"建设的"沿线国家"和"相关国家"的关系，力求以互联互通消解和超越霸权秩序等内生的"排他性"和"对抗性"。

三、"一带一路"文化学

法国哲学家德勒兹在 20 世纪 70 年代提出了"块茎—游牧理论"，这是一种新的组织结构形式理论。随后有学者基于此，用象棋和围棋来类比西方和中国的发展模式。德勒兹的"块茎—游牧"理论对传统西方的形而上学等思维方式进行了彻底的批判，它不仅本身就是马克思主义的辩证唯物主义的，而且还是其在当下的深刻发展。块茎这种全面性、多维角度，不仅仅是辩证法的，而且是超辩证法的。

2004 年，习近平主席在其《之江新语》系列评论的《在更大的空间内实现更大发展》中曾借"地瓜"阐释了"块茎与藤蔓"的关系，"块茎"就是习提到的"未来世界会是像地瓜一样的发展模式"中的"地瓜"，块茎的特点是根茎一体，无限延伸、随时随地都能生长和相互联。在秘鲁利马亚太经合组织工商领导人峰会上，习近平主席也提及地瓜的藤蔓向四面八方延伸，但它的块茎始终长在根基位置，同样道理，不管发展到什么程度，中国都将扎根亚太、建设亚太、造福亚太。

德勒兹的理论和道家、禅宗思想可以互译，延伸出来就是国际象棋（西方模式）和围棋（中国模式）的区别：象棋基本上就是零和博弈，是看得见的数字关系，以明显的对立分割为基础，而围棋是根据棋子的整体环境来决定它的作用，它足够灵活，而且围棋和太极拳类似，不是以直接进攻为目的，而是以"围绕"—"更大范围的联系"—"化解或短暂出击"为斗争方式，毛主席用到的无论是游击战还是地道战，都是块茎—游牧的战争模式，它的优势在于可以以少胜多，边斗争边发展。德勒兹的理论虽然先见之明看到了互联网时代的组织架构模式，但是还未能和中国文化天然的块茎—运河（德勒兹比喻中国的模式）特点结合起来，而这正是需要当下的学人去做的理论突破。

"一带一路"沿线地区是人类文明的发源地，文明的发育与进步需要源源不断地与外界交流，否则就会陷入封闭与衰败。与澳洲、非洲南部、美洲等历史上的孤立、半孤立文明不同，一带一路沿线地区在四千多年的历史中始终通过贸易、宗教和战争保持着文明的交流，东亚、南亚、中东、欧洲等人类文明的几个"轴心地带"始终保持着经济、文化、宗教、技术和制度的碰撞与融合，古代的陆上、海上丝绸之路像南北分列的两条纽带，贯穿于人类文明的发展史，将"世界岛"上的居民紧密相连。

古代的丝绸之路是世界经济交流的主干道。粮食、皮毛、药材、丝绸、茶叶、玻璃、贵金属等物资通过东西方的商队源源不断地进行交流，满足各时代人民的物质需求。古代的丝绸之路是世界思想交流的集散地。丝路沿线的各地区人民充分汲取其他文明的思想，形成思想上借鉴与完善，中国的大部分宗教都是丝绸之路上"舶来品"，经过中华文明的吸收借鉴，业已成为中国文化不可分割的一部分。欧洲在文艺复兴过程中也曾热烈拥抱来自遥远东方的道德哲学，坚定反对宗教蒙昧和封建王权的决心。丝绸之路沿线各国的兴衰一再证明，文明的进步不是闭门造车可以实现的，必须经过海纳百川的吸收融合才能完成。

历史上，丝绸之路每次大发展背后均有一个处于高度速发展的文明在推动，汉唐时期中国丰富的物质文明为推动丝绸之路发展提供了经济动力，中世纪中东的伊斯兰诸王朝成为衔接丝绸之路的中枢，近代以来欧洲各国对财富的追求不断推动欧洲各国在陆上、海上丝绸之路的扩张，进而将世界各地区带入全球化时代。美国汉学家安乐哲指出，中国哲学文化传统同"无限游戏"共鸣，与一般国际关系理论有重要区别，这体现在"国家间"（international）关系与"国家内"（intra- national）关系的不同。如今，西方主导的全球化带来的弊端正在持续暴露，纠正世界经济发展不平衡，推动国际合作新思维，为不同文明提供多样性的合作新范式是新一轮全球化必须解决的问题。中国提出的"一带一路"倡议是多边共赢之策，是和平崛起之策，通过"政策沟通、设施联通、贸易畅通、资金融通、民心相通"建设，致力于给目前处于动荡和混乱之中的"丝绸之路"带来新的持久的和平与繁荣，进而实现文化思想交流的繁荣，推动各文明之间的互学互鉴，使古老的丝绸之路重新焕发生机。

第二节　发展逻辑

发展是解决一切问题的总钥匙。

——习近平在第一届"一带一路"国际合作高峰论坛上的主旨演讲

发展是解决一切问题的总钥匙。推进"一带一路"建设，要聚焦发展这个根本性问题，释放各国发展潜力，实现经济大融合、发展大联动、成果大共享。2015 年 3 月 28 日发布的《推动共建丝绸之路经济带和 21 世纪海上丝绸之路的愿景与行动》指出，共建"一带一路"旨在促进经济要素有序自由流动、资源高效配置和市场深度融合，推动沿线各国实现经济政策协调，开展更大范围、更高水平、更深层次的区域合作，共同打造开放、包容、均衡、普惠的区域经济合作架构。

一、基 础 设 施

"一带一路"为何重视基础设施？基础设施不赚钱，或短期内不赚钱，为何中国要投资外国的基础设施？这是国内外比较普遍关心的问题。"一带一路"首先着眼于基础设施投资，这是因为发达国家普遍面临基础设施改造升级的任务，发展中国家更面临着建造、换代等重任，这是比所谓的再工业化更能推动世界实体经济增长的路径。巨大的基础设施投资缺口，是亚投行、"一带一路"倡议取得如此世界效应的根源。除了国内经济一体化、全球产业链的双环流外，更广泛的"一带一路"经济逻辑是合作共赢，推动新型国际关系的实践。

有史以来，人类对国际大连通无比热情。古代交通运输极不方便，可是人们促进国际大连通的热情很高。中国历史记载中有外国使节（实际上从事贸易）"梯航""重译"来到中国。"梯航"就是在不能直航的情况下，人们从远地不断换船无数次沿着海岸短距离航行最终到达目的地。万里茶道（茶马古道）：陆路为 Cha，海路为 Tea，见证了古丝绸之路以茶会友的传统。

共建"一带一路"，关键是互联互通。那么怎样实现互联互通呢？需要解决三大问题：一是解决被联通的问题。有些国家和地区是通过别人联通在一起的，如两个接壤的非洲国家首都不能实现直航，而要绕道法国巴黎。二是联而不通的问题。物理上是有联系的，但彼此之间有心理距离。三是通而不联的问题。心理上是相通的，但物理上没有联系。比如中国和乌兹别克斯坦之间崇山峻岭，交通非常不便。

解决以上三大问题，有助于实现全球互联互通，实现横向的全球化、包容性的全球化，解放生产力。这个互联互通不光是设施连通，还有政策、贸易、资金、民心相通，关键是互补、平等、横向的联系。习近平主席在 2017 年 5 月份的"一带一路"国际合作高峰论坛上谈到空中、陆上、海上、网上四位一体的互联互通的交通网络。

（一）以基础设施为例，"一带一路"建设牵住了世界经济发展的牛鼻子。要致富，先修路；要快富，修高速；要闪富，通网路，是中国脱贫致富经验的鲜明总结。基础设施先行，通过"八平一整"搞开发区，产业链跟上，投资贸易便利化谈判，形成欧亚大市场，并延伸到非洲、拉美地区，就是"一带一路"所折射的中国发展模式形象总结。根据世界银行统计，发展中国家目前每年基建投入约 1 万亿美元，但要想保持目前的经济增速和满足未来的需求，估计到 2020 年每年至少还需增加 1 万亿美元。到 2030 年，全球预计将需要 57 万亿美元的基础设施投资。美战略家康纳在《超级版图》一书中提出，未来 40 年的基础设施投入将超过人类过去 4000 年。麦肯锡咨询公司曾经预测，到 2050 年，"一带一路"沿线区域将为全球带来 80% 的 GDP 增量和 30 亿新中产阶层，预计每 10 亿美元的基础设施建设投资可以创造 3 万到 8 万个就业岗位，新增 25 亿美元的 GDP。

（二）基础设施互联互通充分展示中国的新比较优势。中国在"铁公基"、天电网、陆海空、人机交互、万物互联等传统、新兴基础设施各个领域，从设计、建造、运行、管理、资金、技术、人才、培训等各个环节具有无可比拟的全方位优势。Timetric's Infrastructure Intelligence Center（IIC）的研究显示，2017 年全球基建投资中，中国占比 31%。中国参与的海外建设项目多达 1034个，其中 40% 为铁路基建项目。中国比较优势不仅基建能力强，且拥有强大的产业体系、长远稳定的决策体系，统筹协调的文化传统。"一带一路"聚焦基础设施互联互通，克服了谁来解决市场经济解决不了的第一桶金问题，通过开发性金融，创造和培育市场，彰显中国发展模式的魅力。更重要的，基础设施要联网、升级，实现互联互通，实现国际产能合作，打造立体的，相互衔接的、互联互通的横向全球化，提升我制度性国际话语权。

（三）通过倡导基础设施的互联互通，"一带一路"正在治疗新自由主义全球化顽疾，引导热钱流向实体经济，正在消除全球金融危机之源，让全球化惠及更广泛的民众。新自由主义全球化是资本导向的全球化，私人资本不愿投基础设施，资本主义的政治周期无法满足长、慢周期的基础设施需要，资本全球化服务选票而非老百姓，致使全球基础设施成为世界经济发展的短板：发达国家基础设施要升级换代，发展中国家基础设施严重短缺。和中国合作建设"一带一路"，将新自由主义推动的资本导向（of capital，by capital，for capital）的全球化，转变为发展导向的全球化（of the people，by the people，for the people），让投资回归实体经济而不是制造越来越多的金融泡沫，是应对民粹主义挑战，实现开放、包容、均衡、普惠全球化的希望所在。

当然，"一带一路"沿线国家的设施联通是一个立体、复杂、多元化的综合基础设施网络，涉及领土主权、法律规范、技术标准、环境评估，更涉及政府、企业和个人，以及项目的设计、融资、施工、运营管理等众多领域、方面和层次，需要创新合作模式，克服各种困难，先试点再推广，久久为功，步步为营，逐步推进。

二、产业集群

"十三五"规划中就深入推进国际产能和装备制造合作提出，以钢铁、有色、建材、铁路、电力、化工、轻纺、汽车、通信、工程机械、航空航天、船舶和海洋工程等行业为重点，采用境外投资、工程承包、技术合作、装备出口等方式，开展国际产能和装备制造合作，推动装备、技术、标准、服务走出去。"一带一路"通过基础设施建设沿线将逐渐形成相关服务的产业集群，通过产业集聚和辐射效应形成综合发展的经济走廊，建设贸易和生产要素进行优化配置，促进区域经济一体化，实现区域经济和社会同步发展。

国际产能与装备制造业合作是"一带一路"建设的重要抓手。在双边层面，中方同哈萨克斯坦、马来西亚等30多个沿线及其他国家签署了产能合作有关文件，把产能合作纳入机制化轨道，和有关国家对接规划和项目，共同为企业间合作穿针引线、铺路架桥。在多边层面，中方积极参与和引领区域、次区域合作，推动发表《中国—东盟产能合作联合声明》《澜湄国家产能合作联合声明》等重要文件，和有关国家共同谋划产能合作的重点领域和重大项目，加快形成开放包容、多方共赢的合作格局。

国际产能合作更是中国的新概念、新理论、新倡议。按照2015年5月13日出台的《国务院关于推进国际产能和装备制造合作的指导意见》，国际产能合作是指围绕生产能力的建立、转移、扩张、提升和应用而开展的国际合作，其内容十分丰富，包括不限于国际贸易、国际投资、技术合作、工程承包等活动。具体而言，产能合作也包括四个内容：

——"起"，核心是产业升级。产业和产能的转型升级换代。大家有共同任务和挑战，只是起点不同，发达国家继续要维护高端地位，发展中国家要从低端向中高端迈进，我们讲所谓后工业化问题，还有一些国家工业化还在起步阶段。从这个角度讲，我们的优势是既挖掘与高端产业链合作潜力，有挖掘与低端产业链合作潜力，提升我在国际产能优化组合中地位，推动产能升级。

——"承"，核心是产能优化。我们说过剩产能并非全面过剩，有的领域、产业链还要引进。光出不进是不正常的。产业承接也导致产能合作。"一带一路"强调共商、共建、共享，也包括引进别国产能，共享产能合作成果，更好优化我产能结构。

——"转"，核心是产能互补。有效引导转移过剩产能——对"一带一路"沿线国家是优质富裕产能，不是被动地等中国产业转到孟加拉国，导致我们出口下滑，外贸环境恶化，而是去挖掘产能互补潜力，通过转移产能实现产能优化配置。

——"合"，核心是产业协同。方式主要是合作创新开发新兴产能。比如现在欧洲非常希望跟中国合作开发 5G 移动通信技术，第一是他缺钱，而我在新的电子技术有很大优势，共同面临美国网络霸权冲击，他希望和中国合作。不仅是起承转合，要有创新，挖掘潜力，既有规避原来意义上的竞争，开拓新的市场，优化升级换代，不仅是资源市场的优化组合，更是产能的优化组合。

为什么要推行国际产能与装备制造业合作？以前是全球化的中国化，现在是中国制造、中国建造、中国服务的当地化。在"一带一路"倡议下，中国不仅要走出去，还要走进去，这就是当地化。国际产能合作凸现中国四方面优势：一是产业体系优势。按照联合国统计，中国是产业门类最全的，所以谈产业合作是全方位的合作，中国在 2010 年的工业产值就超过美国了。二是产业链优势。中国正好处于全球产业链中端——按照原来标准总体中低端到走出去的是中高端，既和产业上游搭得上，又和下游搭得上。三是多重身份优势，中国拥有多重身份，最大发展中国家、最大新兴国家，第二大经济体、社会主义东方国家。四是中国模式优势。中国政府有能力自主引导产能合作。

当然，国际产能合作也面临不少挑战。比如，产能合作，无论产业还是产能，都有不同产业、产能的发展规律，不能一刀切，各个国家不一样，而且不同产能有不同周期，有新兴的产能，有老的成熟的产能，周期是不一样的，投资的时候，经济周期和产能周期，甚至是政治周期不匹配，考虑到这个国家政治周期是四年五年，政府换届怎么办？我们既要按照市场规律，也要考虑对方因素，着眼于应对市场失灵和全球化失灵问题。

专栏　产业园区

随着"一带一路"倡议不断推进，越来越多的中国企业积极"走出去"参与丝路经济带建设。这些境外园区成为新形势下中资企业对外投资转型的重要形式和载体，帮助中企更快熟悉和适应投资国的人文和资本环境，成为国际产能合作的"试验田"，提高了沿线国家贸易和投资合作水平，推动和繁荣了当地经济社会发展。

一般来说，走出去的园区都可以归为三类：

第一类是企业自建自用的园区。比如最近 OPPO 便在印度小镇 Noida 投资了 2.16 亿美元，计划用 2—3 年时间打造一个占地超过 404 万平方米品牌的工业园区，进而打通正在向智能手机转型的东南亚市场。

第二类是企业自建他用的园区。这类园区规模较小，类似于咱们的园中园，在国外的园区里拿一块地，经过自己开发打造，再销售或租赁给当地企业。

第三类是有政府参与的综合性园区，由政府推动、企业承接运营。此类园区最引人瞩目。其中，由地处马来西亚关丹的马中关丹产业园区和中国广西钦州的中马钦州产业园区组成的"两国双园"较为人熟知。

国家将海外产业园区纳入与沿线国家共建的重要内容，与重大项目建设、扩大贸易投资、加强产能合作放在同等重要的位置。从中国海外产业园区建设来看，目前的主要功能已经从投资载体转变成战略平台。商务部作为境外经贸合作区的主管部门，率先出台鼓励扶持政策，自 2013 年起连续三年重新组织对国家境外经济贸易合作区进行考核。国家发展改革委、商务部、财政部等部委也纷纷出台政策，对海外园区建设进行鼓励和支持，为海外产业园区建设创造了良好的政策环境。从地方层面来看，各地政府纷纷将建设海外产业园区列入落实"一带一路"战略的重点任务，并着手有计划地对海外产业园区整体发展作出系统性的规划。

三、经济走廊

习近平主席在第一届"一带一路"国际合作高峰论坛开幕演讲中称，我们已经确立"一带一路"建设六大经济走廊框架，要扎扎实实向前推进。中国正与"一带一路"沿线国家一道，积极规划中蒙俄、新亚欧大陆桥、中国—中亚—西亚、中国—中南半岛、中巴、孟中印缅六大经济走廊建设。

六大经济走廊是"一带一路"的主要走向、区域经济合作网络的重要框架。经过近年来的发展，六大走廊建设已经有了良好的开端。面对新的国际与区域复杂形势，抓住重点，把握关键，积极稳妥、扎实推进六大经济走廊建设，确保取得成功、见到实效，不但将为"一带一路"总体建设打开局面，而且有利于消除疑虑、凝聚共识，增进各方信心，汇聚多方资源，为最终实现"一带一路"倡议提出的三个共同体目标奠定坚实基础。经济走廊建设对"一带一路"倡议的推进实施意义重大。

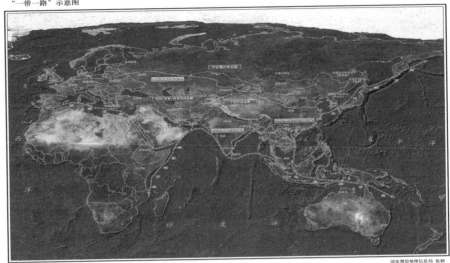

审图号：GS(2016)3237号

国家测绘地理信息局 监制

图3.3 "一带一路"六大经济走廊示意图

一是"一带一路"倡议尽快落地的重要依托。六大经济走廊中，多数早于"一带一路"提出，已初见成效，有了一定基础，以此为依托，可使"一带一路"尽快落地。

二是"一带一路"系统建设的切入点。"一带一路"横跨亚非欧三大洲、穿越太平洋、印度洋、大西洋、北冰洋四大洋，合作内容覆盖"五通"，涉及政治、经济、社会、人文等诸多领域。全面铺开，既重点不突出，也不可行。选择重点方向，以经济走廊建设切入，既可系统推进，也有助于短期内取得实实在在的成果，发挥示范效应、增强各方信心。

三是"一带一路"全面推进的基本支撑框架。六大经济走廊四面八方，通江达海，直接连接俄罗斯、中亚、东南亚、南亚，贯通东北亚、中东欧、西欧、西亚、非洲等地，辐射世界其他区域，对外以线连接、以带支撑起整个"一带一路"，对内服务于推进形成全面开放新格局。

四是"一带一路"分区施策的主要载体。"一带一路"涵盖地域范围广，国家数量多，制度多样，资源禀赋不同，发展水平不一，与中国经济结构互补性及国际合作关系强弱也存在差异，合作诉求、面临问题也千差万别。分走廊推进，可以提升发展战略契合度和促进政策针对性，排除相互干扰，因廊施策，务实推进"一带一路"建设。

"一带一路"倡议提出以来，中国积极宣传、大力推动，获得国际社会的广泛关注，在贸易保护主义抬头的背景下，成为推动全球化深入发展与国际合作的重要倡议，取得了显著成效，影响力和参与度持续提升，各大经济走廊建设逐渐驶入快车道，但也面临诸多挑战。

一是世界经济秩序和全球经济治理正处于重塑期。2008年国际金融危机后，世界经济复苏艰难曲折，面临结构调整迟缓、内生动力不足、"逆全球化"风潮，大国地缘博弈激化，国际关系起伏跌宕，多边治理低效乏力。中国开展国际合作吸引力上升的同时，"中国威胁论"受众和市场也在扩大。

二是沿线国家对"一带一路"经济走廊建设存在分歧。以中蒙俄经济走廊为例，俄罗斯对加强同中国合作充满期待，希望通过借助中蒙俄经济走廊建设对接俄罗斯远东地区和中国大市场。蒙古国也期待加强合作，但有些担心会流于中俄合作的过境通道。

三是部分沿线国家政局变动频繁。政局不稳是制约经济走廊建设可持续性的重要因素。"一带一路"沿线国家政体复杂多样，动荡风险较高。沿线国家中，近十年至少出现过一次大规模政治冲突或动乱的国家多达22个。政局不稳对战略规划对接的时效性和可行性影响较大，商业风险加大。

四是地缘冲突呈加剧态势。美国出于对中国崛起的战略焦虑，调整了其国家安全战略和国防战略，将中国作为战略竞争对手，中美构建新型大国关系遭遇挑战。中东地区国家众多，关系复杂，地区内冲突不断，中东地区的安全与稳定形势直接影响着中国—中亚—西亚经济走廊。

四、第三方市场合作

第三方市场合作主要是指中国企业（含金融企业）与有关国家企业共同在第三方市场开展经济合作。据国家发展改革委介绍，截至2019年6月，中方已与法国、日本、意大利、英国等14个国家签署第三方市场合作文件，建立第三方市场合作机制，共同为企业搭建合作平台、提供公共服务。第三方市场合作强调优势互补，照顾第三国需求，将成为国际投资合作的重要模式。

当前，"一带一路"正由"大写意"进入"工笔画"高质量发展阶段，第三方市场合作将成为下一步高质量共建"一带一路"的重要方向，对引导和撬动美欧国家参与"一带一路"建设，推动经济全球化、构建开放型世界经济具有重要意义。作为开放包容的国际合作模式，第三方市场合作有助于中国企业和各国企业优势互补，共同推动第三国产业发展、基础设施水平提升和民生改善，实现"1+1+1>3"的效果。

第三方市场合作是构建开放型世界经济的探索之举。2008年国际金融危机后，世界经济发展陷入低迷，之后，民粹主义盛行，单边主义和保护主义持续抬头，经济全球化遭遇挑战。第三方市场合作有助于突破现有双边投资贸易机制的局限，通过三方协商，采取小多边机制，消除国家间合作疑虑，整合各方优势资源，推动市场各要素资源高效配置，深化利益融合，将共同利益的蛋糕做大；避免恶性竞争，降低贸易和对外投资成本，创建相互理解、共担共享的国际合作典范，完善现有全球治理体系和国际合作模式。

第三方市场合作是实现国家间合作互利共赢的创新之举。当前，发达国家拥有先进技术和装备，但受产业空心化、海外市场需求不足等因素影响，有效开发发展中国家市场难度越来越大。中国是全世界工业门类最齐全的国家，处于工业化中端水平，一些产业技术水平有待提升。不少发展中国家处于工业化初期阶段，具有改善基础设施建设、发展工业和加快城市化进程的需求，但面临缺乏技术和资金的问题和挑战。第三方市场合作能够衔接发展阶段各异的国家的供给和需求，充分释放合作参与方的优势，将全球产业链中的高中低端有机融合。

第三方市场合作是高质量共建"一带一路"的开拓之举。"一带一路"建设已从规划设计进入精耕细作阶段，下一步要向高质量、高标准、高水平方向发展。与发展中国家相较，发达国家参与"一带一路"建设的积极性有待提升，合作项目有待增多，合作模式有待丰富。通过与发达国家在第三国开展合作，有利于引导发达国家参与"一带一路"建设，降低中国企业进入部分"一带一路"沿线国家的投资风险，消减少数国外人士对"一带一路"项目透明度、资金来源、投资回报的疑虑，为扎实推进"一带一路"建设营造良好环境。

第三方市场合作是对传统国际贸易实践的突破之举。目前的国际贸易治理主要解决竞争规制问题，并未建立起优势互补的合作促进机制。第三方市场合作模式的推出，是对这一问题的尝试性回应，是中国对世界贸易规制建设的贡献。第三方市场合作突破了传统国际贸易中同行业领域过于强调竞争的一面，而是着眼不同市场需求，利用差异化比较优势，寻求强强联合。这种合作不是简单叠加，而是将不同国家优质资源有效融合，规避个体缺陷，产生良好化学反应。这种超越双边的创新合作，能够形成有效良性竞争，避免互有损耗的恶性竞争。

第三方市场合作之所以成为中国对外合作文件中的高频词，在于它符合国际合作趋势，顺应世界谋发展、促合作、图共赢的主流大势。从实践角度看，第三方市场合作有以下特点：一是企业主导、政府推动。参与国通过采取"政府搭台、企业唱戏"的模式，推动公共部门与私营部门进行多形式、多层次合作。二是平等协商、资源共享。第三方市场合作的核心理念是不同国家差异化优势相互对接，注重合作联动，尊重第三国国情、发展需要和经济发展战略目标，将其视为平等合作伙伴。三是开放包容、互利共赢。开放性是倡导同其他国家合作将国际市场蛋糕越做越大，实现多赢共赢；包容性是第三方市场合作的鲜明特点，任何国家在任何项目上都可以开展合作，限制性较少。在世界经济发展失衡与中国经济地位显著提升的背景下，我国创造性提出第三方市场合作，成为共建"一带一路"的新路径和国际合作的新模式，受到相关国家的广泛欢迎，对于推动我国产业迈向中高端水平、促进发展中国家工业化和经济发展、助力发达国家开辟互利共赢新空间，共建"一带一路"命运共同体都具有重大意义。

第三节　治理逻辑

共建"一带一路"为完善全球治理体系变革提供了新思路新方案。
——习近平在推进"一带一路"建设工作 5 周年座谈会上的重要讲话

习近平主席在第二届"一带一路"国际合作高峰论坛开幕式主旨演讲中指出："全球化的经济需要全球化的治理……共建'一带一路'，顺应经济全球化的历史潮流，顺应全球治理体系变革的时代要求，为完善全球经济治理拓展了新实践"。比较两届高峰论坛上习近平主席发表的重要讲话可以发现，第一届讲"一带一路"侧重问题导向，即着眼于解决和平赤字、发展赤字、治理赤字这"三大赤字"，第二届则侧重目标驱动，即通过中国高水平开放推动开放型世界经济，为推进多边主义、推动全球化进程、完善全球治理作出新贡献。

一、推进金融治理脱虚向实

20 世纪 80 年代以来，美英新自由主义全球化既带来全球化顺利发展的巨大机遇，也造成诸如全球金融危机的严重后果，以至于发达国家率先出现逆全球化现象。全球的热钱流动是新自由主义全球化的大弊病，"一带一路"倡议正是治病的药方。热钱流动至少是 50 万亿以上的规模，这笔钱流到哪里，哪里就出现经济泡沫；从哪里流出，哪里经济就坍塌。热钱流动是新自由主义全球化最负面的效果，导致少数人获得极大利益而多数人受损。管住全球的热钱流动，才可以解决传统全球化中的各种问题。"一带一路"倡议就是要治这个病，使全球的资本向基础设施、实体经济的方向流动，把热钱变成冷钱，把虚钱变成实钱，把盲目流动的投资变成有目标有效果的投资，这就是中国为全球治理开出的一个非常重要的药方。比如，在基础设施领域，全世界需要几十万亿的投资，这个资金需求，恰恰是全球热钱流动的数量。两个数量如果对称起来，传统全球化中最负面的力量至少可以得到控制。习近平同志指出，"基础设施是互联互通的基石"。着眼于基础设施互联互通，让金融回归实体经济，"一带一路"正致力于转变全球化理念，推动改革传统全球化，为新型全球化提供更强劲动力。

以基础设施建设为重要内容，"一带一路"建设牵住了世界经济发展的牛鼻子。要致富，先修路；要快富，修高速；要闪富，通网路。这是中国脱贫致富经验的形象总结。基础设施建设先行，勾画了"一带一路"建设的逻辑起点。有外国学者研究指出，未来 40 年全球基础设施投入将超过人类过去4000 年。传统全球化中的关税减让，最多能推动世界经济增长 5%，而新型全球化中的互联互通，将推动世界经济增长 10% 至 15%。麦肯锡咨询公司曾预测，如果硬件和软件的基础设施建设在沿线国家能够成功，到 2050 年，"一带一路"沿线区域将为全球带来 80% 的 GDP 增量和 30 亿新中产阶层群体。麦肯锡咨询公司也对基础设施建设的乘数效应进行了估算，预计每

10 亿美元的基础设施建设投资可创造 3 万至 8 万个就业岗位，新增 25 亿美元的 GDP。

通过倡导基础设施互联互通，"一带一路"正在治疗新自由主义全球化顽疾，引导热钱流向实体经济，消除全球金融危机之源，让全球化惠及更广泛的民众。新自由主义全球化是资本导向的全球化，私人资本不愿投入基础设施建设，资本主义的政治周期无法满足长、慢周期的基础设施建设需要，资本全球化服务于选票而非老百姓，致使全球基础设施成为世界经济发展的短板：发达国家基础设施面临升级换代，发展中国家基础设施严重短缺。原有国际体系主要由美国提供安全、金融公共产品，现已不适应国际政治经济格局变化。与中国合作共建"一带一路"，将新自由主义推动的资本导向的全球化，转变为发展导向的全球化，让投资回归实体经济而不是制造越来越多的金融泡沫，是应对民粹主义挑战，实现更加开放、包容、普惠、平衡、共赢的全球化的希望所在。

二、推进发展治理去殖民化

新中国成立以来，特别是经过 40 年改革开放，中国实现了人类历史上最大规模的工业化，创造了没有殖民扩张、战争掠夺而实现工业化的奇迹。与西方不同的工业化路径决定了中国不会在非洲推行殖民化，恰恰相反，是在解决殖民遗留问题：非洲在政治上摆脱了殖民体系，但在经济上并没有——"遍身罗绮者，不是养蚕人"。

欧洲殖民世界，所谓发现新大陆，并没有发展之；中国通过"一带一路"不仅重新发现旧大陆——欧亚大陆，而且发展旧大陆，去殖民化，体现"己欲立而立人，己欲达而达人"的天下情怀。

不妨思考两个问题：一是非洲不缺资源，为何不能像中国改革开放那样引进西方资金和技术，补齐经济发展各种要素，实现现代化？二是为什么欧洲一体化了，而宗主国之间的一体化却没有带来非洲一体化？由此我们来看"一带一路"。如果用一个词来概括"一带一路"，那就是"互联互通"。先说互联。西方殖民以来，非洲国家之间联系少，与欧洲宗主国之间联系多，非洲内部贸易只占对外贸易总额的 10% 至 15%。只有全球化，没有一体化。"一带一路"是以横向联系取代纵向联系，要纠偏殖民体系。再说互通。西方殖民以来，非洲成为西方资源、原材料市场，联系是单向、分割的，内容也是单一的贸易援助。"一带一路"要让非洲市场以点带线、以线带片，从基础设施互联互通入手，帮助非洲培育内生发展动力，形成经济发展带，实现工业化和农业现代化，共同脱贫致富。因此，"一带一路"建设的效应是"养鸡生蛋"，而不是"杀鸡取卵"。

非洲经历长期探索，绝大部分国家都没有找到一条符合自身国情的发展道路。面对英国脱欧和当今美国，非洲国家对西方模式相当失望，担心西方援助下滑，纷纷向东看，从发展靠援助到学习中国自主发展经验，搞招商引资，搞改革开放。非洲的"中国时刻"正在到来：把中国的资金、技术、市场、企业、人才和成功发展经验等相对发展优势同非洲丰富的自然资源、巨大的人口红利和市场潜力紧密结合起来，必将创造出新的发展奇迹。中国现代化经验最为鲜活，与非洲合作政治基础最好，中国梦正激励和塑造非洲梦、非洲奇迹。"一带一路"建设是世界的"希望工程"，非洲是希望的大陆，与"一带一路"建设进行目标、任务、经验对接最为积极。高速公路网、高速铁路网、区域航空网、基础设施工业化的"三网一化"，正在推进非洲的横向互联互通和区域合作，改变非洲"被全球化"的命运。

总之，"一带一路"正在改变非洲命运：从"被全球化"到全球化的本土化，帮助非洲从经济上站起来，真正去殖民化。

三、推进能源治理让世界亮起来

今天，世界上还有十亿人没有用上电，其中非洲有 5 亿至 6 亿人，印度有 3 亿人。这难道是全球化、地球村，"环球同此凉热"？为何 21 世纪的人类，仍然遭受能源短缺问题困扰？究其根源有三。

一是世界能源分布极不均衡。水能主要集中在中国西南、俄罗斯、东南亚等地区，风能主要集中在中国"三北"、蒙古国、中亚及俄罗斯北部沿海等地区，太阳能主要集中在西亚、中国青藏高原等地区。二是缺乏技术，没有实现工业化。比如，撒哈拉以南非洲日照充分而缺电，拉美地区水量充沛而缺电，中国能源企业过去投资，有水的地方"发水"（水电），有光的地方"发光"（光伏），有风的地方"发风"（风能），可以帮助当地彻底解决能源短缺问题，同时减少碳排放。三是能源使用效率很低。

"一带一路"是中国与世界分享发展经验的合作倡议，让占世界人口80%的发展中国家不再走先污染后治理的老路。这样做不只是凭良心——己所不欲勿施于人，更是凭实力：中国最复杂的生态环境，最密集的人口分布，超强的运行能力，练就了世界上最具竞争力的绿色低碳技术和可持续发展模式，彰显了类似中医统筹协调、标本兼治的智慧。这就是习近平同志2015年在联合国总部提出的全球能源互联网计划——通过智能电网＋特高压电网＋清洁能源"三位一体"，实现全球能源互通有无，彻底解决人类能源短缺和转型问题，实现"既要马儿跑，马儿又不吃草"——既要发电，又要减少碳排放。为什么中国能做到这一点？主要在于体制上统筹协调，文化上标本兼治，所以能综合施策，实现"西电东送、北电南供、水火互济、风光互补、跨国互联"的电力发展格局。

　　全球能源互联网发展合作组织办公室就设在北京。这是"一带一路"倡议通过中国智慧解决人类问题的很好个案。试想，如果没有"一带一路"建设，不知多少发展中国家还要继续走先污染后治理的老路。共建"一带一路"就是与中国分享现代化经验的过程，避免走老路、弯路。中国的市场化能力超强，西方的先进技术、高标准全球化只有通过中国的转换器，才能更好适应世界各国国情，才能更好完成市场化。因此，只要不带偏见的西方国家，都是欢迎"一带一路"倡议的。

　　构建全球能源互联网，总体分为国内互联、洲内互联、洲际互联三个阶段，力争在本世纪中叶基本建成。届时，全球清洁能源比重可提高到80%以上，二氧化碳排放量可控制在115亿吨左右，仅为1990年排放量的一半，逐步形成电能主导、清洁发展的能源格局。世界将成为一个能源充足、天蓝地绿、亮亮堂堂、和平和谐的"地球村"。

四、推进全球治理公正合理

　　习近平主席指出，"发展不平衡是当今世界最大的不平衡"。从更普遍意义上讲，"一带一路"建设是发展导向的全球化，推动实现世界经济再平衡。特别是在第二届高峰论坛上，习近平同志更加强调在发展中规范、在规范中发展，"推动共建'一带一路'沿着高质量发展方向不断前进"，建设绿色、廉洁、数字化"一带一路"。

"一带一路"是对新自由主义主导的传统西式全球化的扬弃，正在开创新型全球化。今天，西式全球化已走向碎片化，呈现出种种全球化悖论。

- 单向度全球化。世界银行数据显示，当今世界产出的八成来自沿海地区一百公里的地带。这种西方中心的海洋型全球化其实是"部分全球化"。

- 中心—边缘模型分工体系。传统全球化形成一套世界分工体系，发达国家掌握资本和核心技术，攫取大量非对称利益。

- 文明等级秩序。传统全球化由西方发达国家发起，其主体文明是基督教文明，由此带来西方中心主义价值观的全球化，其表征就是推广"普世价值"和输出"民主革命"。由此形成文明等级秩序，其典型特征就是地缘政治和法律意义上的内外有别。

- 区域化与全球化悖论。在实际操作中，凡是区域一体化程度高的超国家组织会自然出现一种"圈子化"的内化性，从而抵触进一步全球化。

如何克服上述悖论？如何改革传统全球化使之获得可持续发展？国际社会的目光越来越投向中国，投向"一带一路"。

首先是实现陆海联通。从空间角度讲，"一带一路"建设在很大程度上帮助内陆国家（全球有 44 个内陆国）寻找出海口，把内陆和海洋连在一起，实现陆海联通。把小国连通在一起，建立大市场，让全球化无死角。其次是推进经济走廊建设，倡导全球化的本土化。"一带一路"建设不只推动企业"走出去"，而且"走进去"，与当地国家的发展项目相结合，用当地人希望的形式落地生根，形成"欧洲生产，欧洲消费""非洲生产，非洲消费"局面，推动全球化的本土化，有效克服全球化水土不服问题。最后是以民生、发展为导向，为经济全球化提供新动力。

总之，共建"一带一路"，践行"共商共建共享"的多边主义黄金法则，正在推进公正合理、包容普惠的新型全球治理。

第四章
"一带一路"风险分析与应对

  "一带一路"是面对百年未有之大变局而提出的国际合作倡议,不仅承载着古丝绸之路的光荣与梦想,中华民族伟大复兴的百年大计,而且正成为世界各国应对不确定性挑战、实现各自发展战略和追求美好世界秩序的共同探索,必须站在这一时空背景下看其成就与前景。近代以来,恐怕还没有哪个倡议能像"一带一路"那样在如此短时间内吸引到如此多国家参与,能引起如此广泛的国际反响。在中国历史上自不必说,可能在人类历史上也如此。对"一带一路"的质疑和非议,也因此产生。

第一节 "一带一路" 风险与质疑

"那是最美好的时代。那是最糟糕的时代。"

——[英] 狄更斯

英国国防部报告《2010—2040 全球战略趋势》认为，2040 年之前的世界都处于转型期，未来数十年要面对的挑战包括气候变化、人口的快速增长、资源短缺、意识形态复苏等，以及权力从西方向东方的转移。伟大的事业总是面临风险。"一带一路" 战略要克服的风险可能并非前无古人，也未必后无来者，但在当代首屈一指。

一、"一带一路" 面临哪些风险？

首先，"一带一路" 多是基础设施大项目，投资周期长，资金大，运行、维护不易。"一带一路" 涉及的领域、地域都很庞大，正如当年欧洲人走向海洋一样，存在风险评估与规避的问题。

从国外来说，"一带一路" 战略本身有限，但其影响无限。"一带一路" 强调的 "五通" 紧密联系中国人民和世界人民，造成中华文明和世界各文明前所未有的大发展、大融合、大变革。"一带一路" 既容易被参与者和支持者无意误解，也容易被反对者和破坏者有意歪曲。

从国内来说，"一带一路" 倡议虽然不是国内深化改革的外延，但却需要它来支撑。我国国内还存在许多破坏 "一带一路" 建设的势力和危害 "一带一路" 建设的问题。我们也缺乏经验。"一带一路" 事业是全新的事业，需要新政策，新策略，新人才。这些有的现在就可以找到，有的只能在 "一带一路" 实践中摸索和培养。

大自然也向我们挑战。"一带一路" 以交通网络为先导实现五通。我们过去在国内建设，对外援建，海外工程中虽然积累了许多经验。但 "一带一路"

沿线一定会有很多新情况，新问题。这就要求我们因地制宜，未雨绸缪。

这些风险首先是地缘风险。地缘风险主要是地缘冲突和大国间的地缘角逐。地缘风险的典型例子是乌克兰危机，安全风险的典型例子是伊斯兰国。国内风险和自然风险等也属于安全风险。

"一带一路"的"五通"倡议也面临着经济风险。可能对"一带一路"倡议构成地缘风险的势力，有的有较强的经济斗争能力，可能以经济手段阻碍"一带一路"倡议。而我国和"一带一路"沿线国家面临许多经济问题，需要在"一带一路"建设中解决，但解决不好反而可能使问题复杂化。

法律能够对活动双方的行为起到重要的约束作用，在"一带一路"建设的过程中，以法律为框架对主体行为进行规范意义重大。过去一年，我国与部分沿线国家签署了共建"一带一路"合作备忘录，与一些毗邻国家签署了地区合作和边境合作的备忘录以及经贸合作中长期发展规划，但这些文件的落实都需要双方遵守法律，按照法律的要求开展双方业务。因此，"一带一路"建设应该以法律为保障。但是，在实际的操作过程中，法律还不够完备，存在诸多法律风险。

"一带一路"倡议受到世界人民欢迎，是由于符合人民的利益和要求。反对"一带一路"倡议的势力，会想方设法使人民群众疏远"一带一路"，制造"一带一路"的道德风险。如果我们自己在"一带一路"建设中不能密切联系国内外群众那也会损害"一带一路"的形象。

这样看来，地缘风险（包括政治风险）、安全风险、经济风险、法律风险、道德风险等五大风险可以对应"一带一路"的"五通"。地缘风险威胁政策沟通。设施联通需要应对安全风险。贸易畅通和资金融通受经济、法律风险影响。民心不能相通，将陷"一带一路"于道德风险。

应对五大风险，甚至还有更多其他风险，必须贯彻"共商、共建、共享"原则，切忌大包大揽，分好工，分好责，不能任凭国内行为国际化，坚持与域内合作架构、社会组织兼容，与域外模式、规范包容，走绿色、可持续发展道路，树立 21 世纪地区合作新范式。

二、发达国家的质疑

没想到，"一带一路"遭遇的最大风险并非来自沿线落后国家，而是发达国家。

一是债务问题。《金融时报》在峰会后刊文，质疑中国输出不平衡，集中在对中巴经济走廊的债务质疑。因为他们对中国可持续发展本身不看好，所以顺带将"一带一路"也数落了一番。他们忘了，鸡是会下蛋的。中国投资巴基斯坦是养母鸡，是养鸡下蛋而非杀鸡取卵。中巴经济走廊建设的三个阶段：早期阶段（2013—2020年），重点是能源、基础设施，这是工业化前提，好比建房子打地基；中期阶段（2021—2025年），工业化起飞阶段，好比建造大楼；长期阶段（2025—2030年），文化、金融、旅游、贸易、工商业、运输等内容，好比建筑内装修。巴方已基本完成走廊长期规划。

二是标准问题。单纯强调高标准，以成熟市场经济原则看待和要求"一带一路"，评估其风险与收益，一定会看走眼，就像以前每次预测中国会崩溃，一直在打自己嘴巴一样。

三是地缘政治。1877年德国人李希霍芬提出"丝绸之路"概念，就是为德国从欧亚大陆扩张寻找理论依据的。因此，西方人想到丝绸之路，脑海里浮现的首先就是欧亚大陆的地缘政治博弈，弗兰科潘在《丝绸之路：一部全新的世界历史》一书对此做了很好的描述，《英俄在中亚的博弈》更是如此。

四是透明度问题。政府采购透明度好比衣服，并非穿得越少越透明越好。阿拉伯妇女穿多少，完全是习俗的问题，不能要求其穿得越少越透明越好。

这些质疑，集中反映了发达国家对中国模式以及中国模式走出去的方式、成效的质疑，只有当他们最终认识到中国模式具有普世性时，这些质疑才会逐渐消失，而这又是对发达国家所标榜的普世价值的致命冲击。这些质疑通过发达国家对国际舆论产生影响，也深入影响到国内舆论，甚至形成国内外质疑"一唱一和"的局面。

这就提醒我们，发达国家参与"一带一路"是有诉求的，并非捧场，可能也会搅局。明白这些诉求，更好地吸引发达国家参与，规避来自发达国家的风险：

一是看重商机，丹麦马士基公司占据整个世界航运市场的六分之一份额，三分之一货物运到中国。汉堡港的三分之一货物也是运到中国。中国通过"一带一路"强调开放、促进贸易增长，自然是欧洲公司所看重的。

二是进入新兴市场。"一带一路"沿线国家大部分是发展中国家和新兴市场国家，欧洲公司进不去，中国补基础设施短板，如埃塞东方工业园，更方便欧洲企业入驻。

三是借机撬开中国市场。双边方式难以打开中国的高端服务业市场，通过参与"一带一路"建设，或支持"一带一路"，试图达到这一目的。

四是影响规则标准制订。投资"一带一路"来影响规则、环境、劳工标准制订。

发达国家参与"一带一路"，带来发展导向而非规则导向的全球化之争。中国主张，发展是解决所有难题的总钥匙；规则当然重要，但要不断成熟、循序渐进形成。中国改革所探索出的政府—市场双轮驱动经济发展模式正在补"一带一路"沿线国家发展短板，带来基础设施建设的第一桶金，通过养鸡下蛋而非杀鸡取卵，增强自主发展能力，同时培育了新的市场。

第二节　为何质疑"一带一路"

2018 年以来，随着美国特朗普政府将中国列为战略敌手，发起对华贸易战，"一带一路"的国际舆论环境陡然恶化，兼之国内经济下滑，个别大型"一带一路"项目遭遇挫折，国内外质疑"一带一路"之声不断，炒作"一带一路"的债务危机，质疑中国为何将"一带一路"写入党章……其中有学理、心理、事理、情理等原因。"一带一路"集中折射国际社会如何看中国，中国人如何认识世界。

一、学理："一带一路"的边界在哪？

"'一带一路'与改革开放最大的区别在哪儿？"笔者曾遇到国内外学者这样的问题。"改革开放是有彼岸的——从计划经济到市场经济；'一带一路'没有彼岸，目标是构建人类命运共同体"。

不仅如此，"一带一路"还没有边界。原来说 65 个国家（包括中国），现在说 205 个（还有 31 个国际组织）与中国政府签署了共建"一带一路"合作备忘录，算上 10 多个签署共同开发第三方市场的国家，还有签署领域合作协议的国家，如英国与中国签署了"一带一路"投资规则备忘录，几乎覆盖所有 180 个与中国建交国家。

"'一带一路'的理论是什么？希望我们参与，先讲清楚它是什么，理论根基何在？"国际场合，笔者也常常被如此问及。这让我想起请外宾吃饭的尴尬："中国菜太丰富，常常中文名儿都叫不出来，怎么可能翻译成英文？诸如'夫妻肺片'的英译闹出多少笑话！"外宾则要问清楚是什么才吃，中国人回答是吃了才知道是什么。这种情形也反映到"一带一路"认知差异上。

认为"一带一路"不够科学，无法研究，甚至看不起"一带一路"研究者，这种学术氛围限制了"一带一路"学术研究。中国国内学界绝大多数学者还在"德先生、赛先生"上打转，秉承跟政府保持距离的学术理念，有意忽略"一带一路"理论研究，或一窝蜂将原有研究领域（题目）带上"一带一路"帽子而不得其所，滋生"一带一路"学术泡沫现象和学术投机行为。国际学界情形也有类似之处。科学乃分科之学，而"一带一路"彰显中国传统和合文化，大写意——道可道，非常道，无法把握，工笔画又太具体，难以进行科学化研究，致使国际上智库赶时髦谈"一带一路"，而学界并未认真研究，成为中国问题研究、政策研究的婢女。

二、心理：宁可信其无不可信其有

除学理原因，心理原因也很重要。国内外质疑"一带一路"的心理也是千奇百怪。

（一）百姓之问：谁来埋单？

一问（撒钱）：是不是对外撒钱？

二问（扩张）：是不是过度扩张？

三问（风险）：如何应对各种风险？

（二）西方之问：发展导向全球化 VS 规则导向全球化？

四问（性质）："一带一路"是中国版马歇尔计划？

五问（后果）："一带一路"是否制造债务危机？

六问（动机）："一带一路"是否挑战国际秩序？

七问（属性）："一带一路"是中国的 WTO？

（三）带路国家之问：既患寡亦患不均？

八问（关系）：是否干涉内政？

九问（效应）：是否制造地区发展差距？

十问（未来）：是否造成对华战略依附？

质疑甚至唱衰"一带一路"，除了认知水平未跟上新时代，还是用单一学科和过去经验来分析"一带一路"，以偏概全外，展示出各种唱衰者的灰暗心理，代表性有：

——医生心理

"以一种聪明的方式应用盖伦的策略，就是预言最坏的结果……如果病人死了，医生的预言就得到了验证；如果病人康复了，医生就仿佛创造了奇迹。"路易·N. 马格纳（Lois N. Magner）《医药的历史》中这句话，揭示了不少唱衰"一带一路"的学者心理：利用吃瓜群众的担忧，高唱"一带一路"危机论，引人注目，显示自己高明。

——算卦心理

利用"一带一路"建设机遇与风险并存心理，算中显得高明，算不中是说你侥幸。美国学者加尔布雷思有句名言"人类永恒的愚蠢是将莫名其妙的担忧等同于智力超群"。这种算卦心理铸就了一些人的虚荣心，十分虚伪。

——士大夫心理

指点"一带一路"，显示自己冷静、理性，不惜辱骂宣扬"一带一路"正能量之士为"鼓吹手"，俨然站在道义制高点。老百姓拿这些人与历史人物比，而他们则通过移情法，混淆视听。

——酸葡萄心理

自己国家没有中国那样集中力量办大事的能力，自己没有跨学科研究"一带一路"能力，于是小题大做唱衰"一带一路"，显示自己不参加"一带一路"是正确的，或自我安抚不屑于研究"一带一路"，其实很想沾上"一带一路"提升自己价值。

——殖民心理

一些国人迄今仍带着殖民烙印与鸦片战争情结，不相信中国能搞成"一带一路"，质问说：二战结束时美国实力如此超群才在 23 个西（南）欧国家搞了个马歇尔计划，中国有几个子儿，能帮 64 个国家搞经济？推而极致，甚至对中国人带有种族主义歧视，希望中国继续并且永远韬光养晦。更有学者宣称：美国都在韬光养晦，中国为何对外撒钱？！还有些外国人以殖民体系为参照，散播"一带一路"是"新殖民主义"的谬论。

——看把戏心理

一些对华不友好的人巴不得搞不成。如果出了事故，正好安抚他们的阴暗心理。可以说，对"一带一路"建设抱有看把戏心态，唯恐不出问题。

——嫉妒心理

嫉妒哪些研究"一带一路"而抛头露面的人，后悔自己下手晚了又于事无补，只能唱衰、攻击相关人和事，发泄沮丧。当然，其中不乏弗洛伊德说的童年记忆，以历史上的伊斯兰威胁宣称"一带一路"形成"绿祸"，造成"新五胡乱华"。

当然，要区分善意提醒、客观分析与唱衰，不给质疑者扣帽子，大凡看好中国前途的就看好"一带一路"，反之对中国没信心，用熟悉的西方为参照系的，往往看衰"一带一路"。当然，"看衰"上升到"唱衰"，还有个过程。沙祖康大使于是感慨："一带一路"研究不好，有可能成为绞杀中国外交的"两根绳索"。"一带一路""智者指月，愚者见指不见月"（《楞严经》）。习近平主席提出的"一带一路"倡议，背后承载的是人类命运共同体理念，这是"月"，一些人只看到"指"，用一些现实的困难和莫可名状的担忧，吓唬别人，安抚自己。

种种言论还停留在"改革开放主要向美国开放"的阶段，美国没表态，缺乏主心骨，唯恐引发与美国的冲突；美国一反对，即跟风反"一带一路"，在中美贸易战背景下加紧唱衰"一带一路"，甚至认为从盯着西方发达国家到跟穷国混，开放的档次降低了。这种心理，国内有，国际上也有，宁可相信美国，不相信中国；宁可相信"一带一路"出事儿，不相信其成果，不相信将来会成功！

三、事理："一带一路"的哈姆雷特魅力

对于"一带一路"这样的新生事物，对于中国主动提出如此宏大倡议，国内外研究者缺乏足够的敏锐性，还围于老思维范式，脱离生动活泼的实践，跟不上形势，许多对"一带一路"的质疑源于不明事理，缺乏实践出真知的素养，缺乏跨学科研究的训练，靠老本行评判"一带一路"：研究经济贸易的把"一带一路"说成是经贸之路；研究历史文化的把"一带一路"说成是复兴丝绸

之路；研究国际关系的把"一带一路"说成地缘政治扩张或中国的大战略……习惯跟政府保持距离的学者指责"一带一路"暗箱操作，不透明，因为自己摸不着门儿。

"一千个读者眼中就会有一千个哈姆雷特"。莎士比亚的名言也提示我们，一千个读者，就会有一千个"一带一路"。"一带一路"已经被误读，也不足为奇。因为国际社会本身对中国缺乏了解，中国历史上还没有成为真正的全球国家，历史上如此宏大国际合作倡议由发展中国家提出来，不理解、不了解也属正常。

"一带一路"的误解也折射出对中国误解、对时代误解。凡是喜欢中国、信任中国的，就积极评价、争前恐后参与"一带一路"；凡是不喜欢中国的、不信任中国的，就质疑、诋毁"一带一路"。这样，"一带一路"集中在检验"三观"：中国观、世界观（时代观）、西方观（自身观）；如何看"一带一路"成为如何看中国，如何看世界，如何看自己的写照。

拉脱维亚拉中友好协会主席波塔普金 2016 年 5 月 19 日在中欧政党高层论坛感慨："历史上从未见过如此宏大合作倡议，超过我们欧洲人想像力。"的确，缺乏参照系，"一带一路"故常被称为中国的新丝绸之路或中国的马歇尔计划。

"丝绸之路"是德国人李希霍芬提出的概念，为德国从欧亚大陆进行扩张寻找合法性，带有地缘政治的烙印。因此，中国没有用"新丝绸之路"的提法，不仅是尊重德国人的知识产权，也避免与美国的新丝绸之路战略（2011 年）混淆。也因此，"一带一路"写进《中国共产党章程》而非《中华人民共和国宪法》，因为它只是中国提出的一个"倡议"，尽管对中国国内称"战略"——与京津冀一体化、长江经济带等一道被称为新时代的改革开放战略，但不能强迫人家接纳，强调（发展）战略对接，共商共建共享。

四、情理："一带一路"为何被有意误读？

都信息时代地球村了，为何还如此隔阂？！不了解不可怕，可怕的是有意误解。"一带一路"为何被有意误解？

首先源于对中国的误解：包括三层面，温和层面是质疑中国意图；中间层面是认定中国正走我们过去的道路——指责中国在非洲搞新殖民主义、在拉美搞新帝国主义是典型例子；极端层面是"逢中必反"：凡是中国的，对的也不对。反过来，对中国误解，集中体现在对"一带一路"的误解。

其次源于对时代的误解：总是习惯于从历史经验看新生事物——认为"一带一路"是复兴古丝绸之路，而且历史也是选择性记忆，是自己的历史经验，而非中国的或世界本身。"一带一路"是从后天看明天，而非昨天看明天，复兴的古丝路精神——和平合作、开放包容、互学互鉴，互利共赢，升华到构建人类命运共同体的未来高度。

中国国内也有这种倾向，"一带一路"是做乘法而非加法。国人总把"一带一路"当做"做加法"：原来不重视欧亚大陆这些国家，现在关注了，就是响应"一带一路"。其实，"一带一路"是"做乘法"——天上、网上互联互通是关键，正在织网、布局、造势：陆海空、天电网、人机交互、万物互联。

再次源于自以为是：推己及人可以理解，但小人之心度君子之腹也是常见的。不自觉把旧逻辑套在中国头上，认为"一带一路"是中国的"权力游戏"，符合国强必霸的逻辑。近代以来，中国人拜西方为师，往往也不自觉落入其思维窠臼，比如特朗普对中国发起贸易战，舆论就喊停"一带一路"，理由是"缓称王"——"一带一路"本身不是称王称霸的战略，何来"缓称王"一说？！有学者将"一带一路"说成中国要当世界领袖，引发不少精英和民众的喝彩；有学者根据保罗·肯尼迪《大国的兴衰》逻辑，把"一带一路"说成是中国在"战略透支"（outstretch），将老年人用力过猛折了腰与青年人锻炼过度混为一谈。

因为"一带一路"国家精英多受西式教育，对"一带一路"不少关切与西方类似：在中美冲突、环境与劳工标准、政府采购、社会责任、腐败、债务、透明度等问题上对"一带一路"发难，质疑中国意图，且具有浓厚的受害者情结和弱者心态。一方面，部分国外政界与学界将"一带一路"简单当作中国国内政策的延续，即为解决国内问题而配套的外交战略，如转移过剩产能，倾销国内商品等；另一方面，也将其看作是中国试图改变现有地区和国际秩序、获得地区和全球主导权的国家战略，即中国试图改写国际规则。从认识论探究，"一带一路"的认知悖论有：

先验论 VS 实践论：秉持先验论的西方人，尤其德国人，先定规矩再干活，很难认同中国的实践理性——在发展中规范，在规范中发展，不理解、不认可"一带一路"是以点带线，从线到片，逐步形成区域合作的大格局；

线性论与辩证论：自下而上（Button-up）或自上而下（Top-down）？"一带一路"和改革开放一样，要统筹摸着石头过河、顶层设计，自上而下、自下而上，无法统筹时先易后难，既要强调高标准又要因地制宜，这与西方线性思维、一根筋态度不一样。

统一论 VS 阶段论：国内都不开放——外汇管制、新闻管制，有什么资格说"一带一路"是开放包容的？混淆国内外差异，开放包容的不同内涵，忽视了发展阶段差异：带路国家比中国发展阶段低，当然可以讲开放包容。

时机论 VS 天命论：国内外质疑"一带一路"是否提早了，质疑中国准备好了没有？中国人笃信天命，不存在等什么都准备好了才干。

硬实力论 VS 软实力论：国内外质疑中国搞"一带一路"，软实力跟不上。其实，软实力也是干出来的！

"一带一路"建设是生产方式、生活方式、思维方式的铆合，考验世人的中国观、西方观、世界观这"三观"。讲好"一带一路"故事，也是调整其"三观"的过程；种种有意误解，也就在情理之中。事实上，"一带一路"初期阶段多为大型基建项目，国内外私企无法与中国国企竞争，抱怨多多；中国产业链最独立而完整，在国外产业链布局往往是一条龙全吃光，挤掉发达国家市场，导致"一带一路"挑战国际秩序之声频起；而得益者不说，获益少的哇哇叫，出现沉默的多数现象，质疑"一带一路"源于动奶酪、破结构、冲秩序。一些项目在环境、劳工等方面留下把柄，不守规矩，卷入当地腐败案件，没有做到既合情、又合理、还合法，一粒老鼠屎坏了一锅羹，也助长了国内外怀疑声。

正如永远都无法叫醒一个装睡的人那样，纵使尽了全部努力，或许也无法改变部分怀有敌意的国际舆论对"一带一路"的刻板印象，对此，不妨坦然面对，做好充分的心理准备。

新冠肺炎疫情对中美关系造成了巨大冲击，双边关系下滑的速度加快，官方关系僵持不下，战略互信缺失日益严重，民众之间的不信任和反感情绪空前上升。据皮尤研究中心民调显示，疫情以来美国民众对华负面情绪增大。在受访的 1000 名美国民众中，对中国持正面态度的仅占 26%，十分之九的受访者认为中国是美国的威胁，其中 62% 的人认为中国是主要威胁。2019 年中美之间达成第一阶段经贸协定执行难度将加大，经济和技术逐步脱钩已是难以逆转的趋势，各方面的交流也将进一步压缩。

自新冠肺炎疫情出现以来，美国舆论场就出现了各类抹黑中国的论调：

一是"经济骤降"论。例如《纽约时报》2 月 11 日发表题为《"就像中世纪的欧洲"：新冠疫情重创中国经济》的评论文章就表示，疫情使得中国经济基本处于停摆状态。

二是"中美脱钩"论。例如，美国商务部长威尔伯·罗斯 1 月 31 日对福克斯商业频道表示，新冠肺炎疫情"有助于加速工作岗位回流北美，其中可能部分回流美国，部分则流向墨西哥"。

三是"国设崩塌"论。在美国社交媒体，网友模仿"人设崩塌"一词，编出"国设崩塌"论，用以污蔑中国负责任大国形象的"崩塌"，鼓吹中国无法按期实现全面建成小康社会的目标。

四是重提"东亚病夫"论。典型代表为《华尔街日报》2 月 3 日刊登的题为《中国是真正的东亚病夫》的文章。

五是新"黄祸论"。污蔑"新型冠状病毒"系"中国制造"。

六是"新 1984"论。宣称新冠肺炎疫情暴发以来，中国采用了大量的高科技手段来控制病毒的传播。2 月 20 日，"美国真实政治网"（Real Clear Politics）刊文，认为中国政府为了让中国迅速实现现代化和富裕起来所展现出的决心和采取的政策措施与乔治·奥威尔的《1984》有点类似。

七是"生化武器"论。例如 1 月 31 日，美国共和党反华参议员汤姆·科顿发推特要求美国政府立刻"封杀中国"，要求所有美国人离开中国，甚至污蔑病毒是武汉实验室泄露的"生化武器"。

八是"世卫偏袒"论。世界卫生组织总干事谭德赛对中国防疫成绩的肯定被美国某些政客和媒体说成"偏袒中国"。2月12日，谭德赛在被问及是否受到中国的授意和压力而一再褒扬中国，谭德赛表示强烈不满并对此进行反驳。

九是疫情不透明、耽误世界论。美国白宫国家安全顾问奥布莱恩3月11日说，中方在疫情暴发之初进行了掩盖，导致国际社会耗费了两个月的时间作出反应。美国有人声称是中国导致疫情扩散，要对中国发起诉讼，并提出高额疫情索赔。

十是赎罪论。中国积极援助其他受疫情冲击国家，是为了替自己赎传播世界病毒的罪。

第三节 "一带一路"的自信与自觉

"一带一路"是伟大的事业，需要伟大的实践。习近平主席在首届"一带一路"国际合作高峰论坛上发表主旨演讲时这句话，提示我们要以高度的自信与自觉，建设"一带一路"。

一、建设"一带一路"的自信是"四个自信"的世界展示

"一带一路"的魅力就是中华文明魅力，中国现代化魅力及中国改革开放魅力的全面展示。建设"一带一路"的自信是国内"四个自信"的国外延伸。"一带一路"有三个关键字："一"——道生一，一生二，二生三，三生万物，浓缩五千年文明；"带"——经济发展带，中国改革开放经验的浓缩，即习近平主席所言"以点带面，以面促进片，逐渐形成带的区域合作发展的格局"；"路"——浓缩180多年近代探索经验，鼓励各国走符合自身国情的发展道路。因此，"一带一路"的魅力就是中华文明的魅力，中国现代化的魅力及中国改革开放的魅力全面展示。建设"一带一路"的自信是国内"四个自信"的国外延伸。

——道路自信。在中国共产党的领导下，中国走出一条符合自身国情的、独立自主的发展道路，国际社会普遍看好强有力的中国领导力。比如非洲，前不久还在非盟总部举办学习习近平《摆脱贫困》研讨。以非洲为代表的许

多发展中国家终于认识到，没有基础设施，就很难实现工业化；没有实现工业化，民主化就注定失败。非洲 13 亿人中有 4 亿贫困人口，6 亿人还没有用上电，工业化没有开始或处于初级阶段，十分看重中国"要致富，先修路；要快富，修高速；要闪富，通网路"的经验，积极响应中国"三网一化"——在非洲建设高速公路网、高速铁路网、区域航空网、基础设施工业化，从对接"一带一路"中看到工业化、农业现代化的希望，推动完成联合国 2030 年可持续发展议程。公元前 221 年中国就实现"书同文，车同轨"，国内互联互通了才能跟别国家互联互通。新中国建立了一个独立完整的国防工业体系。联合国公布的数据显示，中国是全世界唯一拥有联合国产业分类中全部工业门类的国家，拥有 39 个工业大类、191 个中类、525 个小类全部产业。中国可以生产从卫星到味精，从火箭到火柴所有东西，使得中国通过"一带一路"布局产业链最为经济、最有可能。这就是建设"一带一路"的底气。

——制度自信。"一带一路"倡导战略对接，将发达国家、发展中国家、新兴国家最广泛连接在一起，真正实现东西、南北、中外、古今的大融通，其成功折射中国社会主义制度的成功，也在展示和分享中国的发展模式。"一带一路"之六大经济走廊沿线 65 国中，有 8 个最不发达国家，13 个非 WTO 成员，24 个人类发展指数低于世界平均水平的国家。这些国家给世界经济和平发展拉后腿，现在将和平与发展的希望寄托在"一带一路"上，绝非偶然。比如，开发性金融弥补市场经济发育不良与基础设施短板的双重困境：不同于商业性金融和政策性金融，开发性金融不只是金融活动，同时还是一个制度建设的活动。"一带一路"沿线很多国家的市场经济制度不健全，中国就希望通过金融服务的推广来帮助这些国家进行制度建设。这就是开发性金融。基础设施先行的工业化：过去，中国有"火车一响黄金万两"的说法，改革开放又有"要致富，先修路；要快富，修高速；要闪富，通网路"的脱贫致富经验，让世人尤其是发展中国家人民很容易为"一带一路"四个字所打动。三十余年将七亿人脱贫致富，占人类脱贫致富贡献的七成，这是激励许多发展中国家愿意跟着中国走，积极融入"一带一路"的最直接动因。没有基础设施，就很难实现工业化；没有实现工业化，民主化就注定失败。

——理论自信。"一带一路"在推进发展导向而非规则导向全球化，必将催生系统的后西方理论体系。发展是解决所有难题的总钥匙。规则当然重要，但要不断成熟、循序渐进形成。中国改革所探索出的政府—市场双轮驱动经济发展模式正在补"一带一路"沿线国家发展短板，带来基础设施建设的第一桶金，通过养鸡下蛋而非杀鸡取卵，增强自主发展能力，同时培育了新的市场。像乌兹别克斯坦这样的双重内陆穷国，按市场经济是很难获国际金融机构贷款的，但获得了国家开发银行贷款，彰显"政府＋市场"双轮驱动的中国模式魅力。印尼雅万高铁之所以中方击败日方胜出，就在于中方绕开了印尼方政府担保的前提，背后都是中国国有银行的支持。中国模式在非洲正大显身手。非洲第一条中国标准跨国电气化铁路，从设计、施工到运营，全都采用中国模式。肯尼亚的蒙内铁路和蒙巴萨港口建设也是如此。中国改革开放探索出一条工业走廊、经济走廊、经济发展带模式，先在沿海地区试点，继而在内陆港口城市和内陆地区试点推广，形成经济增长极、城市群，带动整个中国的改革开放。现在，"一带一路"要让非洲市场以点带线，以线带片，从基础设施（港区铁路贸五位一体）互联互通着手，帮助非洲获得内生式发展动力，形成经济发展带，实现工业化和农业现代化，共同脱贫致富。

——文化自信。英国历史学家汤因比当年就曾预测，解决世界问题寄希望于中华文明，不仅五千年来连续不断，且世俗包容。就拿电力丝绸之路来说。习近平主席 2015 年在联合国总部提出了一个叫做"智能电网、特高压电网和清洁能源"三位一体的模式。整个世界上十几亿人没有电，要用上电，那就是煤和油发电，一定会碳排放。既要马儿跑，又要马儿不吃草，怎么办？中国人现在摸索出了一条办法："西电东送、北电南供、水火互济、风光互补、跨国互联"。外国人他不可能跟你搞统筹协调，他就是一样"头痛医头，脚痛医脚"。从思想层面说，"一带一路"的提出，标志着中国彻底告别近代，走出西方，正在纠偏近代西方主导的海洋型全球化导致的内陆国家和地区文明衰落，倡导包容性全球化。"一带一路"是中国作为工业文明代表提出的人类工业化进程，承接工业化、现代化、全球化从欧洲到美国、再到亚洲（四小龙、四小虎、中国），接着从中国到"一带一路"沿线国家的第三波，实现欧亚大陆的持久和平与共同发展。工业化是民主化的前提，基础设施、能源又是工业化的前提，"一带一路"为此强调基础设施、能源的互联互通，推进世界的工业化、城镇化进程，因此它超越文化—贸易交流，也超越欧亚地区，具有全球化、全球治理的关怀，超越文化交流，倡导民心相通，实现国内和解、地区稳定和世界和平。

总之，无论从硬实力还是软实力看，我们应自信建设"一带一路"。中国的 GDP 占据"一带一路"沿线国家的一半，也就是相对于其他沿线国家经济总量。改革开放前，中国人均收入只有非洲撒哈拉沙漠以南国家的人均收入的三分之一。但是今天已经成为全球最大、最具活力的制造业中心，生产全球一半的钢铁，是美国的八倍，全球 60% 的水泥，世界 25% 以上的汽车。中国目前也是全球最大的专利申请国，专利申请总数已经超过了美国和日本的总和。中国还是全球最大的一系列的工业产品和农产品的生产大国。而且中国崛起不是靠殖民主义、帝国主义和战争，它带给全世界经济的拉动力量相当于当年大英帝国崛起的 100 倍，相当于当年美利坚合众国崛起的 20 倍。中国制造业产值是美日德三国之和，是俄罗斯 13 倍！

瑞典地理学家斯文·赫定在 1936 年出版的《丝绸之路》一书中写道："可以毫不夸张地说，这条交通干线（丝绸之路）是穿越整个旧世界的最长的路。从文化—历史的观点看，这是联结地球上存在过的各民族和各大陆的最重要的纽带。……中国政府如能使丝绸之路重新复苏，并使用现代交通手段，必将对人类有所贡献，同时也为自己树起一座丰碑。""中国人重新开通丝绸之路之日就是这个古老民族复兴之时。"

二、建设"一带一路"的自觉是中国天下担当的应有之义

基辛格博士在《世界秩序》一书中写道："评判每一代人时，要看他们是否正视了人类社会最宏大和最重要的问题。""一带一路"能否成功，就看它能否解决人类社会最宏大和最重要的问题。当今世界面临什么样的重要问题呢？习近平主席在"一带一路"国际合作高峰论坛开幕式发表的主旨演讲中指出，"我们正处在一个挑战频发的世界。和平赤字、发展赤字、治理赤字，是摆正全人类面前的严峻挑战"。

为解决这三大赤字，习近平主席演讲中回溯到两千年的丝路文明，号召我们不忘初心，不让浮云遮目，坚定信念——各国之间的联系从来没有像今天这样紧密，世界人民对美好生活的向往从来没有像今天这样强烈，人类战胜困难的手段从来没有像今天这样丰富，提出"和平之路、繁荣之路、开放之路、创新之路、文明之路"。这在中国经历近四十年改革开放所探索出的

创新、协调、绿色、开放、共享的五大发展理念基础上，展示了解决世界性难题的中国方案。

和平之路：丝绸之路是和平的产物。今天，"一带一路"通过倡导发展导向的全球化，树立共同、综合、合作、可持续的安全观，标本兼治、统筹协调，综合施策，正在消除冲突、动荡的根源。

繁荣之路：丝绸之路是繁荣的标志。古丝绸之路沿线地区曾是"流淌着牛奶和蜂蜜的地方"，"一带一路"正在再现这种繁荣景象，通过"经济大融合、发展大联动、成果大共享"，给世界经济发展带来福音。

开放之路：丝绸之路是开放的结果。"一带一路"正在打造"开放、包容、普惠、平衡、共赢的经济全球化"，是应对保护主义的最有力方案。

创新之路：丝绸之路是创新的宝库。"一带一路"着眼于21世纪的互联互通，创新合作模式、创新合作观念，引领国际合作方向。

文明之路：丝绸之路是文明的象征。"一带一路"将人类四大文明——埃及文明、巴比伦文明、印度文明、中华文明，串在一起，通过由铁路、公路、航空、航海、油气管道、输电线路和通信网络组成的综合性立体互联互通，推动内陆文明、大河文明的复兴，推动发展中国家脱贫致富，推动新兴国家持续成功崛起。一句话，以文明复兴的逻辑超越了现代化的竞争逻辑，为21世纪国际政治定调，为中国梦正名。"一带一路"所开创的文明共同复兴的秩序可称之为"文明秩序"。

（一）传中国经验，造共荣之势

"中国应对人类做出较大的贡献。"毛泽东主席当年的愿望，今天的中国通过"一带一路"正在实现。"一带一路"鲜明地体现在传播改革开放经验、工业化经验、脱贫致富经验，减少沿线国家学习成本，鼓励它们走符合自身国情的发展道路，甚至实现弯道超车和跨越式发展。

1. 改革开放经验：以开放促改革，以改革促开放

"一带一路"将中国改革开放的逻辑从"中国向世界（主要是发达世界）开放"到"世界（尤其是沿线国家）向我开放"转变，推动了世界的开放，尤其是南方国家之间的相互开放。"一带一路"正在倒逼沿线国家的改革和国际体系变革。比如，非洲领导人来中国坐高铁，意识到高铁是不等人的，

被迫改变了生活习惯，回国倒逼改革。肯尼亚总统肯雅塔每三个月都到蒙内铁路和蒙巴萨港建设工地去视察，学习中国领导经验。国际层面，正如亚投行效应所显示的，亚行、世行都因为亚投行"高效、绿色、廉洁"高标准也不得不做出改革，国际金融体系因为人民币国际化而悄然变革。"一带一路"正在打造"开放、包容、均衡、普惠"的合作架构，推动全球体系改革。

2. 工业化经验：基础设施先行，慧及民生

2010年，中国在加入WTO 9年后超过美国成为第一工业制造大国，现今的工业产值是美国的150%，是美日德总和。这是中国搞"一带一路"的底气。基础设施＋民生工程＋教育，这是中国工业化经验的浓缩。在基础设施领域，中国具有从建造、运行、管理全套优势。中国通过"一带一路"正在非洲推行"三网一化"战略——高速公路网、高速铁路网、区域航空网、基础设施工业化，推广民生工程和教育培训，让非洲摆脱贫困恶性循环的局面，让非洲市场以点带线，以线带片，从基础设施（港区铁路贸五位一体）互联互通着手，帮助非洲获得内生式发展动力，形成经济发展带，实现工业化和农业现代化，进而推动政治和社会的全面进步。中巴经济走廊更是六大经济走廊旗舰工程，帮助巴基斯坦补上基础设施短板，推行工业化，实现经济起飞，最终成为中等强国。

3. 脱贫致富经验：一心一意谋发展，聚精会神搞建设

"要致富，先修路；要快富，修高速；要闪富，通网路"，成为中国脱贫致富经验的鲜明总结，日益流行于世。"再穷不能穷教育"，中国注重义务教育和培训，阻止贫困的恶性循环。中国因此创造了改革开放三十余年使7亿人脱贫致富的奇迹，为世界脱贫贡献率超过七成。精准扶贫、开发性扶贫，扶贫与脱贫的结合，这些经验对世界具有广泛借鉴意义。非洲领导人表示，贫困是人类的公敌。习近平《摆脱贫困》一书的英法文版在非盟总部发布，掀起《习近平论治国理政》之后非洲学习中国的新高潮。也因此，笔者在《"一带一路"：机遇与挑战》一书中很早提出把"一带一路"放在联合国2030年可持续发展目标中，全面对接联合国和平与发展事业。

上述经验，集中体现在"创新、协调、绿色、开放、共享"的五大发展理念，落实于绿色、健康、智力、和平四大丝绸之路建设中，避免了"一带一路"沿线国家走"先污染后治理"弯路，塑世界共同繁荣与可持续发展之势。

必须指出，中国经验的分享不仅应基于自愿、平等、共赢原则，更应结合所在国国情，创新合作模式，实现当地化。

（二）举中国方案，践大道之行

"形而上者谓之道，形而下者谓之器，化而裁之谓之变，推而行之谓之通，举而措之，天下之民谓之事业"。《周易·系辞上传》这句话，是对"一带一路"事业的很好阐述。"一带一路"成为全球化、全球治理和国家治理的中国方案。

1.全球化：包容性、联动性、本土性

"一带一路"着眼于欧亚地区的互联互通，着眼于陆海联通，是对传统新自由主义主导的全球化的扬弃。美战略家康纳在《超级版图》一书中提出，未来四十年的基础设施投入将超过人类过去四千年！传统全球化——关税减让，最多能推动世界经济增长 5%，而新型全球化——互联互通，将推动世界经济增长 10—15%。因此，"一带一路"给全球化提供更强劲动力，并推动改革传统全球化，朝向开放、包容、均衡、普惠方向发展。"一带一路"的特点是实体经济全球化，路径是发展导向的全球化，方向是包容性全球化，目标是共享型全球化。

2.全球治理：共商、共建、共享

"一带一路"是改善全球治理的新抓手，是实现世界经济再平衡的良方。它体现了中国理念：共商、共建、共享。首先，中国倡导"共商"，即在整个"一带一路"建设当中充分尊重沿线国家对各自参与合作事项的发言权，妥善处理各国利益关系，打造利益共同体。沿线各国无论大小、强弱、贫富，都是"一带一路"的平等参与者，都可以积极建言献策，都可以就本国需要对多边合作议程产生影响，但是都不能对别国所选择的发展路径指手画脚。通过双边或多边沟通和磋商，各国可找到经济优势的互补，实现发展战略的对接。其次，中国倡导"共建"，共担责任和风险，塑造责任共同体。"共商"毕竟只是各方实质性参与"一带一路"建设的第一步，接下来要进一步做好"走出去""引进来"的服务工作，同时鼓励沿线国家在引入资金、技术后培养相关人才，增强自主发展能力。只有做到了前面两点，才能保证"一带一路"建设的成果能够被参与各国所共享，建设命运共同体。通过倡导基础设施的互联互通，"一带一路"正在治疗新自由主义全球化顽疾，引导热钱流向实

体经济，正在消除全球金融危机之源，实现全球金融治理。通过以发展促安全，以安全保发展，强调综合安全、共同安全、合作安全、可持续安全观，推进全球安全治理。

3. 国家治理：标本兼治，统筹协调

"穷则变，变则通，通则久。"《周易—系辞》下这句话表明，通是可持续发展及可持续安全的关键。阿富汗就是典型例子。阿政府认为"一带一路"给阿富汗实现和平与发展带来福音，绝不能错过这最后的机会，希望将地缘战略优势转化为实际经济利益，提出以光缆、交通、能源"三通"促"五通"，体现阿在欧亚大陆互联互通中的地区中心（hub），不仅使阿从"陆锁国"（land-locked）变为"陆联国"（land-connected），更可扮演连接中国与中亚、南亚、中东、非洲，中亚与南亚及印度洋的"五方通衢"角色。为此，中阿双方正探索"中巴经济走廊"向阿延伸的可行性。

"一带一路"倡议及人类命运共同体思想正式写入联合国安理会涉阿决议，这足以表明，"一带一路"倡议展示统筹协调、标本兼治的东方智慧，是解决阿富汗治理困境的希望，旨在以"五通"、地缘经济乃至地缘文明消除近代以来阿富汗作为"帝国坟墓""地缘政治角斗场"的魔咒、打破贫困与暴力恶性循环，并将为全球与区域治理树立典范。为此突出了"一带一路"倡议的文明性、和平性、包容性。

（三）展中国担当，呈公共产品

孔子曰："己欲立而立人，己欲达而达人。""一带一路"是全球化即美国/西方化失势后，作为世界经济增长火车头的中国，将自身的产能优势、技术与资金优势、经验与模式优势转化为市场与合作优势，将中国机遇变成世界机遇，融通中国梦与世界梦。

1. 器物层面：物质性公共产品

全球金融危机爆发以来，中国成为世界经济增长的主要引擎，平均三成的世界经济增长来自于中国经济的拉动，超过第二位美国贡献的一倍。"一带一路"成为推动国际社会实现联合国2030年可持续发展目标的重要合作倡议。倡议探讨构建全球能源互联网，推动以清洁和绿色方式满足全球电力需求，就是典型例子。彭博社引用麦肯锡咨询公司的报告预测，到2050年"一带一路"

有望振兴给世界经济增长贡献八成的地区，新增 30 亿中产阶级。

全球金融危机爆发前，国际贸易增长速度是世界经济增速的两倍，而之后却低于世界经济增速，这是全球化处于逆转的重要原因。未来十年，"一带一路"将新增 2.5 万亿美元的贸易量，这给经济全球化打了一剂强心针，带来了希望。不仅如此，"一带一路"建设推动中国与沿线国家的自贸区、投资协定谈判——已完成 11 个，并强调与沿线各国发展战略和已有的合作机制对接，推动全球层面的投资协定谈判进程。

正如习近平主席 2016 年 8 月 17 日在推进"一带一路"建设工作座谈会上的讲话中指出的，以"一带一路"建设为契机，开展跨国互联互通，提高贸易和投资合作水平，推动国际产能和装备制造合作，本质上是通过提高有效供给来催生新的需求，实现世界经济再平衡。特别是在当前世界经济持续低迷的情况下，如果能够使顺周期下形成的巨大产能和建设能力走出去，支持沿线国家推进工业化、现代化和提高基础设施水平的迫切需要，有利于稳定当前世界经济形势。

2. 制度层面：制度性公共产品

中国发起成立丝路基金、亚洲基础设施投资银行等新型多边金融机构，促成国际货币基金组织完成份额和治理机制改革。丝路基金、亚投行、金砖国家新开发银行和"一带一路"，是"源于中国而属于世界"的制度设计贡献。亚投行不仅激励国际金融体系变革，也在开创 21 世纪全球治理新路径：Lean，Clean，Green（精益、清洁、绿色）；"一带一路"聚焦构建互利合作网络、新型合作模式、多元合作平台。倡导政策沟通、设施联通、贸易畅通、资金融通、民心相通等五通，旨在构建互利合作网络、新型合作模式、多元合作平台，携手打造绿色丝绸之路、健康丝绸之路、智力丝绸之路、和平丝绸之路，为全球治理贡献中国方案。

3. 精神层面：观念性公共产品

"一带一路"更是激活"和平合作、开放包容、互学互鉴、互利共赢"的丝路精神，探寻 21 世纪人类共同价值体系，建设人类命运共同体，展示了全球治理的东方智慧。2017 年 3 月 17 日，联合国安理会一致通过关于阿富汗问题的第 2344 号决议，呼吁国际社会凝聚援助阿富汗共识，通过"一带一路"建设等加强区域经济合作，敦促各方为"一带一路"建设提供安全保障环境、加强发展政策战略对接、推进互联互通务实合作等。决议强调，应本着合作共赢精神推进地区合作，以有效促进阿富汗及地区安全、稳定和发展，构建人类命运共同体。此前的 2 月 10 日，联合国社会发展委员会第五十五届会议协商一致通过"非洲发展新伙伴关系的社会层面"决议，呼吁国际社会本着合作共赢和构建人类命运共同体的精神，加强对非洲经济社会发展的支持。这是联合国决议首次写入"构建人类命运共同体"理念。

总之，我们要自信推进"一带一路"建设，服务于中华民族伟大复兴的中国梦和人类命运共同体建设；自觉抵制唱衰"一带一路"论，自觉践行"一带一路"，自觉以"一带一路"统筹各项事业，以"一带一路"深化互利共赢开放战略，推进形成更加宽广多元的对外开放格局，积极维护多边贸易体制主渠道地位，促进国际贸易和投资自由化便利化，反对一切形式的保护主义，全力推动构建开放型世界经济。

第五章
构建人类命运共同体

我们要本着对人类前途命运高度负责的态度，做全人类共同价值的倡导者，以宽广胸怀理解不同文明对价值内涵的认识，尊重不同国家人民对价值实现路径的探索，把全人类共同价值具体地、现实地体现到实现本国人民利益的实践中去。

——2021 年 7 月 6 日，习近平在中国共产党与世界政党领导人峰会上的主旨演讲

共建"一带一路"顺应了人类追求美好未来的共同愿望。传统中国文化儒道释并存,儒家强调"和而不同",道家强调"阴阳和谐",佛教强调"众缘和合",一句话"和合"。在教科文组织总部大楼前的石碑上,用多种语言镌刻着这样一句话:"战争起源于人之思想,故务须于人之思想中筑起保卫和平之屏障。"这与中国和合理念十分契合。"一带一路"更是通过激活"和平合作、开放包容、互学互鉴、互利共赢"的丝路精神,探寻21世纪人类共同价值体系,建设人类命运共同体,展示了全球治理的东方智慧。

国际社会越来越认同共建"一带一路"倡议所主张的构建人类命运共同体的理念,构建人类命运共同体符合当代世界经济发展需要和人类文明进步的大方向。2017年2月10日,联合国社会发展委员会第五十五届会议协商一致通过"非洲发展新伙伴关系的社会层面"决议,呼吁国际社会本着合作共赢和构建人类命运共同体的精神,加强对非洲经济社会发展的支持。这是联合国决议首次写入"构建人类命运共同体"理念。2017年3月17日,联合国安理会一致通过关于阿富汗问题的第2344号决议,呼吁国际社会凝聚援助阿富汗共识,通过"一带一路"建设等加强区域经济合作,敦促各方为"一带一路"建设提供安全保障环境、加强发展政策战略对接、推进互联互通务实合作等。决议强调,应本着合作共赢精神推进地区合作,以有效促进阿富汗及地区安全、稳定和发展,构建人类命运共同体。2017年3月23日,联合国人权理事会会议通过关于"经济、社会、文化权利"和"粮食权"两个决议,决议明确表示要"构建人类命运共同体"。这是人类命运共同体重大理念首次载入人权理事会决议,标志着这一理念成为国际人权话语体系的重要组成部分。2017年11月1日,第72届联大负责裁军和国际安全事务第一委员会通过了"防止外空军备竞赛进一步切实措施"和"不首先在外空放置武器"两份安全决议,"构建人类命运共同体"理念再次载入这两份联合国决议。

共建"一带一路"倡议正成为构建人类命运共同体的重要实践平台。在国内"五位一体"总体布局基础上,通过"一带一路"的"五路",将中国梦与各国梦融通，成就世界梦，这就是人类命运共同体，解决人类"和平赤字""发展赤字""治理赤字"。中国主张，推动建设新型国际关系，携手迈向持久和平、普遍安全、共同繁荣、开放包容、清洁美丽的世界。当今世界之痛，源于"不通"，根子在"分"。人类命运共同体实现"和"，"一带一路"实现"合"，因此成为中国的两大核心倡议，成为回答时代之问的中国方案、中国智慧。

第一节 理论内涵

一、三大维度

一是历史维度。

在日内瓦联合国总部演讲中，习近平主席指出，从360多年前《威斯特伐利亚和约》确立的平等和主权原则，到150多年前日内瓦公约确立的国际人道主义精神；从70多年前《联合国宪章》明确的四大宗旨和七项原则，到60多年前万隆会议倡导的和平共处五项原则，国际关系演变积累了一系列公认的原则。这些原则应该成为构建人类命运共同体的基本遵循。这表明，中国提出人类命运共同体思想，继承了人类社会孜孜以求的优良传统，并在21世纪使之升华。

二是现实维度。

政治上：伙伴关系。建立平等相待、互商互谅的伙伴关系。国家之间要构建对话不对抗、结伴不结盟的伙伴关系。大国要尊重彼此核心利益和重大关切，管控矛盾分歧，努力构建不冲突不对抗、相互尊重、合作共赢的新型关系。要秉持和平、主权、普惠、共治原则，把深海、极地、外空、互联网等领域打造成各方合作的新疆域，而不是相互博弈的竞技场。

安全上：相互依赖。坚持共建共享，建设一个普遍安全的世界。营造公道正义、共建共享的安全格局，倡导综合安全、共同安全、合作安全、可持续安全的新安全观。

经济上：共同发展。坚持合作共赢，建设一个共同繁荣的世界。谋求开放创新、包容互惠的发展前景。大家一起发展才是真发展，可持续发展才是好发展。命运共同体源于相互依存又超越相互依存，以积极相互依存超越消极相互依存，推动国际均衡、协调发展。

文化上：多元共生。坚持交流互鉴，建设一个开放包容的世界。促进和而不同、兼收并蓄的文明交流。2014年3月，习近平主席在联合国教科文组织总部演讲时指出："当今世界，人类生活在不同文化、种族、肤色、宗教和不同社会制度所组成的世界里，各国人民形成了你中有我、我中有你的命运共同体。"

环境上：可持续发展。坚持绿色低碳，建设一个清洁美丽的世界。构筑尊崇自然、绿色发展的生态体系。"人类只有一个地球，各国共处一个世界"。"命运共同体"强调"命运相连，休戚与共"，为了和平、发展、合作、共赢的共同愿景，共同应对共同的危机、共同的挑战。各国只有相互尊重、平等相待，才能合作共赢、共同发展。

三是未来维度。

命运共同体思想也是对中国与世界关系的宣示：世界好，中国才能好；中国好，世界才更好。更长远的意义则是告别虚伪的"普世价值"，追求人类共同价值观。正如习近平主席2015年9月在第七十届联合国大会一般性辩论时的讲话指出的，"大道之行也，天下为公。和平、发展、公平、正义、民主、自由，是全人类的共同价值，也是联合国的崇高目标"。命运共同体着眼于人类文明的永续发展，推动建立文明秩序，超越狭隘的民族国家视角，树立人类整体观。超越国际秩序和意识形态差异，寻求人类最大公约数，塑造以合作共赢为核心的新型国际关系，倡导和平发展、共同发展、可持续发展。

"命运共同体"思想是利益共同体、责任共同体思想的升华，最初着眼于周边：安身立命之所，发展繁荣之基，后来多用于发展中国家，强调南方意识，最高境界是"人类命运共同体"，从现实世界延伸到虚拟空间——网络空间命运共同体。

二、丰富内涵

习近平主席在十九大报告中呼吁："各国人民同心协力，构建人类命运共同体，建设持久和平、普遍安全、共同繁荣、开放包容、清洁美丽的世界。""推动构建人类命运共同体"是习近平新时代中国特色社会主义思想的重要组成部分，而"人类命运共同体"具有丰富的意涵。在这一思想体系中，持久和平是目标，普遍安全是追求，共同繁荣是机制，开放包容是路径，清洁美丽是基础。由此可见，它是我国经济、政治、文化、社会、生态"五位一体"总体布局的国际延伸。命运共同体思想继承和弘扬了《联合国宪章》的宗旨和原则，是全球治理的共商、共建、共享原则的核心理念，超越西方消极意义上的同一个地球、地球村等，形成积极意义上的休戚与共，就是不仅要在物质层面，还要在制度、精神层面上求同存异、聚同化异，达到天下为公、世界大同的境界。

更长远、本质地看，人类命运共同体的提出，有三大使命：

一是回答中华民族伟大复兴的目标，不是复古——回到汉唐，不是超美——成为世界老大，而是推动各国共同振兴、文明共同复兴，都能成为自己，并立己达人。人类命运共同体诠释了中国与世界的关系：融通中国梦与世界梦。

二是回答"人类怎么了、世界向何处去、我们怎么办"的时代之问，为全球化、全球治理铸魂，以命运自主超越中心—边缘依附体系，以命运与共超越相互依存，以命运共同体超越"经济靠中国、安全靠美国"的悖论，以及经济全球化与政治地方化的分裂。

三是回答"我们的未来是否更美好"的质疑。告别近代，走出西方，超越人类中心主义，从后天看明天，寻求人类价值观的最大公约数，推动人类文明的可持续发展，因应人工智能、万物互联时代来临，实现从文明交流、对话式文明到共塑式文明的飞跃，引领人类文明创新。

从人类历史上看，大国崛起一定会提出引领世界未来的合作倡议和价值理念。"一带一路"及其背后的人类命运共同体理念就承载着这一使命。"一带一路"倡议的提出，标志着中国彻底告别了近代以来中体西用、赶超西方的思维逻辑。此后，国际社会不只是抽象谈论中国崛起，而是谈论"一带一路"。这就一下子把国际话语体系从近代几百年拉长到两千多年，从而解构了西方中心论。人类命运共同体理念超越普世价值，倡导人类共同价值，旨在建设持久和平、普遍安全、共同繁荣、开放包容、清洁美丽的世界。真乃大道之行也，天下为公。人类命运共同体成为中国倡导的新型国际关系、新型全球治理的核心理念，成为习近平新时代中国特色社会主义思想的世界观，集中展示了中国共产党为人类进步事业而奋斗的天下担当。

三、理论应用

为世界提供全球公共产品。共建"一带一路"跨越不同地域、不同发展阶段、不同文明，是一个开放包容的平台，是各方共同打造的全球公共产品。共建"一带一路"目标指向人类共同的未来，坚持最大程度的非竞争性与非排他性，顺应了国际社会对全球治理体系公正性、平等性、开放性、包容性的追求，是中国为当今世界提供的重要公共产品。联合国秘书长古特雷斯指出，共建"一带一路"是向世界提供的公共产品。共建"一带一路"不仅促进贸易往来和人员交流，而且增进各国之间的了解，减少文化障碍，最终实现和平、和谐与繁荣。

为全球治理体系变革提供中国方案。当今世界面临增长动能不足、治理体系滞后和发展失衡等挑战。共建"一带一路"体现开放包容、共同发展的鲜明导向，超越社会制度和文化差异，尊重文明多样性，坚持多元文化共存，强调不同经济发展水平国家的优势互补和互利共赢，着力改善发展条件、创造发展机会、增强发展动力、共享发展成果，推动实现全球治理、全球安全、全球发展联动，致力于解决长期以来单一治理成效不彰的困扰。

把沿线国家的前途和命运紧紧联系在一起。人类只有一个地球，各国共处一个世界。为了应对人类共同面临的各种挑战，追求世界和平繁荣发展的美好未来，世界各国应风雨同舟，荣辱与共，构建持久和平、普遍安全、共同繁荣、开放包容、清洁美丽的世界。人类命运共同体理念融入了利益共生、情感共鸣、价值共识、责任共担、发展共赢等内涵。共建"一带一路"主张守望相助、讲平等、重感情，坚持求同存异、包容互谅、沟通对话、平等交往，把别人发展看成自己机遇，推进中国同沿线各国乃至世界发展机遇相结合，实现发展成果惠及合作双方、各方。中国在40多年改革开放中积累了很多可资借鉴的经验，中国无意输出意识形态和发展模式，但中国愿意通过共建"一带一路"与其他国家分享自己的发展经验，与沿线国家共建美好未来。

第二节 实践平台

在 2018 年 8 月 27 日推进"一带一路"建设工作 5 周年座谈会上，习近平主席强调，当今世界正处于大发展大变革大调整时期，我们要具备战略眼光，树立全球视野，既要有风险忧患意识，又要有历史机遇意识，努力在这场百年未有之大变局中把握航向。以共建"一带一路"为实践平台推动构建人类命运共同体，这是从我国改革开放和长远发展出发提出来的，也符合中华民族历来秉持的天下大同理念，符合中国人怀柔远人、和谐万邦的天下观，占据了国际道义制高点。共建"一带一路"不仅是经济合作，而且是完善全球发展模式和全球治理、推进经济全球化健康发展的重要途径。

一、"一带一路"是构建人类命运共同体的伟大实践

"一带一路"不仅激活了丝绸之路的历史记忆，也激活了中华人民共和国成立以来援助非洲国家摆脱殖民统治的美好记忆。1965 年，坦桑尼亚总统尼雷尔首次访华，他向中国政府提出协助修铁路的请求，并得到中国的积极支持。毛泽东主席说，我们宁可自己不修铁路，也要给你们修，帮你们修。尼雷尔非常感动，因为他知道当时的中国刚刚遭遇三年自然灾害，并不富裕。尼雷尔高度评价中国援建坦赞铁路是"对非洲人民的伟大贡献"，"历史上外国人在非洲修建铁路，都是为掠夺非洲的财富，而中国人相反，是为了帮助我们发展民族经济"。

2017 年 5 月 31 日，对肯尼亚而言，是值得纪念的日子。这一天，全长约 480 公里、由中企承建的肯尼亚蒙巴萨—内罗毕标轨铁路（蒙内铁路）正式建成通车，首班列车由蒙内铁路起点蒙巴萨西站发车。中国国家主席习近平特使、国务委员王勇，肯尼亚总统肯雅塔和副总统鲁托等出席通车仪式。在内罗毕火车站的方尖碑上印着鲜艳的五星红旗，刻着"谨此纪念肯尼亚铁路一百二十年历史"大字，写有："肯尼亚与铁路之缘游走在昨日的幻想与今日认识到世界发展的理性之间。历史上，对我们国家存在贡献最大的，仍然是铁路。铁路对我们国家商业、政治、宗教和文化的影响，前所未有。""内罗毕终点站，是肯尼亚铁路发展上辉煌的明珠。"

大时代需要大格局，大格局需要大智慧。"一带一路"是中国奉献的国际合作倡议与公共产品。构建人类命运共同体蕴含着丰富的中国智慧，发轫于五千年博大精深的中华文明，成长于近代以来中国共产党人解放全人类的革命传统，成熟于中华人民共和国成立以来，尤其是改革开放以来的丰富外交实践，是中国外交哲学中世界观、本体论、认识论、方法论、伦理观、实践论的集大成者。作为世界经济增长火车头的中国，将自身的产能优势、技术与资金优势、经验与模式优势转化为市场与合作优势，将中国机遇变成世界机遇，融通中国梦与世界梦。

二、"一带一路"为构建人类命运共同体注入强劲动力

"一带一路"建设的核心内容是促进基础设施建设和互联互通，对接各国政策和发展战略，深化务实合作，促进协调联动发展，实现共同繁荣。2017 年 5 月 14 日，习近平主席在"一带一路"国际合作高峰论坛开幕式上发表题为《携手推进"一带一路"建设》的主旨演讲，他指出，"一带一路"建设是伟大的事业，需要伟大的实践。

共建"一带一路"为世界经济增长开辟了新空间，为国际贸易和投资搭建了新平台，为完善全球经济治理拓展了新实践，为增进各国民生福祉作出了新贡献，成为共同的机遇之路、繁荣之路。事实证明，共建"一带一路"不仅为世界各国发展提供了新机遇，也为中国开放发展开辟了新天地。各国对美好生活的向往，对未来世界的期盼，寄托于"一带一路"。"一带一路"好比是一件雕塑，中国与各国一道搭好骨架，把各国人民对美好生活的向往填进来，把构建人类命运共同体的前景描绘起来，渐成艺术杰作。如今，不少发达国家也参与到"一带一路"建设中，共商共建共享原则越来越多边化。这种多边主义体现在开放、绿色、廉洁理念中，体现在高标准、惠民生、可持续的目标中。

开放还是封闭，合作还是对抗，共赢还是零和，世界再次走到十字路口。面对由一系列不确定性构成的严峻挑战，新时代的中国成为世界的稳定之锚和繁荣之源。在推动国际秩序改革和完善全球治理的历史性关口，新时代的中国对人类命运展现出新的历史性担当。构建人类命运共同体将中国古代的大同思想和天下观予以创造性转化和创新性发展，同时汲取人类其他文明的

思想予以提炼，成为当今世界的最大价值观公约数。2017 年 10 月 18 日，习近平主席在中国共产党第十九次全国代表大会上作报告，向全世界郑重宣示："中国共产党是为中国人民谋幸福的政党，也是为人类进步事业而奋斗的政党。中国共产党始终把为人类作出新的更大的贡献作为自己的使命。"构建人类命运共同体成为中国共产党领导的中国在新时代践行"为人类作出新的更大的贡献"的承诺，彰显中国共产党的初心使命和天下担当。作为构建人类命运共同体的伟大实践，"一带一路"正在实现"世界好，中国才能好；中国好，世界才更好"的美好前景。

三、"一带一路"体现共建人类命运共同体的自信与决心

理念引领行动，方向决定出路。构建人类命运共同体，通过"一带一路"建设，以共商共建共享为原则，以和平合作、开放包容、互学互鉴、互利共赢的丝路精神为指引，以打造利益共同体、责任共同体、命运共同体为合作目标，汇聚起参与各国的力量，体现中国"知行合一"哲学。构建人类命运共同体的核心要旨是，世界命运应该由各国共同掌握，国际规则应该由各国共同书写，全球事务应该由各国共同治理，发展成果应该由各国共同分享。

中国提出构建人类命运共同体理念，继承了人类社会孜孜以求传统，并在 21 世纪使之升华，引领了全球治理、国际合作的新方向，体现了中国的天下担当。构建人类命运共同体已然成为推动全球治理体系变革、构建新型国际关系和国际新秩序的共同价值规范。

构建人类命运共同体的深远意义是告别意识形态和价值观的对立，追求人类共同价值观。各国具有差异性，世界具有多样性，但共同的历史记忆，共同的处境，共同的追求，将各国紧密相连，形成共同身份与认同，塑造共同未来。西方有"人人为我，我为人人"名言，东方有"各美其美，美人之美，美美与共，天下大同"思想。"命运共同体"之道具有穿越时空的普遍意义。2015 年 9 月 28 日，习近平主席在纽约联合国总部出席第七十届联合国大会一般性辩论并发表题为《携手构建合作共赢新伙伴同心打造人类命运共同体》的重要讲话，他指出，"大道之行也，天下为公"。和平、发展、公平、正义、民主、自由，是全人类的共同价值，也是联合国的崇高目标。

"世界那么大，问题那么多，国际社会期待听到中国声音、看到中国方

案，中国不能缺席。"近年来，中国积极参与全球治理，在经济、气候、减贫、互联网等领域都提出了中国方案，发出了中国声音，贡献了中国智慧。永久和平、普遍安全、共同繁荣、开放包容、美丽清洁，是打造人类命运共同体的追求。其中，永久和平是目标，普遍安全是诉求，共同繁荣是机制，开放包容是路径，美丽清洁是环境。构建人类命运共同体理念融入了利益共生、情感共鸣、价值共识、责任共担、发展共赢等内涵。共建"一带一路"主张守望相助、讲平等、重感情，坚持求同存异、包容互谅、沟通对话、平等交往，把别人发展看成自己机遇，推进中国同沿线各国乃至世界发展机遇相结合，实现发展成果惠及合作各方。

将自己发展好，进而造福世界，这是中国人民通过"一带一路"展现出的美好愿望：

"为天地立心"，就是激活"和平合作、开放包容、互学互鉴、互利共赢"的丝路精神，开创以合作共赢为核心的新型国际关系，探寻21世纪人类共同价值体系，构建人类命运共同体。

"为生民立命"，就是鼓励各国走符合自身国情的发展道路，与"一带一路"沿线国家开展先进、适用、有利于就业、绿色环保的产能合作，支持其工业化进程，让合作成果更多惠及"一带一路"沿线国家人民，实现共同发展与繁荣。

"为往圣继绝学"，就是实现人类永续发展，各种文明、发展模式相得益彰、美美与共，开创中华文明与欧亚非古老文明共同复兴的美好前景。

"为万世开太平"，就是推动人类的公平正义事业，缔造"一带一路"地区持久和平，实现全球化时代的"天下大同"。

第三节　齐心战役

新冠肺炎疫情给世界造成全方位冲击，也给人类带来前所未有挑战。全球新冠肺炎疫情的暴发和防控，为"一带一路"建设和构建人类命运共同体提供了新的发展视角。中国政府出于国际人道主义关怀，在国内疫情防控形势好转的情况下，立即肩负起引领人类命运共同体构建的重任，对"一带一路"沿线国家，包括全球新冠疫情严重地区和国家伸出疫情防控援助之手。截至

2021 年 3 月 26 日，中国已向覆盖全球各大洲总共 150 个国家，以及世界卫生组织、欧洲联盟、非洲联盟和东南亚国家联盟 13 个国际组织提供了多样的抗疫援助，为全球抗疫做出了突出贡献。事实证明，疫情并没有逆转"一带一路"合作的势头，反而凸显了"一带一路"合作所具有的强大韧性和旺盛活力。经历风雨，"一带一路"合作的基础必将更加牢固，动力必将更加充沛，前景必将更加广阔。

一、"一带一路"合作抗疫

面对疫情，"一带一路"合作伙伴守望相助，向中国提供了宝贵支持。很多"一带一路"合作伙伴都以不同方式表明同中方继续加强"一带一路"合作的态度。中国也已经向 122 个"一带一路"合作伙伴提供抗疫援助，向 25 个国家派出医疗队，毫无保留同各国全面分享防控和诊疗经验。中欧班列 2020 年开行数量和发货量同比上升 50% 和 56%，累计运送防疫物资达 7.6 万吨，成为各国携手抗击疫情的"生命通道"和"命运纽带"，体现了"一带一路"的生命力和活力。习近平主席向"一带一路"国际合作高级别视频会议发表书面致辞强调，把"一带一路"打造成团结应对挑战的合作之路、维护人民健康安全的健康之路、促进经济社会恢复的复苏之路、释放发展潜力的增长之路。

（一）建设健康丝绸之路

通过及时分享必要信息及疫情诊疗经验和最佳实践、加强和升级公共卫生系统能力、促进卫生专家对话、为有需要的国家提供帮助等方式，合作应对、控制并战胜疫情。鼓励各国必要时在双边、区域、国际等层面建立疫情联防联控机制。致力于加强质量可靠的卫生产品特别是对应对疫情至关重要的疫苗、药物及医疗物资的可获得性、可及性和可负担性。呼吁投资建设完善和有韧性的卫生基础设施，包括发展远程医疗。根据本国法律法规并在各自能力范围内，为在本国受疫情影响的外国公民包括一线医务工作者和参与"一带一路"和其他合作项目的外国公民提供医疗卫生方面的支持。

（二）加强互联互通

在开放、包容和透明的基础上推动构建全球互联互通伙伴关系将为各方带来机遇，并在抗击疫情、应对疫情影响、恢复经济社会可持续发展方面发挥积极作用。支持构建全方位、复合型的基础设施互联互通格局和可持续交通体系，鼓励各国发展相互兼容和多式联运的交通，开发跨国、跨区域交通和物流通道，增强各国在空中、陆地和海上的互联互通。支持建设高质量、可靠、抗风险、可持续的基础设施，并确保其在全周期内切实可行、价格合理、包容可及、广泛受益，有助于参与方的可持续发展和发展中国家工业化。

（三）推动经济恢复

支持以世界贸易组织为核心，以规则为基础，重塑开放、透明、非歧视的多边贸易体制。呼吁维护区域和全球产业链和供应链的稳定，推动有序复工复产及重新融入全球价值链。在疫情冲击全球经济社会发展的背景下，加强在数字经济、医疗产业和食品安全领域的合作，并在电子商务、智慧城市、人工智能和大数据技术应用等领域培育新的经济增长点，借鉴国际良好实践并缩小数字鸿沟。支持"一带一路"国家就重大发展战略、规划和政策开展对话和交流，包括加强"一带一路"倡议与其他国别、区域和国际发展战略、项目或倡议的协调。鼓励和支持有利于工商业特别是中小微企业和脆弱行业发展的政策。在人力资源开发、教育和职业培训方面加强合作。致力于落实联合国2030年可持续发展议程和气候变化巴黎协定，并在此方面照顾最不发达国家和内陆发展中国家的特殊需要。

（四）推进务实合作

继续推进"一带一路"框架下有关经济和交通走廊、经贸合作区和务实合作项目的建设，发挥其对经济增长、社会发展和民生改善的拉动作用。重视"一带一路"合作项目在经济、社会、财政、金融和环境方面的可持续性，呼吁"一带一路"所有市场参与方履行企业社会责任，遵守联合国全球契约。继续落实第二届高峰论坛共识，推进发展政策对接、基础设施投资、经济走廊、经贸合作区、产业园区、金融和贸易合作、创新和技术、海上合作、工商界联系、人文交流等领域的双边、三边和多边合作。本着以人民为中心的理念开展互利合作。

二、"一带一路"新挑战

（一）短期"五通"影响

第一方面的困难是涉及人员流动的项目，尤其是在建项目造成不少困难。

第二方面的困难就是疫情增加了卫生检疫时间，增加了检疫成本，不利于诸如港口建设、国际运输与通关便利化等。

第三方面的困难就是源头企业无法正常、及时供货，导致供应链出问题，影响项目正常运转。

毋庸讳言，此次疫情短期内难免会对"一带一路"建设带来不利影响，但也应看到，"一带一路"建设是项"世纪工程"，其推进必然伴随着各类可以预见和难以预见的风险挑战，中国需要与相关国家和国际组织加大协调、共克时艰，以切合实际、灵活创新的方式继续推动高质量共建"一带一路"，为世界经济的复苏和发展、各国社会的稳定与繁荣创造有利条件。

（二）中期风险叠加

疫情加大"一带一路"发展中国家的债务风险，需要高度注意。高质量建设"一带一路"的重大外部挑战来自沿线国家债务风险，可能出现赖账现象，被域外势力所利用，推动西方对"一带一路"国家争夺。"一带一路"国家担心中国国内危机影响对外投资，延缓项目进展；疫情也影响国内对"一带一路"的支持和投入，制约高质量建设"一带一路"布局。

疫情加重世界经济衰退是间接导致"一带一路"项目进度放慢和部分停顿的直接原因。疫情导致的隔离和航空运输锐减，大批援外工程技术和劳务人员难以返回施工项目和园区企业。部分产业链供应链中断，沿线产业园区订单减少、开工不足。

在西方大国的挑唆之下，少数发展中国家把疫情"中国责任论"和"债务陷阱论"结合，出现履约和还贷困难情况。个别国家领导人宣布取消接受中国贷款的协定，有的国家政府声称将中国投资项目收归国有。这类情况可能还有蔓延的势头，它不仅破坏当前"一带一路"的舆论环境，而且对"一带一路"长期发展负面影响不可低估。

由于国际资金来源萎缩，国际经济组织与亚投行、金砖银行以及丝路基金的合作与融资能力均有所下降。这将影响今后 2—3 年"一带一路"新项目上马，也影响我国金融机构与国际经济组织合作态势。疫情带来的各国政局动荡逐步显现，有些国家的政权更迭对"一带一路"项目造成不确定性。在西方媒体影响下，民粹主义的排华反华浪潮与"一带一路"项目下马风潮结合，某些项目的缺失被当地政客利用成为司法争端的口实。

（三）长期格局变化

经济学人智库《主权债务危机即将来临》报告称，受疫情影响，今明两年世界经济不会出现增长，预计全球 GDP 到 2022 年才可回复到疫情前水平。各国财政收入减少，但在医疗保健及社会开支方面大幅增加。大多数发达国家，尤其是能以本国货币借款及具备深厚国内资本市场的国家不会面临主权债务问题。但从中期来看，仍有部分发达国家可能步入债务危机边缘。意大利及西班牙在疫情前财政状况已然疲弱，南欧国家则仍在从多年的紧缩中恢复，公共债务高企、人口老化和财政赤字持续。这些国家中任何一个发生债务危机，都会对金融市场造成巨大震荡，并将迅速蔓延至全球。较贫穷的国家受到的影响最为严重，它们的债务在过去 10 年飙升。目前多边金融机构与最富裕国家联手为穷国提供财政支持，以减轻其财政负担。但报告指出，提供的大部分资金将会列入新兴经济体资产负债表，G20 也只是将穷国债务展期而非取消。在缺乏更全面减债计划情况下，这将引起穷国偿债能力危机。另一方面，中国是低收入国家和新兴市场最大单一债权人。虽然大多数发达国家将不会面临主权债务问题，但贫穷国家在乏全面减债计划情况下，即便不发生主权违约，中长期也可能出现。

共建"一带一路"提出了全球治理变革的新方案，为完善全球治理体系变革拓展了新实践。新冠肺炎疫情或将导致"逆全球化"倾向加剧，经济全球化遭遇更强逆风和回头浪，单边主义、保护主义更加肆无忌惮，各国技术性贸易壁垒、检验检疫措施进一步加强。近期，美国国家航空航天局资助美大学，研究中亚地区正在出现的传染病威胁，包括新冠病毒疫情，以预测"一带一路"等大规模发展计划带来的经济、公共健康和环境风险，特别关注中国—中亚—西亚经济走廊的变化情况。在疫情影响下，一些共建"一带一路"国家可能产生过度依赖中国、"鸡蛋放在一个篮子里"的疑虑，这将加速中西方对"一带一路"国家影响力的争夺,以非洲为例,欧盟出台新对非战略文件,希望与非洲建立现代化的、面向未来的新伙伴关系,直指中国竞争对手。这些情况都对我"一带一路"建设带来新挑战。

总之,疫情对"一带一路"的冲击是全面、深刻、持久的。我们对此要有充分思想和工作准备。

三、"一带一路"新机遇

疫情暴发后,"一带一路"沿线国家给予中国大力支持,证明我们建设"一带一路"的方向十分正确;经济受冲击的国家多是原来改革开放的主要贸易、投资伙伴,尤其是供应链、产业链依赖中国的发达经济体,其中如美国试图推进与中国脱钩,减少对华依赖,这反过来提示"一带一路"设计、布局的合理性。

中国富裕抗疫物资、产能,以及中国丰富的抗疫经验,是开展"一带一路"沿线国家卫生援助的底气。抗疫的中国方案和中国智慧,体现在:一是新型举国体制;二是预防—联控机制;三是社区服务机制;四是科技合作与数据分享机制:新冠肺炎的药物疫苗和检测试剂研发攻关,推出新冠肺炎药物治疗"中国方案",为全球抗疫贡献中国智慧和中国力量;五是舆论管控机制;六是国际合作机制。

疫情客观上催促推动健康丝绸之路建设,实现各种区域性的、全球层面上的公共卫生治理机制的联动。要创新合作机制,解决资金问题,强化"一带一路"沿线国家应对危机的能力。如何确保海外中国人的公共卫生安全?疫情也催促我们建设公共卫生援助节点——健康驿站,完善健康丝绸之路布局。当前,抗病毒药物及疫苗研发的国际合作与竞争同时如火如荼地进行,全球公共卫生治理制高点的争夺加剧。"一带一路"公共卫生合作机制既要着眼于公共卫生安全,也要着眼于国际话语权建设和卫生科技制高点争夺。

以前谈到"合作"主要是指经济合作、互利共赢,现在更多是强调共同应对全球挑战,包括抗击疫情、维持全球供应链的稳定、推动经济恢复等。这充分证明,"一带一路"国际合作是问题驱动、与时俱进的。疫情反衬健康丝绸之路、数字丝绸之路建设的前瞻性、必要性和紧迫性。中国已经向122个"一带一路"合作伙伴提供抗疫援助,向34个国家派出医疗队,毫无保留同各国全面分享防控和诊疗经验。中欧班列 2020 年开行数量和发货量同比上升 50% 和 56%，累计运送防疫物资达 7.6 万吨，成为各国携手抗击疫情的"生命通道"和"命运纽带"。正如习近平主席所说："危和机总是同生并存的，克服了危即是机。"我们要抓住此次疫情带来的各种新业态、新模式，加强 5G、大数据、人工智能、云计算等领域合作，加快共建"数字丝绸之路"。中国将继续同联合国发展机构合力推动全球可持续发展，共同创建"绿色丝绸之路"，让各国在恢复经济的同时实现转型升级，共享高质量发展。

疫情印证了"一带一路"国家成为我国际影响力的根基。新冠肺炎疫情发生之后，很多"一带一路"合作伙伴在政治、物资等各个方面向中方提供了积极的支持和帮助，也都以不同方式表明同中方继续加强"一带一路"合作的态度。中国也在力所能及范围之内向"一带一路"沿线国家提供了急需医疗物资援助，比如巴基斯坦等。帮助是相互的，体现了"一带一路"的生命力和活力。

"一带一路"建设前景光明：贸易韧性十足，金融支持和数字化转型加速推动。2020 年，尽管一季度外贸进出口整体呈下降态势，但我国对"一带一路"沿线国家外贸进出口保持增长，高出全国整体增速 11.4 个百分点，占我国外贸总值的 31.7%，比重首超 3 成。东盟在第一季度成为我国第一大贸易伙伴，进出口总计 9913.4 亿元，增长 6.1%，占我国外贸总值的 15.1%。

共建"一带一路"提出了全球治理变革的新方案，为完善全球治理体系变革拓展了新实践。新冠肺炎疫情或将导致"逆全球化"倾向加剧，经济全球化遭遇更强逆风和回头浪，单边主义、保护主义更加肆无忌惮，各国技术性贸易壁垒、检验检疫措施进一步加强。

高质量共建"一带一路"项目和企业获开发性金融支持。商务部、国家开发银行联合印发《关于应对新冠肺炎疫情发挥开发性金融作用支持高质量共建"一带一路"的工作通知》，对受疫情影响的高质量共建"一带一路"项目和企业给予开发性金融支持。对于符合条件的高质量共建"一带一路"项目和企业，国家开发银行通过提供低成本融资、外汇专项流动资金贷款，合理设置还款宽限期，开辟信贷"绿色通道"和提供多样化本外币融资服务等方式给予支持，保证"一带一路"高质量发展。

数字化"一带一路"的步伐正加快。由于私营部门和外国企业的更多参与，以及"一带一路"与全球供应链的紧密结合，其活动质量长远而言会持续改善。从信息与通信技术企业到电商平台，包括华为、阿里巴巴和腾讯在内的诸多企业，在数字化新丝路中的机遇众多。这将是本土科技公司在中国以外地区，特别是在"一带一路"地区竞争市场份额的天然机会。中国的医疗科技行业同样可能在海外觅得商机。过去几个月，中国在线医生咨询平台咨询量激增。考虑到许多"一带一路"沿线国家医疗行业的不足，此类技术或许能在国外成功推行。

中欧班列在疫情期间实现逆势上扬。在空海运受限的情况下，2020年中欧班列共计开行1.24万列，同比增长50%，运送113.5万标箱货物，单月开行1000列以上，创下开行总数的历史新高。中欧班列对欧洲抗疫和中欧经贸稳定起到正面带动作用，将有力地抵消所谓"脱钩"的逆流。

电商和5G将在"一带一路"获得大发展的空间。根据国内的经验，疫情期间是电商发展的重要机遇。这种新商业业态在"一带一路"沿线若得到普及，可以形成巨大的市场网络。义乌小商品市场正与电商合作准备建立全球网点，就是虚拟市场与实体市场结合的典型案例。电商、市场网络、5G技术"三合一"，将使"一带一路"跨上"数字丝绸之路"的大台阶。

在"一带一路"沿线国家形成新的产业链。我国是全球制造行业门类最齐全的国家，25%的全球制造业集中于我国。"一带一路"带动中国产业链向沿线国家延伸，中国产业园区成为当地经济增长的亮点，带动东道国的就业、税收和GDP增长的效益明显。大多数国家不会放弃这些收益。中国企业应捕捉沿线国家防疫、复产、复工带来的新商机，对企业"走出去"既要审慎行事，又要优化对沿线国家的投资和产业转移，从市场需求和产业链联结的视角加以重新定位。

公共卫生治理和公共卫生基础设施建设将成为"一带一路"的重要组成部分。沿线发展中国家为多，其抗疫防疫的效率和医护资源能力相对较弱，检测和治疗以及防控能力存在很大的差距。公共卫生治理和基础设施建设将为"一带一路"可持续发展提供重要保障。

中国金融业进入"一带一路"市场的机遇增大。由于无限量化宽松造成美元信用下降趋势，人民币国际化的空间得以扩展。以此为契机，我们可以强化"一带一路"融资能力，摸清"一带一路"贷款、投资、援助和债务的结构和分布，破解"债务陷阱论"。提高透明度和国际合作机制，加大与欧盟、日本、韩国等在"一带一路"沿线国家的"第三方合作"力度，探索中国与欧盟"17+1"投资合作机制。

事实证明，疫情没有逆转"一带一路"合作的势头，反而凸显了"一带一路"合作所具有的强大韧性和旺盛活力。经历风雨，"一带一路"合作的基础必将更加牢固，动力必将更加充沛，前景必将更加广阔。"一带一路"是当前世界经济仅存的增长亮点。

专栏　健康丝绸之路

健康是人类的基本追求之一，也是衡量人类社会发展水平的重要指标。健康丝绸之路建设涉及的领域非常广泛，具体而言指沿线国家和地区，通过在医疗卫生政策、疾病联合防控、医药科技研发、传统医学、人才培养、医疗产业等方面开展广泛深入的沟通、协调与合作，使得"一带一路"沿线国家的整体医疗卫生和健康状况有持续明显的改善和提升。

携手打造"健康丝绸之路"，为共建"一带一路"开辟了新的合作空间。2017年，习近平主席在日内瓦访问世界卫生组织时提出，中国欢迎世界卫生组织积极参与"一带一路"建设，共建"健康丝绸之路"。时任世界卫生组织总干事陈冯富珍回应称，世界卫生组织赞赏中国在全球卫生安全和卫生治理领域的领导能力，愿加强同中方在"一带一路"框架下合作。中国同世卫组织签署《中华人民共和国政府和世界卫生组织关于"一带一路"卫生领域合作的谅解备忘录》，促进与"一带一路"沿线国家等重点合作伙伴开展合作，携手打造"健康丝绸之路"。

携手打造"健康丝绸之路"，也为完善全球公共卫生治理提供了新思路。抗击新冠肺炎疫情的实践再次表明，筑墙于事无补，独善其身是不可能的，各国惟有团结协作，着眼长远，提升全球公共卫生治理水平，才可能在与病毒的战斗中赢得先机。中方从疫情一开始就高度重视国际卫生合作，本着公开、透明、负责任态度，及时向各方通报疫情信息，与世卫组织和有关国家密切合作。中国支持联合国、世卫组织动员国际社会加强政策协调，加大资源投入。与此同时，中国已经宣布向139个国家和世卫组织、非盟提供援助，充分展现了中国人民与世界各国人民加强抗击疫情国际合作、共同打造人类命运共同体的大国担当。

从打造"健康丝绸之路",到打造人类卫生健康共同体,中国愿同全球伙伴携起手来,推动完善全球公共卫生治理,提升卫生健康水平。当此之时,疫情蔓延,警钟在耳,各国必须作出正确抉择,团结再团结,行动再行动,共商共建共享,为生命护航。

第六章

"一带一路"高质量发展新阶段

2019 年 4 月 25 日至 27 日，第二届"一带一路"国际合作高峰论坛在北京成功举行。习近平主席出席第二届"一带一路"国际合作高峰论坛开幕式，并发表题为《齐心开创共建"一带一路"美好未来》的主旨演讲。他强调"要聚焦重点、深耕细作，共同绘制精谨细腻的'工笔画'，推动共建'一带一路'沿着高质量发展方向不断前进"。第二届"一带一路"国际合作高峰论坛进一步完善了高质量共建"一带一路"的理念，明确了下阶段国际合作的方向、重点和目标。当前，以第二届高峰论坛为标志，共建"一带一路"站上了新起点。高峰论坛期间，习近平主席与各国领导人共同擘画了高质量共建"一带一路"的宏伟蓝图，这具有承前启后、继往开来的重大意义，各方将携手绘制具体生动的"工笔画"，推动共建"一带一路"沿着高质量方向不断前进。

第一节　时代背景

2018 年 8 月 27 日，习近平主席出席推进"一带一路"建设工作 5 周年座谈会并发表重要讲话强调，共建"一带一路"顺应了全球治理体系变革的内在要求，彰显了同舟共济、权责共担的命运共同体意识，为完善全球治理体系变革提供了新思路新方案。

一、中国经济进入高质量的新阶段

党的十九大报告中明确指出："我国经济已由高速增长阶段转向高质量发展阶段。"2017 年 12 月，中央经济工作会议强调："中国特色社会主义进入了新时代，我国经济发展也进入了新时代，基本特征就是我国经济已由高速增长阶段转向高质量发展阶段。"这是以习近平同志为核心的党中央根据国际国内环境变化，特别是我国发展条件和发展阶段变化作出的重大判断。

中国经济过去 30 多年的年均增长率接近 10%，GDP 的世界占比由 2.7%

迅速提高到目前的近 15%，创造了世界经济史上的"中国奇迹"。国际金融危机爆发后，世界经济格局不断发生深刻变化，中国经济发展的内在支撑条件和外部需求环境都已今非昔比，这就要求经济增长速度"换挡"。实现经济由高速增长向高质量发展的转变，有以下几个方面的因素。

一是世界经济复苏一波三折，前景不明。国际金融危机以来，世界经济呈现出"总量需求增长缓慢、经济结构深度调整"的特征，使得我国的外部需求出现常态性萎缩。统计数据表明，2008 年以来至 2016 年底，全球经济增长由前 10 年的年均 4.13% 下降为 2.85%，全球贸易增速由年均 11% 大幅下降为 0.21%。虽然根据世界银行的判断，2017 年的世界经济形势已有所好转，各项宏观经济指标有所回升，但复苏的不确定性依然客观存在，这就导致外需对中国经济的拉动作用明显弱化。

二是我国传统人口红利逐渐减少，资源环境约束正在加强。我国的经济增长结构正在发生历史性变化。目前，东部发达地区的劳动力供给短缺情况更加明显，带动外向型经济的传统人口红利正在逐步减弱。与此相对应的是，我国过度依靠投资和外需的经济增长模式，已使得能源、资源、环境的制约影响越来越明显，石油、天然气等重要矿产资源的对外依存度在不断提高，生态环境压力在不断加大，要素的边际供给增量已难以支撑传统的经济高速发展路子。

三是国际创新驱动竞争更为激烈，我国产业结构转型升级任重道远。当前，第三次工业革命正迎面走来，主要发达国家纷纷加快发展战略性新兴产业，力图抢占未来科技创新和产业发展的制高点，这些新挑战倒逼着我国的经济发展方式要加快向创新驱动型转换。但长期以来，我国产业发展方式粗放，而科技创新能力不足，科技与产业的融合力度不够，使得很多产业竞争力不强、核心技术受制于他人。为了改变这种被动状况，我们需要有所为，有所不为，需要主动放慢经济增长速度，为发展高质量型的经济腾出空间、留出时间。

四是我国市场需求结构升级加快，高质量产品供给不足。随着我国居民收入水平不断提高，消费者对高品质农产品、高端制造品和高质量服务的需求更加突出，但国内企业的现有产品供给还不能很好满足需求结构的这一变化，导致越来越多的优质农产品需求、高端制造品需求、高品质服务需求等高端需求转向海外市场。近年来，我国消费者越来越多地到国外采购消费品，到海外留学、旅游、就医，就是国内供给质量不能很好满足国内需求的真实反映。

上述内外条件所发生的深刻变化，使得我国原有主要依靠要素投入、外需拉动、投资拉动、规模扩张的增长模式难以为继，迫切需要转变发展方式、优化经济结构、转换增长动力，要求中国经济必须向追求高质量和高效益增长的模式转变。因此，推动高质量发展，既是保持中国经济持续健康发展的必然要求，也是适应我国经济结构变化和全面建成小康社会、全面建设社会主义现代化国家的必然选择。

按照中央的决策部署，当前和未来一段时期，推动中国经济由高速增长阶段转向高质量发展阶段，需要重点抓好以下几项工作。一是深化供给侧结构性改革。这是实现高质量发展的首要任务。继续推进中国制造向中国创造转变，中国速度向中国质量转变，制造大国向制造强国转变。深化要素市场化配置改革，大力培育新动能，强化科技创新，大力降低实体经济成本。二是激发各类市场主体活力。推动国有资本做强做优做大，加强国有企业党的领导和党的建设，推动国有企业完善现代企业制度，健全公司法人治理结构。支持民营企业发展，加快构建亲清新型政商关系。三是实施乡村振兴战略。健全城乡融合发展体制机制，深化粮食收储制度改革，坚持质量兴农、绿色兴农，农业政策从增产导向转向提质导向。四是深入实施区域协调发展战略。推动实现区域之间的基本公共服务均等化，加快实施京津冀协同发展战略，推进长江经济带建设，推动"一带一路"建设。继续推进西部大开发，加快东北等老工业基地振兴，推动中部地区崛起，支持东部地区率先推动高质量发展。五是推动形成全面开放新格局。要求有序放宽市场准入，促进贸易平衡，继续推进自由贸易试验区改革试点，有效引导支持对外投资。

二、世界格局处于大发展大变革大调整时期

共建"一带一路"倡议正改变现有国际关系、推动全球治理体系变革，但也面临日趋复杂的国际环境。当今世界正处于大发展大变革大调整时期，以共建"一带一路"为实践平台推动构建人类命运共同体，这是从中国改革开放和长远发展出发提出来的，也符合中华民族历来秉持的天下大同理念，符合中国人怀柔远人、和谐万邦的天下观，占据了国际道义制高点。习近平

主席在推进"一带一路"建设五周年座谈会上强调，共建"一带一路"正在成为我国参与全球开放合作、改善全球经济治理体系、促进全球共同发展繁荣、推动构建人类命运共同体的中国方案。共建"一带一路"不仅是经济合作，而是完善全球发展模式和全球治理、推进经济全球化健康发展的重要途径。

一方面，广大发展中国家加快工业化城镇化、进而实现经济独立和民族振兴正方兴未艾。共建"一带一路"之所以得到广泛支持，反映了各国特别是广大发展中国家对促和平、谋发展的愿望。共建"一带一路"是经济合作倡议，不是搞地缘政治联盟或军事同盟；是开放包容进程，不是要关起门来搞小圈子或者"中国俱乐部"；是不以意识形态划界，不搞零和游戏，只要各国有意愿，我们都欢迎。

另一方面，随着"一带一路"不断取得进展和产生国际影响力，在一定程度上引起了西方某些国家的心态变化。近年来，尤其是在2019年欧洲多国相继与中国签署"一带一路"合作协议、第二届"一带一路"国际合作高峰论坛取得空前成功的背景下，一些国家多次抹黑共建"一带一路"，部分官员、媒体以及智库对"一带一路"的消极与负面反应明显增多。今后一段时间，随着共建"一带一路"进一步走深走实、影响力继续扩大，外部干扰和挑战可能呈上升趋势。

共建"一带一路"已成为具有广泛国际影响力的倡议，但推动其向高质量发展转变任重道远。我们要具备战略眼光，树立全球视野，既要有风险忧患意识，又要有历史机遇意识，努力在这场百年未有之大变局中把握航向。

三、共建"一带一路"取得积极进展

经过多年的不懈努力，共建"一带一路"倡议已完成了夯基垒台、立柱架梁的阶段，转入落地生根、开花结果的高质量发展阶段。在国际上保护主义、单边主义抬头的大背景下，各方普遍认同"一带一路"共商共建共享理念，对"一带一路"的支持是主流，合作是主基调，机遇是主旋律。各方发展战略和发展规划的对接正走深走实，各领域务实合作扎实推进，双边、三边和多边合作相辅相成，高质量共建"一带一路"具备了坚实的合作基础。中国经济正迈向高质量发展阶段，中国对外开放的大门越开越大，为各国参与"一带一路"合作、对接中国大市场创造了广阔空间，成果超出预期。

一是"一带一路"倡议同各方发展规划和政策对接不断展开。在全球层面,"一带一路"倡议同联合国2030年可持续发展议程有效对接,形成了促进全球共同发展的政策合力。在区域层面,"一带一路"倡议与东盟互联互通总体规划、非盟2063年议程、欧亚经济联盟、欧盟欧亚互联互通战略等区域发展规划和合作倡议有效对接,形成了促进互联互通、支持区域经济一体化进程的合力,日前习近平主席访问法国期间,中法双方同意以第三方市场合作方式共建"一带一路",并签署了第三方市场合作第三批示范项目清单。

二是共建"一带一路"带动全球互联互通不断加强。"一带一路"倡议倡导的共商共建共享原则,以及政策沟通、设施联通、贸易畅通、资金融通、民心相通的"五通"理念,有力促进了全球互联互通合作。在共建"一带一路"框架内,以"六廊六路多国多港"合作为主线的硬联通国际合作不断深入,包括政策和规则标准对接在内的软联通合作不断加强。中欧班列、陆海新通道等大通道建设成效显著,跨国经济走廊合作日益深化,铁路、港口、公路、管网等基础设施项目合作稳步推进,经贸合作园区建设不断取得积极进展。

三是共建"一带一路"国际合作平台不断完善。"一带一路"国际合作高峰论坛是"一带一路"框架下最高规格的国际合作平台,成为各方凝聚共识、规划合作的重要渠道。2018年,"一带一路"国际合作高峰论坛咨询委员会成立,邀请国外知名人士参加,为高峰论坛发展汇聚各方智慧和力量。近年来,中方与有关国家共同努力,在港航、金融、税收、能源、文化、智库、媒体等专业领域建立了一系列多边合作平台,发起了绿色丝绸之路、廉洁丝绸之路等倡议。

四是共建"一带一路"助力沿线国家经济发展和民生改善的成功故事不断涌现。通过参与"一带一路"合作,有的国家建起了第一条高速公路、第一条现代化铁路,有的国家第一次发展起了自己的汽车制造业,有的国家解决了困扰多年的电力紧缺问题。得益于共建"一带一路",世界最大的内陆国哈萨克斯坦在中国连云港找到了太平洋出海口,中哈双方共同建设的物流合作基地成为中亚多国过境运输、仓储物流、往来贸易的国际经济平台。

第二节 理念体系

2019 年 4 月，习近平主席在第二届"一带一路"国际合作高峰论坛开幕式主旨演讲中强调，共建"一带一路"为世界各国发展提供了新机遇，也为中国开放发展开辟了新天地。第二届"一带一路"国际合作高峰论坛是中国 2019 年最重要的主场外交，标志着共建"一带一路"进入新阶段。面向未来，要秉持共商共建共享原则，坚持开放、绿色、廉洁理念，努力实现高标准、惠民生、可持续目标，推动共建"一带一路"沿着高质量发展方向不断前进。

一、顶层设计

第二届"一带一路"国际合作高峰论坛确立了高质量共建"一带一路"的目标。高质量共建"一带一路"的"三个三"是习近平主席面向世界提出的重要理念，反映了共建"一带一路"国家的普遍愿望，勾勒了下一阶段国际合作的蓝图，指明了大家共同努力的目标，丰富和完善了高质量共建"一带一路"理念体系，在国际上引起热烈反响，背后有着深刻的理论基础、实践基础和现实考量。

高质量共建"一带一路"是习近平外交思想的具体体现。推动建设新型国际关系、推动构建人类命运共同体是习近平外交思想的重要内容，是新时代中国外交工作的总目标。共建"一带一路"同建设新型国际关系和构建人类命运共同体一脉相承。丝路精神倡导和平合作、开放包容、互学互鉴、互利共赢，习近平主席提出"一带一路"要建成和平之路、繁荣之路、开放之路、创新之路、文明之路，与建设持久和平、普遍安全、共同繁荣、开放包容、清洁美丽世界的价值体系高度一致，具有严谨的内在逻辑联系。

高质量共建"一带一路"是中国高质量发展和新发展理念的自然延伸。当前，中国在创新、协调、绿色、开放、共享五大发展理念指引下，全面推进改革开放发展进程，大力实施供给侧结构性改革。"三个坚持"理念体系同新发展理念一脉相承。共建"一带一路"体现了中国推进全方位开放格局的决心，而中国高质量发展和开放又为共建"一带一路"提供最强劲动力。

高质量共建"一带一路"是对"一带一路"提出五年多来实践经验的总结。

"一带一路"倡议提出以来，建设方面工作取得了显著成效，有力促进了我国经济社会发展和对外开放，增强了我国国际影响力和感召力；中国成功举办了两届"一带一路"国际合作高峰论坛，在国内外引起巨大反响。两届高峰论坛共形成了500多项具体成果。截至目前，其中绝大部分已完成或可转为常态化工作，其余成果也在有序推进落实。

到目前为止，我国已与140个国家和31个国际组织签署了205份共建"一带一路"合作文件。共建"一带一路"倡议及其核心理念被纳入联合国、二十国集团、亚太经合组织、上合组织等重要国际机制成果文件。"一带一路"倡议持续凝聚国际合作共识，在国际社会形成了共建"一带一路"的良好氛围。

基础设施互联互通建设加快推进，设施联通是"一带一路"建设的核心内容和优先领域。2013年以来，高效畅通的国际大通道加快建设。中老铁路、中泰铁路、匈塞铁路建设稳步推进，雅万高铁全面开工建设。汉班托塔港二期工程竣工，科伦坡港口城项目施工进度过半，比雷埃夫斯港建成重要中转枢纽。中缅原油管道投用，实现了原油通过管道从印度洋进入我国。中俄原油管道复线正式投入使用，中俄东线天然气管道建设按计划推进。

经贸投资合作成效明显，我国与沿线国家的贸易和投资合作不断扩大，形成了互利共赢的良好局面。2020年，我国与沿线国家货物贸易进出口额达1.35万亿美元，增长0.7%；对沿线国家非金融类直接投资达177.9亿美元，增长18.3%。目前，我国与沿线国家已建设80多个境外经贸合作区，为当地创造了30多万个就业岗位。中白工业园等成为双边合作的典范，中国—老挝跨境经济合作区、中哈霍尔果斯国际边境合作中心等一大批合作园区也在加快建设。

民心相通不断深入，实施"丝绸之路"中国政府奖学金。发起成立"一带一路"绿色发展国际联盟倡议。正式开通"一带一路"官方网站，已实现联合国6种官方语言版本同步运行。多层次、多领域的人文交流合作为沿线各国民众友好交往和商贸、文化、教育、旅游等活动带来了便利和机遇，不断推动文明互学互鉴和文化融合创新。

金融服务体系不断完善，通过加强金融合作，促进货币流通和资金融通，为"一带一路"建设创造稳定的融资环境，积极引导各类资本参与实体经济发展和价值链创造，推动世界经济健康发展。截至2019年6月底，我国在7

个沿线国家建立了人民币清算安排。已有 11 家中资银行在 28 个沿线国家设立了 79 家一级机构。

为了让更多的人，更好地了解"一带一路"已经取得的成果，我们将在以下部分对遴选出的案例，进行详细介绍。前行者的经验、教训和建议，将给我们重要的启示。"一带一路"作为中国向国际社会提供的公共产品，得到共建国家和国际社会普遍支持。然而，一些国家政客、智库、媒体等不遗余力地炮制和散布"地缘政治论"、"债务陷阱论"、"环境污染论"等论调，妄图造成负面舆论环境，干扰共建"一带一路"合作。

在第二届高峰论坛上，习近平主席通过"三个坚持"理念做出了正面回应。习近平主席在讲话中多次强调，要倡导多边主义，大家的事大家商量着办，推动各方各施所长、各尽所能，把大家的优势和潜能充分发挥出来。不搞封闭排他的小圈子，把绿色作为底色，推动绿色基础设施建设、绿色投资、绿色金融，保护好人类赖以生存的共同家园。要坚持一切合作都在阳光下运作，共同以零容忍态度打击腐败，愿同各方共建风清气正的丝绸之路。要引入各方普遍支持的规则标准，推动企业在项目建设、运营、采购、招投标等环节按照普遍接受的国际规则标准进行，同时要尊重各国法律法规。要坚持以人民为中心的发展思想，聚焦消除贫困、增加就业、改善民生，让共建"一带一路"成果更好惠及全体人民，同时确保商业和财政上的可持续性。这些阐释有力回应了国际社会的关切，有力反制了攻击抹黑，有力提振了共建"一带一路"国家的信心和决心，得到各方积极评价。"三个坚持"理念是对上述思想的发展和深化，它和推动构建全球互联互通伙伴关系，顺应经济全球化的历史潮流，顺应全球治理体系变革的时代要求，顺应各国人民过上更好日子的强烈愿望，体现了建设新型国际关系和构建人类命运共同体的深刻内涵，是构建人类命运共同体的重要实践。

二、问题挑战

共建"一带一路"重点领域工作取得实质性进展、效果明显，但不均衡现象突出。近年来，中国积极推进沿线国家和地区发展战略对接、规划对接、项目对接，加快基础设施互联互通，大力提升经贸合作水平，扎实推进金融合作，各领域合作都取得显著成绩。在交通、能源、产能合作、经贸园区等领域，一批早起项目已经投产，为当地带来可观的社会经济效应，产生了示范效应。但是个别项目"好大喜功"，脱离市场原则，忽视经济效益，存在一定风险。

"一带一路"合作空间取得突破，初步实现全球布局，但空间布局有待优化。经济走廊建设开局良好，支点港口建设取得显著进展，"六廊六路"、多国多港的空间架构已现雏形。同时，共建"一带一路"已延伸到非洲、拉丁美洲、南太平洋地区，越来越多非洲国家、拉美国家成为共建"一带一路"支持者和参与者，部分发达国家也不断加强在第三方市场合作。但是，随着"面"上迅速扩张，如不能优化布局，可能面临"心有余而力不足"的问题。

共建"一带一路"有力促进了全方位对外开放，有效支撑了中国稳增长、调结构，但对缩小地区差距作用不明显。各省区市以共建"一带一路"为引领，积极强化对外开放平台建设，为对外开放和产业转型升级开创了广阔空间，推动我国开放格局从沿海、沿江向内陆、沿边延伸，形成陆海内外联动、东西双向共济的开放新格局。但相关数据也表明，贸易增长对缩小中国人均GDP 的地区差距具有积极作用，但效果不明显。

面向未来，要聚焦重点、深耕细作，共同绘制精谨细腻的"工笔画"，推动共建"一带一路"沿着高质量发展方向不断前进。高质量共建"一带一路"是一个根本性的思路，不是简单化的一些指标，关乎顶层设计和系统性要求。重点要把握好以下几点：

一是体现共同发展的方向。"一带一路"是大家共同的事业。中国绝不搞单边主义，从不说"中国优先"，而是始终坚持共商共建共享，通过互联互通网络，各施所长、共同发力，把各方的优势转化成共同发展的合力。推动共建"一带一路"沿着高质量发展方向不断前进，需要秉持共商共建共享原则，倡导多边主义，大家的事大家商量着办，推动各方各施所长、各尽所能，通过双边合作、三方合作、多边合作等各种形式，把大家的优势和潜能充分发挥出来，聚沙成塔、积水成渊。

二是坚持以人民为中心的理念。高质量发展的根本目标是满足人民对美好生活的追求。在共建"一带一路"进程中坚持以民生为导向的国际合作，致力于打造更多惠及老百姓切身利益的民生工程。努力实现高标准、惠民生、可持续目标，引入各方普遍支持的规则标准，推动企业在项目建设、运营、采购、招投标等环节按照普遍接受的国际规则标准进行；同时要尊重各国法律法规，聚焦消除贫困、增加就业、改善民生，确保商业和财政上的可持续性，做到善始善终、善作善成。让共建"一带一路"成果更好惠及全体人民，推动共建"一带一路"沿着高质量发展方向不断前进。

三是兼顾各参与方的实际需要。合作要坚持发展视角，符合东道国国情。对一些发展中国家的基础设施建设而言，在坚持高质量、高标准前提下，首先要解决"有没有"的问题，要确保各类基础设施抗风险、可持续、价格合理、广泛受益。特别是在当前世界经济持续低迷的情况下，如果能够使顺周期下形成的巨大产能和建设能力走出去，支持沿线国家推进工业化、现代化和提高基础设施水平的迫切需要，有利于稳定当前世界经济形势。

四是积极对接国际规则和最佳实践。规则标准对接是互联互通的应有之义。中国一贯主张，共建"一带一路"应遵守普遍接受的国际规则标准，对标可持续发展的国际最佳实践，坚持开放、绿色、廉洁理念，让绿色环保成为基本底色、廉洁高效成为必由之路、开放包容成为共同理念。推动绿色基础设施建设、绿色投资、绿色金融，保护好人类赖以生存的共同家园，坚持一切合作都在阳光下运作，共同以零容忍态度打击腐败。

三、重大意义

2018年8月27日，习近平主席在推进"一带一路"建设工作五周年座谈会上的重要讲话标志着高质量共建"一带一路"概念正式提出，这是下一阶段推进共建"一带一路"工作的基本要求。实践证明，"一带一路"倡议顺应了时代潮流，契合各国合作共赢、共同发展的愿望，是习近平主席统筹国内国际两个大局提出的重大国际合作倡议，具有十分重要而深远的意义。回顾过去的合作进展，"一带一路"倡议在以下三方面发挥了积极作用：

一是为国际合作开辟了新方向，传递了信心。当今世界正面临百年未有之大变局，保护主义、单边主义上升，不稳定不确定因素增加。习近平主席指出，中国提出"一带一路"倡议，是新形势下扩大全方位开放的重要举措，也是要致力于使更多国家共享发展机遇和成果。这一重要论述为"一带一路"国际合作指明了方向。"一带一路"倡议的指导原则是共商共建共享，体现的是相互尊重、公平正义、合作共赢的国际合作观，彰显的是对多边主义和开放型世界经济的支持,有利于推动经济全球化朝着更加开放、包容、普惠、平衡、共赢的方向发展。

二是为世界经济增长挖掘了新动力,开辟了新空间。2008年国际金融危机爆发后,寻找新增长点、开启新的世界经济增长周期,成为国际社会面临的共同课题。"一带一路"倡议聚焦发展这个根本性问题,推动全方位互联互通,帮助有关国家打破发展瓶颈、落实联合国2030年可持续发展议程,成为促进世界经济增长的重要途径。世界银行等国际机构最新研究表明,"一带一路"合作将使全球贸易成本降低1.1%～2.2%,推动中国—中亚—西亚经济走廊上的贸易成本降低10.2%,还将促进2019年全球经济增速至少提高0.1%。

三是为各国发展合作搭建了新平台,提供了新机遇。共建"一带一路"促进了各国之间的互联互通,让各国经济联系更加紧密,人文往来更加密切,利益联系纽带更加牢固。在此基础上,各国之间将增进共识,深化合作,实现共同发展。正如习近平主席所说,"一带一路"建设以文明交流超越文明隔阂、文明互鉴超越文明冲突、文明共存超越文明优越,推动各国相互理解、相互尊重、相互信任,是名副其实的和平、合作、共赢之路。

四是为推动建设新型国际关系,注入了新动力。构建人类命运共同体是习近平外交思想的重要内容。共建"一带一路"坚持相互尊重、平等协商、开放包容、互利共赢,坚持共商共建共享的全球治理观,积极推动全球互联互通,体现了构建人类命运共同体和建设新型国际关系的深刻内涵。共建"一带一路"走的是对话而不对抗、结伴而不结盟、互学互鉴的国与国交往新路,支持多边贸易体制,推动经济全球化朝着更加开放、包容、普惠、平衡、共赢的方向发展,是构建人类命运共同体和建设新型国际关系的重要实践平台。

第二届高峰论坛的成功举办,是习近平外交思想的成功实践,生动体现了中国理念、中国倡议的国际感召力和影响力,集中凝聚了世界各国开放发展、合作共赢的共同心声。其重要意义主要有三个方面:

一是旗帜鲜明,奏响构建开放型世界经济主旋律。当前世界经济增长动力不足,保护主义、单边主义上升。在此背景下,高峰论坛为应对全球性挑战汇聚各方共识,发挥各方智慧和力量。商品、资金、技术、人员流通,可以为经济增长提供强劲动力和广阔空间;如果人为阻断江河的流入,再大的海,迟早都有干涸的一天。各方在论坛期间建立的"一带一路"多边对话合作平台,是在以实际行动构建开放型世界经济，践行多边主义的理念。这些再次表明，共建"一带一路"为世界经济增长开辟了新空间，为国际贸易和投资搭建了新平台，为完善全球经济治理拓展了新实践，为增进各国民生福祉作出了新贡献。

二是高屋建瓴，开启共建"一带一路"新阶段。高质量共建"一带一路"是推动世界经济强劲和包容增长的现实需要，是中国经济进入高质量发展阶段的自然延伸，是"一带一路"建设从"大写意"到"工笔画"的必然选择。要以高质量基础设施建设和产业合作为重点，着眼更深入的务实合作、更开放的联动发展、更广泛的互利共赢，解决好金融支撑、投资环境、风险管控、民心相通等关键问题。这标志着共建"一带一路"重心进一步下沉，重点进一步明确，规划将更加科学，着力将更加精准，必将迈上走深走实、行稳致远的新征程。

三是内外联动，助推中国改革开放再出发。"一带一路"同中国的改革开放相辅相成、相互促进。共建"一带一路"体现了中国推进全方位开放格局的决心，而中国改革开放的深化又为共建"一带一路"注入了源源不断的动力。习近平主席在高峰论坛开幕式上宣布，中国将采取一系列重大改革开放举措，包括在更广领域扩大外资市场准入、更大力度加强知识产权保护国际合作、更大规模增加商品和服务进口、更加有效实施国际宏观经济政策协调、更加重视对外开放政策贯彻落实等。这些开放举措，是根据中国改革开放需要作出的自主选择，同时也将为共建"一带一路"和各国共同繁荣提供更多、更大的机遇。

第三节　实现路径

一、成效进展

习近平主席洞察国际大势，结合中国发展和国际合作大局提出高质量共建"一带一路"重大倡议。这是应对各国共同挑战、完善全球经济治理的中国方案。从习近平主席主旨演讲、圆桌峰会联合公报、高峰论坛成果清单三个方面的具体内容来看，第二届"一带一路"国际合作高峰论坛可以总结出六大成果：

一是确立高质量共建"一带一路"目标，指明合作方向。"一带一路"高质量发展写入了圆桌峰会联合公报，成为国际共识。这是共建"一带一路"理念的拓展与升华，将引领各方更好地绘制精谨细腻的"工笔画"，让共建"一带一路"惠及天下，让各国人民普遍受益。

二是构建全球互联互通伙伴关系，推动联动发展。共建"一带一路"关键是互联互通。与会各方同意在伙伴关系引领下，本着多边主义精神，合力推进全方位互联互通，加强各国政策、规则和标准的"软联通"，并继续就共建"一带一路"倡议同各国发展战略有效对接，与区域和国际发展议程相互融合。

三是取得丰硕务实成果，体现互利共赢。作为东道主，中方牵头汇总了各方达成的具体成果，形成了一份 283 项的成果清单，签署了一系列政府间务实合作协议，共同发起并设立多项合作机制等。这些成果体现了时代发展进步的潮流，体现了"一带一路"合作共赢的特色。

四是搭建地方及工商界对接新平台，拓展合作机遇。企业家大会是第二届高峰论坛的创新安排，展现了"一带一路"带来的巨大商机。本届论坛期间还首次举办地方合作分论坛，中国地方政府同有关国家地方政府和企业开展了一系列务实合作，达成了多个具有带动作用的合作项目。

五是完善"一带一路"合作架构，打造支撑体系。本届论坛期间，各方在继续开展双边合作、三方合作的同时，还发起成立 20 多个"一带一路"多边对话合作平台。一个以高峰论坛为引领、各领域多双边合作为支撑的"一带一路"国际合作架构已基本成型。

六是发挥元首外交引领作用，深化双边关系。来华与会的国家均与中国保持着友好关系，都是共建"一带一路"的伙伴。高峰论坛期间，习近平主席为多位外国领导人访华举行国事活动，并举行了数十场密集的双边会见。可以说，举办高峰论坛，既推动了共建"一带一路"，又促进了中国同各国双边关系的发展。

这些实实在在的成果说明，共建"一带一路"的朋友越来越广、伙伴越来越多、合作越来越深入。共建"一带一路"有理念、有机制、有举措，必将行稳致远。高峰论坛汇众智、聚众力，得到广泛支持，将继续为共建"一带一路"、推进中国特色大国外交作出更大贡献。

二、具体路径

（一）以第二届高峰论坛为新起点，携手绘制"工笔画"

习近平主席提出高质量共建"一带一路"，这是推动世界经济强劲和包容增长的现实需要，是中国经济进入高质量发展阶段的自然延伸，是"一带一路"建设从"大写意"到"工笔画"的必然选择。

共建"一带一路"已经完成立柱架梁的总体布局，绘就了一幅气势磅礴的"大写意"。以第二届高峰论坛为标志，共建"一带一路"站上了新起点。高峰论坛期间，习近平主席与各国领导人共同擘画了高质量共建"一带一路"的宏伟蓝图，这具有承前启后、继往开来的重大意义，各方将携手绘制具体生动的"工笔画"，推动共建"一带一路"沿着高质量方向不断前进。

站在新起点上，要积极打造全球互联互通伙伴关系。这是第二届高峰论坛上各方达成的重要共识。共建"一带一路"将以此为指引，努力提升基础设施互联互通水平，建设中欧班列、陆海新通道等国际物流和贸易大通道，发展经贸产业合作园区，推动经济走廊建设提质升级，让更多国家参与全球价值链、产业链、供应链并从中受益。

站在新起点上，要坚持对接普遍接受的国际规则标准和最佳实践。本着政府引导、企业主体、市场运作的原则，推动企业在项目建设、运营、采购、招投标等环节与广泛接受的国际规则标准接轨，确保项目在经济、社会、财政、环境等方面的可持续性，建设绿色之路、廉洁之路、创新之路。在此方面，将充分遵守各国法律法规，使高质量的要求与各国的国情相互结合，切实落地。

站在新起点上，要扎实推进以成果为导向的务实合作。"一带一路"合作不是"清谈馆"，而是行动队。共建"一带一路"将坚持结果导向、行动导向和项目导向，完善和扩充"六廊六路多国多港"务实合作架构，确保已签署的合作文件渗透落实到具体项目中，推进更多符合高质量发展的务实合作项目，打造更多经得起历史考验和人民评说的精品工程。

（二）加强对接合作，落实高质量共建"一带一路"理念

加强基础设施互联互通。习近平主席指出，基础设施是互联互通的基石。

各方要共同努力，加快建设高质量、可持续、抗风险、价格合理、包容可及的基础设施，重视共建"一带一路"在经济、社会、财政、金融和环境方面的可持续性，打造经得起时间检验和人民评说的合作项目。要构建以经济走廊为引领，以大通道和信息高速路为骨架，以铁路、港口、管网等为依托的互联互通网络，更好地实现联动发展。

坚持开放共赢。习近平主席指出，如果人为阻断江河的流入，再大的海，迟早都有干涸的一天。在当前世界经济面临严峻挑战的形势下，更要坚持开放合作，旗帜鲜明地反对保护主义，大力促进贸易投资自由化便利化，推动商品、资金、技术、人员的流通，为世界经济增长提供强劲动力和广阔空间。

聚焦创新驱动。习近平主席指出，创新就是生产力，企业赖之以强，国家赖之以盛。顺应时代潮流，不断深化创新交流合作，推动数字化、网络化、智能化发展，共同探索新技术、新业态、新模式，探寻新的增长动能和发展路径，建设数字丝绸之路、创新丝绸之路。

促进均衡发展。习近平主席指出，发展不平衡是当今世界最大的不平衡。坚持以人民为中心的发展理念，确保共建"一带一路"的成果惠及民生，满足各国人民对美好生活的向往。要将绿色发展和可持续发展理念融入共建"一带一路"项目选择、实施和管理，为发展中国家营造更多发展机遇和空间。

要深化交流互鉴。习近平主席指出，要积极架设不同文明互学互鉴的桥梁，形成多元互动的人文交流格局。深入开展教育、科学、文化、体育等领域人文合作，加强议会、政党、民间组织往来，密切妇女、青年、残疾人等群体交流，形成多元互动的人文交流格局，谱写更多精彩的"丝路故事"。

（三）坚持核心要义，多领域共同发力

高质量共建"一带一路"，需要推动构建全球互联互通伙伴关系。这里面既包括对接各方互联互通倡议和规划，加强政策协调，形成合力，也包括推动具体领域合作，共同构建以经济走廊为引领，以物流贸易大通道和信息高速路为骨架，以铁路、港口、管网等为依托的互联互通网络。这种伙伴关系必须建立在各国互利共赢的基础之上，支持开放型世界经济、反对保护主义，支持多边主义、反对单边主义。"一带一路"目前已经同联合国、东盟、非盟、欧亚经济联盟的发展规划对接，同哈萨克斯坦"光明之路"新经济政策、蒙古"发展之路"、印尼"全球海洋支点战略"等国别倡议对接，以此为基础构建全球互联互通伙伴关系的前景可期。

高质量共建"一带一路"，需要推动各国联动发展。通过基础设施互联互通，可以让更多的"陆锁国"变成"陆联国"，让更多发展中国家更好地融入全球价值链、产业链、供应链并从中受益。中欧班列联通亚欧大陆100多座城市，被誉为连接亚欧各国市场的"钢铁驼队"，下一步将同陆海新通道对接起来。目前，哈萨克斯坦的小麦通过铁海联运抵达东南亚，中国重庆至印尼雅加达的货物专列只需2天就可抵达对方市场，亚的斯亚贝巴—吉布提铁路使两地交通时间从7天压缩为12个小时。这样的成功故事将越来越多。

高质量共建一带一路，需要始终坚持以人民为中心。发展导向、民生导向是高质量共建"一带一路"应有之义。在共建"一带一路"框架下，82个经贸合作区为当地创造近30万个就业岗位，蒙内铁路施工期间当地员工占比超过90%，巴基斯坦解决了全国电力短缺问题，这些都是"一带一路"改善民生福祉的生动体现。第二届高峰论坛期间，各方围绕教育、科技、文化、卫生、智库、民间组织、媒体等领域合作达成一系列成果，无疑将进一步帮助各国改善民生，促进社会发展。

高质量共建"一带一路"，需要继续坚持发展的可持续性。习主席提出要建设绿色丝绸之路，各方将把"绿色"作为共建"一带一路"底色，走绿色、低碳、可持续发展之路。第二届高峰论坛期间，各方就应对气候变化、推动绿色基础设施、绿色金融达成广泛共识，成立"一带一路"绿色发展国际联盟和生态环保大数据服务平台，发起"一带一路"绿色投资原则、绿色照明行动倡议、绿色高效制冷行动倡议，有关金融机构还决定发行绿色债券并发布绿色金融指数。这些成果的落实，将为"一带一路"带来新的勃勃生机。

（四）对接2030年议程，促进国际发展合作

牢牢把握高质量共建"一带一路"的大方向。发展不仅要考虑当下，更要着眼长远。要秉持共商、共建、共享原则，坚持开放、绿色、廉洁理念，努力实现高标准、惠民生、可持续的目标。发布了"一带一路"绿色投资原则、融资指导原则、债务可持续性分析框架，发起了绿色丝绸之路、廉洁丝绸之路倡议，将继续努力把可持续发展的理念贯穿于共建"一带一路"全过程。

推动构建全球互联互通伙伴关系。共建"一带一路"立足于互联互通。各方将致力于构建以经济走廊为引领,以中欧班列、陆海新通道等大通道和信息高速路为骨架,以铁路、港口、管网等为依托的全方位互联互通网络,加快规则标准和人文交流"软联通"。在此过程中,各方将继续发扬互利共赢的伙伴精神,积极对接各方互联互通倡议。大家都是平等的参与者、贡献者和受益者,不能搞所谓的某国优先和零和博弈,更不能把自身发展建立在搞经济霸凌和损害别国利益基础上。

进一步深化各领域务实合作。"一带一路"以行动为导向,讲求一个"实"字。各方将继续本着政府引导、企业主导、市场运作的原则,通过双边、三边和多边合作,建设更多高质量项目,以实实在在的合作成果助力各国可持续发展。在此方面,各方将对接普遍接受的国际规则标准和最佳实践,建设高质量、可持续、抗风险、价格合理、包容可及、广泛受益的基础设施,确保合作项目在经济、财政、社会和环境等方面的可持续性。同时,坚决反对动用国家力量打压国际合作,人为干预企业经营,扭曲全球市场。

继续同联合国发展机构合力推动全球可持续发展。共同推动二十国集团等机制把发展置于全球宏观经济政策协调的突出位置,让落实 2030 年议程成为国际经济合作的主旋律。双方要共促全球互联互通,让更多的陆锁国变成陆联国,更多的发展中国家从全球价值链获益。中国和联合国机构近期在数字经济、空间信息走廊等领域签署合作协议,共同发起"一带一路"绿色发展国际联盟等平台,双方可在此基础上共同建设创新之路和绿色丝绸之路,让新工业革命的机遇惠及广大发展中国家,让绿色成为"一带一路"的底色。

三、前 景 展 望

百尺竿头,更进一步。过去几年共建"一带一路"完成了总体布局,绘就了一幅"大写意",今后要聚焦重点、精雕细琢,共同绘制好精谨细腻的"工笔画"。在保持健康良性发展势头的基础上,推动共建"一带一路"向高质量发展转变,这是下一阶段推进共建"一带一路"工作的基本要求。

要坚持稳中求进工作总基调,贯彻新发展理念,集中力量、整合资源,以基础设施等重大项目建设和产能合作为重点,解决好重大项目、金融支撑、投资环境、风险管控、安全保障等关键问题,形成更多可视性成果,积土成山、积水成渊，推动这项工作不断走深走实。习近平总书记指出，"我们前所未有地靠近世界舞台中心，前所未有地接近实现中华民族伟大复兴的目标，前所未有地具有实现这个目标的能力和信心"。同时清醒地认识到，我们仍处于社会主义初级阶段，"一带一路"建设也处于初级阶段，我们要本着有则改之无则加勉心态，客观、理性看待国内外质疑"一带一路"言论，推动共商共建共享"一带一路"大势，宁静而致远。

要加强党对共建"一带一路"工作的领导。各地区各部门要增强"四个意识"、坚定"四个自信"，主动站在党和国家大局上谋划推动共建"一带一路"工作。推进"一带一路"建设工作领导小组要根据党中央统一部署，发挥牵头抓总作用，协调各地区各部门，明确工作重点，细化工作方案，层层分解任务，加强督促检查，推动有关部署和举措逐项落到实处。各地区要加强共建"一带一路"同京津冀协同发展、长江经济带发展、粤港澳大湾区建设等国家战略对接，促进西部地区、东北地区在更大范围、更高层次上开放，助推内陆沿边地区成为开放前沿，带动形成陆海内外联动、东西双向互济的开放格局。

要在项目建设上下功夫，建立工作机制，完善配套支持，全力推动项目取得积极进展，注意实施雪中送炭、急对方之所急、能够让当地老百姓受益的民生工程。要在开拓市场上下功夫，搭建更多贸易促进平台，引导有实力的企业到沿线国家开展投资合作，发展跨境电子商务等贸易新业态、新模式，注重贸易平衡。要在金融保障上下功夫，加快形成金融支持共建"一带一路"的政策体系，有序推动人民币国际化，引导社会资金共同投入沿线国家基础设施、资源开发等项目，为走出去企业提供外汇资金支持。要推动教育、科技、文化、体育、旅游、卫生、考古等领域交流蓬勃开展，围绕共建"一带一路"开展卓有成效的民生援助。要规范企业投资经营行为，合法合规经营，注意保护环境，履行社会责任，成为共建"一带一路"的形象大使。要高度重视境外风险防范，完善安全风险防范体系，全面提高境外安全保障和应对风险能力。

近代以来，中国解决的是中国问题：民族独立、国家富强；改革开放后着手解决发生在中国的世界问题：脱贫致富。进入新时代，中国越来越在解决人类问题：可持续发展问题，人民对美好生活的向往问题，而"一带一路"

倡议是新时代中国与世界关系的典型标志，正以"和平之路""繁荣之路""开放之路""创新之路""文明之路"这"五路"逐步消除世界"三大赤字"：和平赤字、发展赤字、治理赤字。恐怕还没有哪个倡议能像"一带一路"那样在如此短时间内吸引到如此多国家参与，能引起如此广泛的国际反响。

当今世界正经历百年未有之大变局。新一轮科技和产业革命能量不断释放，全球经济格局和治理体系酝酿新的变革。同时，经济全球化遭遇波折，世界经济增长依然乏力，国际局势不稳定因素突出。在深刻而巨大的变化面前，不少国家在寻找新的发展路径，探索全球经济治理之道。

全球抗疫这场没有硝烟的战争也告诉我们，病毒无国界，人类共命运。病毒是人类的共同敌人，战胜疫情需要各国携手应对、共克时艰。在这个地球村，各国是休戚与共的命运共同体，各国只有通过团结合作、互利共赢才能实现共同发展，才能建设一个持久和平、普遍安全、共同繁荣、开放包容、清洁美丽的世界。

"一带一路"是面对百年未有之大变局而提出的国际合作倡议，不仅承载着古丝绸之路的光荣与梦想，中华民族伟大复兴的百年大计，而且正成为世界各国应对不确定性挑战、实现各自发展战略和追求美好世界秩序的共同探索。展望未来，这是一项事关多方的倡议，需要同心协力；这是一项事关未来的倡议，需要不懈努力；这是一项福泽人类的倡议，需要精心呵护。我们相信，随着时间的推移和各方共同努力，共建"一带一路"一定会走深走实，行稳致远！

习近平主持第二届"一带一路"国际合作
高峰论坛圆桌峰会并致开幕辞（节选）

下　篇

实践篇

自 2013 年"一带一路"倡议提出以来，建设方面工作取得了显著成效，有力促进了我国经济社会发展和对外开放，增强了我国国际影响力和感召力；中国成功举办了两届"一带一路"国际合作高峰论坛，在国内外引起巨大反响。两届高峰论坛共形成了 500 多项具体成果。截至目前，其中绝大部分已完成或可转为常态化工作，其余成果也在有序推进落实。

到目前为止，我国已与 170 多个国家和国际组织签署了共建"一带一路"合作文件。共建"一带一路"倡议及其核心理念被纳入联合国、二十国集团、亚太经合组织、上合组织等重要国际机制成果文件。"一带一路"倡议持续凝聚国际合作共识，在国际社会形成了共建"一带一路"的良好氛围。

基础设施互联互通建设加快推进，设施联通是"一带一路"建设的核心内容和优先领域。6 年来，高效畅通的国际大通道加快建设。中老铁路、中泰铁路、匈塞铁路建设稳步推进，雅万高铁全面开工建设。汉班托塔港二期工程竣工，科伦坡港口城项目施工进度过半，比雷埃夫斯港建成重要中转枢纽。中缅原油管道投用，实现了原油通过管道从印度洋进入我国。中俄原油管道复线正式投入使用，中俄东线天然气管道建设按计划推进。

经贸投资合作成效明显，我国与沿线国家的贸易和投资合作不断扩大，形成了互利共赢的良好局面。今年上半年，我国与沿线国家货物贸易进出口额达 6 050.2 亿美元，增长 18.8%；对沿线国家非金融类直接投资达 74 亿美元，增长 12%。目前，我国与沿线国家已建设 80 多个境外经贸合作区，为当地创造了 30 多万个就业岗位。中白工业园等成为双边合作的典范，中国—老挝跨境经济合作区、中哈霍尔果斯国际边境合作中心等一大批合作园区也在加快建设。

民心相通不断深入，实施"丝绸之路"中国政府奖学金。发起成立"一带一路"绿色发展国际联盟倡议。正式开通"一带一路"官方网站，已实现联合国 6 种官方语言版本同步运行。多层次、多领域的人文交流合作为沿线各国民众友好交往和商贸、文化、教育、旅游等活动带来了便利和机遇，不断推动文明互学互鉴和文化融合创新。

金融服务体系不断完善，通过加强金融合作，促进货币流通和资金融通，为"一带一路"建设创造稳定的融资环境，积极引导各类资本参与实体经济发展和价值链创造，推动世界经济健康发展。截至 2019 年 6 月底，我国在 7 个沿线国家建立了人民币清算安排。已有 11 家中资银行在 28 个沿线国家设立了 79 家一级机构。

为了让更多的人，更好地了解"一带一路"已经取得的成果，我们将在以下部分对遴选出的案例，进行详细介绍。前行者的经验、教训和建议，将给我们重要的启示。

第七章
陆 路 联 通

陆路联通，是"一带一路"中的重要领域，具有非常重要的作用。

第一节　"蒙内铁路"项目

"蒙内铁路"项目，起于肯尼亚的蒙巴萨港，终点是肯尼亚内罗毕市，简称"蒙内铁路"。该项目始建于 2014 年 12 月 12 日，于 2017 年 5 月 31 日开通运营。

图 7.1　"蒙内铁路"开通现场

该项目由中国路桥工程有限责任公司总承包建设。中国路桥坚持"责任引领、奉献至上、诚信基础、创新动力、融合共赢、跨越发展"的项目文化理念，积极践行和落实习近平总书记提出的中非"十大合作计划"，落实国家"三网一化"。创新合作模式，推进转型升级，打造中国品牌的核心竞争力，打造国际化经营生命共同体和利益共同体，为中非携手并进、合作共赢做出更大的贡献。通过铁路建设加快东非区域经济社会发展，造福当地民众的同时，项目已形成一套海外全产业价值链，铁路项目管理的机制体制，为中国铁路"走出去"作出了很大贡献。

一、"蒙内铁路"建设

1. 项目概况

蒙内标轨铁路项目（简称"蒙内铁路"）位于非洲肯尼亚境内，业主为肯尼亚铁路局。由中国路桥工程有限责任公司总承包建设，由铁三院联合当地 APEC 和 EDON 两家监理公司组成联合体共同负责项目监理工作。主线全长 480km，呈东南至西北走向。项目起始于非洲最大的港口蒙巴萨，终点是肯尼亚的内罗毕市，也是肯尼亚的政治、经济、文化中心。"蒙内铁路"为标准轨距 1435mm，Ⅰ级铁路，单线，有砟轨道，主要以货运为主，兼部分客运业务。货车最高行驶速度 80km/h，客车最高行驶速度 120km/h。

"蒙内铁路"是首条采用中国标准、中国技术、中国装备制造和中国管理经验建造的国际干线铁路。项目的建设带动了中国铁路产业"走出去"。该铁路也是肯尼亚近百年来修建的首条现代化铁路，肯尼亚政府和人民寄予了极高的期望。"蒙内铁路"完善了肯尼亚交通运输结构，为肯尼亚过境交通产业带来了巨大市场。

2. 项目推动过程

2009 年 8 月 12 日，中国路桥与肯尼亚铁路公司签署了蒙内铁路 MOU 协议；

2014 年 12 月 12 日，正值肯尼亚独立日，肯方政府将其定为"蒙内铁路"的开工日期。

3. "蒙内铁路"建设的重要意义

（1）"蒙内铁路"是东非铁路网的第一段，承担肯尼亚、乌干达、卢旺达、布隆迪、刚果（金）和南苏丹等 6 国的货物运输任务，促进了东非现代化铁路网的形成和东非地区经济发展，为东非一体化提供基础设施保障。

（2）"蒙内铁路"建设期间，创造了近 3 万个工作岗位，为肯尼亚培训了大量的技术工人，同时推动 GDP 增长 1.5%。项目建成后，完善了肯尼亚蒙巴萨港至首都内罗毕交通运输结构，降低了 40% 的物流成本。同时，增强了肯尼亚的国际地位和影响力，促进了过境交通产业的发展。

（3）"蒙内铁路"是一条采用中国标准、中国技术、中国管理、中国装备建造、中国运营维护的国际干线铁路，由此全方位带动了中国铁路产业链走出国门，为中国铁路进一步"走出去"打开更为广阔的天地。

（4）"蒙内铁路"是中肯乃至中非合作的标志性、突破性、示范性项目，是新时代中非的"友谊之路""合作之路""共赢之路"，意义重大。

标志性体现在两个方面，蒙内项目是中肯全面合作伙伴关系建立后第一个标志性项目，也是国家提出中非"三网一化"合作后第一个标志性项目。突破性也体现在三个龙头作用，即项目是肯尼亚港铁运贸一体化的龙头项目；是中肯产能合作的龙头项目；是新的东非铁路网建设中的龙头项目。"示范性"则表现在项目实施过程中，要适应社会生态、应对安全生态、保护自然生态和塑造媒体生态四个方面。

（5）"蒙内铁路"是当时中国交建最大海外单体项目，带头践行了国家"一带一路"倡议。

（6）"蒙内铁路"为EPC综合性铁路项目，从可行性研制、初步设计、施工图设计、线下工程实施、铺架、站房施工到线上三电工程采购安装、机车车辆供应到最后联调联试，基本涵盖了铁路建设的全过程，是中国交建积累铁路建设经验、培养高端管理人才和锻炼施工队伍的绝好机会，项目的成功建设，进一步提高了中交在铁路全产业链中的竞争优势。

（7）成功交付的"蒙内铁路"项目，树立了良好的信誉，奠定了中国交建在东非乃至非洲以及全球铁路市场的地位，为中国交建的海外市场开辟出了广阔的天地。

4. 既有运输通道状况

作为非洲经济发展的"领头羊"，肯尼亚的国民经济近年来持续保持强劲的上升势头，但落后的交通运输能力，大幅制约了这架经济快车的马力释放。

（1）肯尼亚现有的米轨铁路，已走过了百年的辉煌岁月。设备老化严重，全年运输量已下降至百万吨以下，不到蒙巴萨港吞吐量的2.5%，并且事故频发。肯尼亚政府迫切需要新建一条有序且高效的铁路系统，以提高肯尼亚的整体运输能力，由此提升蒙巴萨港口的竞争力。

（2）"蒙内铁路"项目的建设，是由肯尼亚社会经济的快速发展需求，与落后的交通运输能力之间日益尖锐的矛盾所驱动。新建"蒙内铁路"主要解决东非地区以蒙巴萨港口为主的货物运输，以货运为主、兼顾客运的客货共线铁路。

5. 主要工程量

工程主线全长480千米，全线建筑单体共195 000平方米。

6. 主要工程特点

（1）集融资、设计、建设、装备、运营维护等一体的铁路建设全产业链，对项目的综合管理要求很高。

（2）工程专业接口多，路基、桥涵、房建、轨道、三电、机车车辆、工务、机务各专业接口多，协调难度大。

（3）中交第一次实施海外长干线铁路项目，资源调配周期长、工程施工组织难度大。

（4）应对公共安全、工程安全、环境保护、媒体生态、政治生态、文化融合要求高。

（5）多法人单位共同参与特大型项目，成本控制、税务策划、外账管理、属地化管理等要求高。

7. 人力资源情况

"蒙内铁路"项目，累计创造直接和间接（为供应商、分包商等合作单位创造的）的工作岗位超 45 000 人次。项目高度重视当地雇员的培训和技术转移工作，在项目实施过程中，加强对当地雇员的技术和管理培训，为肯尼亚培养了大量的工程技术和管理人才。

8. 绿色环保理念

"蒙内铁路"项目，坚持"热爱、尊重、顺应、保护"的环境理念，以"制度健全、责任明确、紧密监督"为指导方针，严格遵守当地环保法规，把环保理念融入项目设计、管理和施工各个环节，把项目建设成为"绿色发展之路"。

"蒙内铁路"项目与专业的环评咨询机构进行了深入合作，开展了环境保护和环境影响评价等工作，按照总经理部制订的环境保护和水土保持管理办法、环境影响评价管理办法以及肯尼亚环保法规，对全项目的施工建设进行实时严格管理和监督，每月定期对各标段进行环保检查，监督各项环保措施落实情况，及时纠正和监督不合理行为、规范全线环保管理工作。确保铁路沿线景观、河流水质、植被及动物得到有效保护，为肯尼亚建设了一条资源节约型、环境友好型铁路。

9. 当地元素情况

"蒙内铁路"项目作为大型基建工程，受到肯政府的高度重视并被寄予厚望，希望通过该项目促进当地生产制造和经贸发展，要求项目提高当地采购和工程分包等当地元素的投入。为此，项目总经理部积极践行并倡导将当地元素融入项目。具体原则是，凡是能在肯尼亚市场采购到的材料、设备、机械与服务等，公司都坚持当地采购。通过前期当地元素推介会等途径，收集当地供应商和分包商信息，建立了合作供应商和分包商台账，根据项目管理办法，筛选并不断吸纳优质合作单位参与项目建设，带动当地基建市场活跃发展，增加当地就业岗位，也为项目施工带来了方便。建设期间，与"蒙内铁路"项目合作的当地供应商、分包商、服务商等总数超过了1 200多家。

10. 社会责任情况

积极落实"魂在中华、根在中交、行在海外"的中交海外文化理念，"不断创造更大的经济、社会和人文价值"的企业社会责任，树立境外良好的企业社会形象，通过社区参与、捐资助学、扶贫济困、热心公益，对工程技术人员进行培训，积极推动人力资源属地化管理，为当地创造大量就业机会，培养大量专业技术人才，为当地经济和社会进步作出了重要贡献，获得了当地政府及人民的赞誉，树立了良好的企业形象和品牌信誉。

始终奉行为祖国争光、为企业添彩、为当地谋福的责任理念，坚持履行社会责任、回馈当地人民，充分发挥项目专业优势，为当地居民送福利、解危难，树立了良好的企业形象。

11. 文化建设和对外宣传情况

文化建设是项目建设的重要部分，也是党建工作的重要抓手。项目充分发扬"交融天下，建者无疆"的中交精神，确立了"责任引领、奉献至上、诚信基础、创新动力、融合共赢、跨越发展"的核心文化理念，全面展开内外宣传，定期出版项目简报，成为蒙内项目文化的特色名片，受到广泛关注。与国内外媒体保持紧密联系，央视、新华社、人民日报、香港大公报等知名媒体以及 Daily Nation，Standard 等肯尼亚主流媒体，大量刊发有关蒙内铁路项目正面宣传的新闻，及时向社会通报蒙内铁路的建设情况。

二、"蒙内铁路"运营

"蒙内铁路"运营项目紧紧围绕"打造中国铁路海外新模式、树立铁路运营国际化品牌、实现东非铁路可持续发展"的总目标，坚定不移推进立足

蒙内、拓展内马、覆盖东非三步走战略。当前，运输安全稳定可控，截至
2019 年 7 月 16 日，实现安全生产 777 天。

1. "蒙内铁路" 运营的意义

"蒙内铁路" 作为中国铁路 "走出去" 的一个代表，是中肯乃至中非产
能合作的标志性项目。"蒙内铁路" 不仅是新时期中非的 "友谊之路"，还
是中非 "合作共赢之路" "繁荣发展之路" "生态环保之路"。

"蒙内铁路" 运营的意义，有以下三个层面：

一是从企业角度，中国路桥为 "蒙内铁路" 的建设主体，对于该条铁路
的工况条件、设计理念等要素理解最为深刻，将 "蒙内铁路" 交由中国路桥
运营，一方面能缩短建设期和运营期的磨合过程，有利于快速实现铁路的经
济效益和社会效益；另一方面更有利于中国路桥对铁路全产业链的深度参与。

二是从国家层面，"蒙内铁路" 作为肯尼亚近百年来新建的第一条铁路，
是肯尼亚重要的基础设施，它的成功运营将缩减肯尼亚的物流成本，成为肯
尼亚国家经济发展的 "新引擎"，大大加快了肯尼亚工业化和现代化的进程。
此外，作为东非铁路网的开篇之作，"蒙内铁路" 的成功运营，也坚定了东
非各国加大铁路建设的信心和决心，推进东非地区的互联互通和一体化建设，
促进东非各国经济发展，造福非洲人民。对中国而言，"蒙内铁路" 运营将
是中国标准、中国技术、中国管理系统化 "走出去"，在非洲大地的一项重
要成果，具有极大的开创意义。

三是从社会影响层面，吸取坦赞铁路运营教训，作为 EPC 的承包商，中
国路桥有义务肩负起确保 "蒙内铁路" 长时间平稳运营的使命和责任。事实
证明，只有运营成功，才代表 "蒙内铁路" 真正的成功，才能为中国在肯尼
亚乃至非洲社会的影响作出积极的贡献。

2. "蒙内铁路" 运营项目推动过程

2016 年 4 月 23 日，东非北部走廊峰会，决定选用 "蒙内铁路" EPC 合
同承包商作为运营商。

2016 年 12 月 9 日，经过肯尼亚司法部审批，中国路桥与肯尼亚铁路局共
同签署了运营框架协议，确立中国路桥运营商的地位。

2017 年 5 月 31 日，"蒙内铁路" 项目开始试运营。中国政府代表团和肯
尼亚总统肯雅塔出席通车仪式。

3. "蒙内铁路"运营基本情况

2017 年 5 月 30 日，中国路桥与肯尼亚铁路局签署了为期 10 年的运营维护合同，2017 年 6 月 1 日正式开通客运，2017 年 12 月 1 日开通货运，采用中国铁路行业标准运营管理。目前，"蒙内铁路"运输安全基本平稳有序，截至 2019 年 7 月 18 日，实现安全生产 777 天。

从开通至 2019 年 6 月 30 日，发送旅客 312.89 万人，日均 4402 人，平均上座率 96%，超过设计预期目标。

（1）货物运输

2017 年 12 月 1 日，"蒙内铁路"开始货运试运行，2018 年 1 月 1 日起正式运行，目前日均开行约 7 对货车。

（2）规章制度建设

运营公司结合现阶段运营管理实际，已制定和颁布了 274 个技术规章、98 个管理办法、8 个安全教育办法及 46 项应急预案，安全管理基本规章制度体系已经形成。

4. 运营品牌宣传及技术转移

（1）品牌效应和社会效益逐步扩大

"蒙内铁路"已被英国《每日电讯报》评价，是全球最值得体验的 13 条铁路旅行线路之一，美国有线电视新闻网 (CNN) 评价乘坐"蒙内铁路"列车，是"到肯尼亚最值得做的 20 件事"第 5 位。宣传的具体措施：

一是内罗毕终点站和蒙巴萨终点站已被列为教育示范基地。

二是深入沿线社区、学校与学生的铁路知识和安全宣传。

三是政府组织 2 周年庆典活动，交通部长马查理亚代表肯尼亚政府致辞，对"蒙内铁路"项目给予了充分肯定：标轨客运列车的出色表现，"蒙内铁路"被评为非洲投资最成功的典范，美国媒体报道肯尼亚标轨铁路，称赞标轨铁路是我们这一整代人的成就，感谢中国路桥优秀的运营团队这两年来的辛勤付出和所取得的骄人成绩。

（2）积极主动做好外联外宣工作

公司团队非常重视对外形象宣传，抓好《蒙内铁路》等报刊建设、创建并推广运营公司官方网站；主动联络当地主流媒体，邀请媒体上门采访，主动提供新闻素材，在《旗帜报》《民族报》、NTV（肯尼亚国家电视台）和国内媒体发表正面报道 210 篇，并与之建立了良好合作关系；先后举办走访关爱儿童之家、对外捐资助学、教育基地参观学习等系列企业社会责任活动，对外展示了良好的企业形象。

（3）全力以赴推进技术转移

公司内部，推行肯方员工管理肯方人员的工作机制，晋升优秀员工树立先进典范，选拔使用肯方管理人员，已启用 6 名当地员工担任中层管理职位，现正在面向社会公开招聘肯方部门经理及公司副总经理等岗位管理人员，逐步实现肯方人员管理"蒙内铁路"的属地管理目标。[①]

第二节　"渝新欧"国际铁路联运大通道

"一带一路"陆海联动发展论坛已于 2019 年 6 月 2 日至 4 日在重庆举行。该论坛是一场高层次"一带一路"专题国际研讨活动，旨在落实高峰论坛共识和成果，推动国际陆海贸易新通道建设，助力"一带一路"建设走深走实、行稳致远。

这次论坛在重庆召开，对促进重庆"一带一路"发展是一个良好的机遇，也是宣传重庆的好时机。重庆有两大工程名声很响，"渝新欧"国际铁路联运大通道和"陆海新通道"。

"渝新欧"国际铁路联运大通道，是指利用南线欧亚大陆桥这条国际铁路通道，从重庆出发，经西安、兰州、乌鲁木齐，向西过北疆铁路，到达边境口岸阿拉山口，进入哈萨克斯坦，再经俄罗斯、白俄罗斯、波兰，至德国的杜伊斯堡，全长 11 179 千米；沿途经六个国家铁路、海关部门共同协调，建立的铁路运输通道。2016 年上半年，新增满洲里和霍尔果斯口岸。

"渝新欧"名称来源于沿线中国、俄罗斯、哈萨克斯坦、白俄罗斯、波兰、德国六个国家铁路、海关部门共同商定。"渝"指重庆，"新"指新疆阿拉山口，"欧"指欧洲，统称"渝新欧"。重庆出发的货物，通过"渝新欧"铁路线运输，沿途通关监管互认，信息共享，运输全程只需一次申报，一次查验，一次放行。

截至 2016 年 6 月，据国家海关统计，重庆市开出的"渝新欧"班列班次

---

① 材料由中国路桥轨道交通事业部提供.

数量占全国中欧班列数量的 45% 左右，其货值占所有从新疆阿拉山口出境的中欧班列货值总量的 85%。2017 年 3 月 23 日，中欧（重庆）班列开行 6 年后突破 1 000 列，成为中国首个突破千列的中欧班列。

"渝新欧"班列在货运的数量与质量方面均处于全国领先地位，是我国西部开行时间最早、开行数量最多、带动性最强的中欧班列。自 2011 年 1 月 28 日开通以来，截至 2018 年底，"渝新欧"累计开行超 3000 班，位居全国之首。

一、开行公共固定班列

"渝新欧"班列开通之初主要服务 IT 单一客户，以专列形式有货才开。随着货量的增加，开行频率和准点率得到提升；在重庆市积极协调下，实现了专列向公共班列的转变，发展到服务于全社会和沿线城市的公共固定班列。开行时间从 16—18 天缩短至 11—13 天。进出境口岸也由单一的阿拉山口延伸至霍尔果斯、满洲里、二连浩特等多个口岸。

二、货源品类及大客户呈多样化

班列最初服务重庆 IT 基地的电子智能终端产品，目前已发展到服务社会更广大的生产和贸易企业，目前货源拓展到汽车整车及零配件、机械产品、咖啡豆、工艺工业用品和日用品。主要大客户及货代企业也呈多样化，有惠普、宏碁、华硕、长安福特、华为、中兴、力帆、后谷等品牌企业，以及全球物流、丹马士等国际物流企业。

三、形成"1+N"辐射分拨体系

在重庆到德国杜伊斯堡为主线的基础上，形成"1+N"的辐射分拨体系（"1"即主线，"N"根据客户需要选择沿线国家作为集结点和分拨点）。目前，去回程已开通西南、华东、华南、中亚、中欧、东欧、南欧等 30 多个集结分拨点。进出境口岸也由阿拉山口扩展到霍尔果斯、满洲里、二连浩特等。

四、创新推动多项工作发展

一是推动"渝新欧"班列运输国际邮件。促成国际铁路合作组织修订废除《国际铁路货物联运协定》中，禁止跨境铁路运输邮政专用品的条款，并开展多次"渝新欧"全程运邮测试，实现了中国 60 多年来的首趟国际邮包铁路运输，并推动常态化运行。

二是打造安智贸升级版"关铁通"。配合海关总署率先在"渝新欧"班列上使用"关铁通"项目，提升"渝新欧"班列在海外的过境通关效率，目前已成功开展了中国至哈萨克斯坦去程和回程测试。

三是试运行铁空联运、运输药品和进口木材等。为进一步拓展"渝新欧"综合服务功能。"渝新欧"班列运行稳定、功能快捷，已多次试运行"渝新欧 +4 小时航空"，将欧洲产品通过"渝新欧"运输至重庆，再通过航空运输至 4 小时航空范围内的新加坡及东南亚。同时，重庆市还在"渝新欧"班列上率先进口欧洲药品和俄罗斯木材等。

五、推动完善内陆国际物流枢纽建设

随着"渝新欧"班列的常态运营，重庆市先后争取获批了国家铁路一类口岸、进口整车口岸，以及中新战略性互联互通示范项目、跨境电子商务综合试验区和自由贸易区等一系列重大政策的落地，实现长江上游航运中心向内陆国际物流枢纽的转变，形成航空、铁路、内河港 3 个交通枢纽、3 个国家一类开放口岸、3 个保税监管区"三个三合一"的开放平台和自由贸易区。

六、推动地方对外合作上升为国家政策

"渝新欧"班列稳定运行后，先后多次得到了包括习近平主席、李克强总理等国家领导人及相关部门的高度肯定。近年来，尤其是随着"一带一路"和长江经济带的建设推进，以"渝新欧"为代表的中欧班列，已成为我国推进"一带一路"建设的重要抓手，也成为深化与沿线国家务实合作的重要平台。①②③④⑤⑥⑦

① 重庆市人民政府关于《加快长江上游航运中心建设的实施意见》. 重庆市政府信息公开门户网.
② 重庆市人民政府关于《印发重庆市国民经济和社会发展 第十三个五年规划纲要的通知》. 重庆市政府信息公开门户网.
③ 重庆渝新欧线路新增两口岸 对中东欧辐射力增强. 重庆两江新区官网.
④ 【专题】渝新欧的崛起. 华龙网.
⑤ 访谈："渝新欧"国际铁路大通道. 中华人民共和国重庆海关.
⑥ 渝新欧班列开行次数占中欧班列 45%. 人民网.
⑦ 材料由重庆市政府口岸物流办公室提供.

第三节　"陆海新通道"建设

2018 年 11 月 12 日，由中国与新加坡两国政府合作的中新（重庆）战略性互联互通示范项目——"南向通道"，正式更名为"国际陆海贸易新通道"（简称陆海新通道）。

"国际陆海贸易新通道"是一条依托多式联运并多面向的经济通道，发挥着桥梁作用，衔接"一带一路"中的"丝绸之路经济带"与"21 世纪海上丝绸之路"。采用的是铁海联运，为中国西部开辟了一条最便捷的出海物流大通道，让沿线省市"朋友圈"不断扩大，货物出海时间大大缩短。"陆海新通道"是一个容纳各类市场要素的巨大平台。

2017 年 9 月，习近平主席与李显龙总理会晤时指出，"一带一路"倡议是当前两国合作重点，希望双方建设好中新（重庆）战略性互联互通示范项目，并在地区层面带动其他国家共同参与国际陆海贸易新通道建设。2017 年以来，重庆坚持在"一带一路"框架下推进"陆海新通道"建设，依托中新互联互通项目三级合作机制，联合西部地区和新加坡等东盟国家，通过区域联动、国际合作共同打造这条具有多重经济效应的重要战略性通道。

一、"陆海新通道"基本情况

"陆海新通道"建设以重庆和新加坡为"双枢纽"，以广西北部湾港口作为国际陆海联通的重要交汇点，并以相关西部省区中心城市和交通枢纽为重要节点、沿海沿边口岸为通道门户，通过铁路、水运、公路等多种物流组织方式的高效联动，形成纵贯西北西南、联通我国西部与东盟国家（地区）的陆海通道主轴，实现与中欧、中亚等国际通道的有机衔接，形成"一带一路"经中国西部地区的完整环线，构建联通全球的互联互通网络。

"陆海新通道"目前有国际铁海联运通道、国际铁路联运通道、跨境公路通道等三条主通道。三条主通道结合各自的经济技术特征发挥优势，形成中新"陆海新通道"国际物流大通道体系。

1. 国际铁海联运通道

由重庆、广西、甘肃、贵州、云南等地城市出发，可通过多条铁路到达广西防城港或钦州港，转海运到新加坡或中国香港等国际海港，通达全球各地。以重庆为例，依托国内铁路和国际海运大通道，从重庆铁路口岸出发，利用铁路运输方式，经贵阳至广西钦州港口，海运至新加坡及东盟，进而连通国际海运网络，辐射"21世纪海上丝绸之路"沿线国家及地区。2017年开通，从重庆团结村出发，利用铁路运输，经川黔、黔桂、湘桂铁路运输，具体是由重庆团结村—珞璜—遵义—贵阳—麻尾—怀远—柳州—南宁—广西钦州港，海运至新加坡等东盟各港口，国内段铁路运输时间约48小时、运输距离1 410公里。货物由重庆至东盟各港口需7～10天。目的地覆盖全球6大洲中80个国家的189个港口。

2. 国际铁路联运通道

由重庆、广西、甘肃、贵州、云南、四川等地主要城市出发，利用中国中西部地区铁路干线，经由广西、云南等边境口岸，与中越铁路以及在建的中老、中泰等泛亚铁路衔接，形成我国西部地区至东盟或南亚的南向国际铁路联运网络。以重庆为例，国际铁路联运主要包括三条运输线路：东线（重庆—广西凭祥—越南河内）为既有铁路，全长1 560千米；中线（重庆—云南玉溪—云南磨憨—老挝万象）全长1 730公里，其中中老铁路（云南玉溪—老挝万象）为在建铁路，全长923公里；西线（重庆—云南瑞丽—缅甸皎漂港/泰国曼谷等）铁路尚处于规划中。国际铁路联运（重庆—越南河内）班列2018年3月开行，主要为电子产品及配件。

3. 跨境公路通道

跨境公路通道在中新陆海新通道中起辅助作用，由重庆、广西、甘肃、贵州、云南、四川等主要城市出发，可通过多条高速公路通达东盟和南亚，进出主要集中在广西凭祥、云南磨憨、云南瑞丽等三个边境口岸，服务网络覆盖越南、老挝、缅甸，并从越南延伸至泰国曼谷。公路运输因其可提供"门到门"的服务，运输时间短，中间倒运环节少，较海运和铁路运输可有效提升物流的效率，受到市场的认可。以重庆为例，已经形成东线、东复线、中线、西线、亚欧线以及重庆—新加坡线等6条运输线路。

一是东线（重庆南彭—广西凭祥（或龙邦）—越南河内—越南胡志明市—柬埔寨金边），已于2016年4月开通，到达河内全长1 400公里，单边用时约45个小时，到达柬埔寨金边全长3 400公里，单面用时约148个小时。

二是东复线（重庆南彭—广西钦州港—新加坡），已于2016年6月开通，全长 4 300 公里，单边用时约 240 个小时，整条线路采取陆海联运方式。

三是中线（重庆南彭—云南磨憨—老挝万象—泰国曼谷），已于 2017 年 7 月开通，全长 2 800 公里，单边用时约 98 个小时。

四是西线（重庆南彭—云南瑞丽—缅甸仰光），已于 2018 年 4 月开通，全长 2 700 公里，单边用时 79 小时。

五是亚欧线往返（欧洲—重庆团结村—重庆南彭—越南），已于 2017 年 9 月开通，全长 12 400 公里，单面用时约 20 天，整条线路采取公铁联运方式，标志着东盟班车与"渝新欧班列"的无缝连接。

六是重庆—新加坡线（重庆南彭—广西凭祥—越南—老挝—泰国—马来西亚—新加坡），已于 2018 年 12 月开通，全长约 4 500 公里，单边用时约 7 天，整条线路采取陆运方式。东盟班车形成去程以核心原材料、家用消费品为主，返程以资源型消费品、纺织服饰为主的双向贸易物流态势。

二、目前有关情况

1. 初步建立合作共建机制

2017 年 8 月，渝桂黔陇四地政府（简称四地）签署共建"陆海新通道"框架协议，建立了联席会议机制。2018 年 4 月，四地在渝召开"陆海新通道"建设中方联席会议，四地联合发出《重庆倡议》。2019 年 1 月 7 日，渝黔桂陇青新滇宁八地政府在渝共同签署共建"陆海新通道"合作协议。渝黔桂陇青等地海关（含原检验检疫局）、铁路、人民银行等行业主管部门先后签署了关检、铁路、金融支持"陆海新通道"建设的合作备忘录。同时，重庆和广西合资组建"陆海新通道"铁海联运平台公司，并积极吸纳新加坡、甘肃、贵州物流企业加入，形成了省级政府层面、部门层面、企业层面"1+3+1"的推进工作机制，对西部地区的辐射带动作用不断增强。2019 年 5 月西洽会期间，渝黔桂陇青新滇宁八地政府与陕西省签订了共建合作补充协议，西部已有九省区市加入"陆海新通道"共建合作机制。

2. 筹建运营合作平台

目前，重庆市正按有关要求，与中远海、成都铁路局集团以及传化集团共同推动组建"陆海新通道"运营中心有限公司和重庆国际物流集团，这两个公司作为开放性的平台，将发挥"陆海新通道"衔接"一带一路"的纽带作用和重点项目示范效应，带动西部省（区）市和相关国家协商共建发展"陆海新通道"，提升互利互惠水平。促进经济发展要素和战略资源的互动与协调配置，营造"物流＋贸易＋产业"国际供应链运行环境，使"陆海新通道"成为东西双向互济、区域协调发展和西部地区加快发展的重要载体。

3. 政策相继落地

商务部积极协调相关国家部委给予"陆海新通道"政策支持，统筹各地政府协同开展共建合作，推进与新加坡贸工部签署了"陆海新通道"合作谅解备忘录。外交部积极协助重庆等省区市赴境外开展交流推介活动，推动周边国家参与通道建设；国家发展改革委将"陆海新通道"建设纳入2018年西部大开发重点工作；海关总署出台了支持通道建设的政策措施，并支持中新海关开展关际合作；中国国家铁路公司下属铁路局集团，对铁海联运班列给予双向铁路运价下浮支持。

4. 国际国内影响得到扩大

2019年"两会"期间，重庆市提交了全团建议——将"陆海新通道"明确为国家战略性项目，引起全国人大高度重视，明确由国家发改委主办，商务部、交通运输部、海关总署、国家铁路集团等协办。"陆海新通道"建设纳入了第二届"一带一路"国际合作高峰论坛"基础设施"分论坛相关议题，引起了与会嘉宾的积极关注，扩大了通道的国际影响力。[1][2]

第四节　中国铁建助力陆路联通

——中国铁建助推中国铁路全产业链"走出去"

一、"亚吉铁路"项目

2016年10月5日，由中国铁建等公司承建并运营的亚的斯亚贝巴至吉布提铁路（以下简称"亚吉铁路"），通车仪式在埃塞俄比亚首都亚的斯亚贝

---

① 专家："南向通道"更名显示 陆海新通道与"一带一路"倡议紧密衔接．搜狐网．
② 材料由重庆市政府口岸物流办公室提供．

巴举行。习近平主席特使、国家发改委主任徐绍史、埃塞俄比亚总理海尔马里业姆、吉布提总统盖莱、多哥总统福雷等共同出席。中国铁建通过参与"亚吉铁路"的建设，开创的"亚吉模式"受到广泛关注。

（一）"亚吉铁路"基本情况

"亚吉铁路"是一条从埃塞俄比亚首都亚的斯亚贝巴至吉布提港的新建标准轨铁路，线路横跨埃塞和吉布提两国，参照中国二级铁路标准建设，全长 759 公里，共设置 45 个车站，设计时速 120 公里，项目采用 EPC+F 模式，项目工期自 2012 年 2 月 12 日至 2016 年 9 月 11 日，是非洲首条跨国电气化铁路。中国铁建所属中土集团承建米埃索至吉布提港段，线路全长 430 公里。

图 7.2　亚吉铁路铺轨现场

（二）"亚吉模式"主要内涵

"亚吉模式"主要有两个特征：一是采用中国标准设计、施工、运营，推动了中国铁路"全产业链走出去"；二是通过铁路带动沿线各产业发展，打造了铁路沿线经济带。归结为：建设一条铁路，打造一条经济带；推进产能合作，实现多方共赢；造福当地社会，促进中非合作。

1. 开创了我国铁路"全产业链走出去"的先例

"亚吉铁路"是我国在海外修建的首条集规划、设计、投融资、工程施工、监理咨询、装备出口、运营管理为一体的"全产业链中国化"跨国现代化电气铁路，中国铁建在埃塞俄比亚和吉布提参与建设的系列项目过程中，已成功带动超过 4 亿美元的中国机械装备、通信设备以及建筑材料出口。该项目的成功实施，不仅促进了先进管理经验和技术标准的转移，还为当地培养了一大批铁路工程领域的专业技术人才。中、埃、吉三方在互惠合作的过程中不断加强交流、增进了解、深化友谊，为进一步推动中国铁路"走出去"、中国标准"走出去"塑造了典范，为中非在更广领域、更深层次开展互惠合作奠定了基础。

图 7.3　亚吉铁路全程电气化

2. 打造铁路沿线经济带

为更好发挥"亚吉铁路"的社会经济效益，中国铁建融入当地政府发展战略，以"促进当地工业化、农业现代化、城镇化"为目标，在两国铁路沿线承建了埃塞阿瓦萨工业园、孔博查工业园、阿达玛工业园、德雷达瓦工业园、吉布提多功能港口等一系列配套项目，还投资建设了中土德雷达瓦工业园，帮助当地政府在铁路沿线积极拓展物流仓储园、工业园、农业园、土地开发、城镇建设等项目，将铁路沿线打造成了交通便利、配套齐全、产业多元的经济带。

埃塞政府主导的首个也是规模最大的现代化工业园，由中土公司建设和运营。

图 7.4　埃塞阿瓦萨工业园

3. 促进国际产能合作

近年来，埃塞俄比亚以打造"非洲制造业强国"为目标，致力于实现工业发展和经济结构转型，成为非洲的制造业中心。为与埃塞俄比亚发展战略对接，中土集团以修建"亚吉铁路"为契机，积极参与铁路沿线工业园的投资、建设及土地开发等项目，为当地工业化创造发展条件。截至目前，有大量来自中国、印度、东南亚、欧美等国家的纺织、服装和皮革产业、家居建材业、电子通信业、装备制造业、化工和医药业等领域的公司进驻园区，为当地创造了大量就业岗位，有力促进了国际产能转化和产能合作。

4. 培养大批专业技术人才

在亚吉铁路建设期间，中方企业为埃塞和吉布提创造了近3万个就业岗位，为两国培养了一大批铁路建设领域的专业技术人才。中方联营体在负责铁路运营维护的过程中，还将继续为两国培养更多铁路运营管理方面的技术人才，确保当地运营团队在未来具备独立运营管理铁路的能力。"亚吉模式"让中、埃、吉三方实现了"1+1+1>3"的效应，使埃塞和吉布提政府人民对"中国模式"和"中国标准"充满信心，吉布提总统盖莱曾说："中国是真正关心和支持吉布提发展的国家，中国是吉布提真正可靠的朋友"。

二、莫斯科地铁项目

莫斯科地铁项目，是指莫斯科地铁第三换乘环线西南段项目。位于莫斯科西南部，项目内容包括三个车站（含维尔纳站、米丘林站两个换乘站）的地下主体建设和四段盾构区间。线路总长约 4.6 千米，合同额约 4 亿美元。该项目是由中国铁建完成建设的。2017 年 1 月中铁建竞标成功，项目甲方是莫斯科地铁运营公司，莫斯科工程设计院为总承包商，中国铁建俄罗斯有限公司为施工承包商和设计分包商。

图 7.5　莫斯科地铁项目鸟瞰图

中国铁建股份有限公司（以下简称中国铁建）的前身是中国人民解放军铁道兵，组建于 1948 年 7 月，2008 年 3 月，分别在上海和香港上市。中国铁建在 2018《财富》"世界 500 强企业"中排名第 58 位，在 2019《财富》"中国 500 强企业"中排名第 9 位，在 2018 年 ENR "最大 250 家全球承包商"中排名第 3 位。中国铁建是中国乃至全球最具实力、最具规模的综合建设集团之一，业务涵盖工程承包、勘察设计咨询、房地产开发、投资服务、装备制造、物资物流、金融服务及其他新兴产业。

亚吉铁路动画

图 7.6 中国铁建专门设计生产的盾构机

早在 20 世纪 50 年代初，大量的中国留学生曾到苏联学习地铁修建技术。苏联专家也曾在中国第一条地铁，北京地铁一号线的设计过程中给予了帮助。现在中国企业到俄罗斯修地铁，可以说是"学生"来到"老师"家施工。该项目是整个地铁线路中施工条件最复杂的一段。这也是俄罗斯首次与外国企业签订地铁施工合同。中国铁建通过承建该项目成功将中国的新技术、新经验应用于莫斯科地铁。为提高施工效率，中国铁建专门自主研发、生产了 5 台直径 6.28 米的盾构机，成功应用于该项目，解决了俄罗斯地区极寒条件下盾构施工的难题。这是俄罗斯首次选用中国制造的盾构设备，也是中国盾构设备首次出口欧洲，有力促进了中俄两国在高端装备领域的交流合作。

莫斯科地铁第三换乘环线西南段项目，是中国企业在欧洲承揽实施的首个地铁工程，为当地创造了上千个就业岗位，充分发挥了当地人在施工技术、施工工艺、项目管理等方面的优势。在项目实施中，中国铁建向俄罗斯充分展示了中国企业的施工效率，创造了"12 小时最高掘进 21 米，单日最高掘进 35 米"的施工记录，得到项目业主及总承包商的高度认可。塔斯社、俄罗斯卫星通信社、《俄罗斯报》《消息报》等俄罗斯主流媒体，多次对该项目进行宣传报道。

莫斯科地铁第三换乘环线西南段项目的签约和实施，是中国"一带一路"倡议同俄罗斯欧亚经济联盟战略深入对接的成果，是中俄深化双边合作的结晶。

随着项目的推进，中国铁建与业主的合作关系持续深化，陆续获得了莫斯科地铁第三换乘环线东段盾构施工项目和莫斯科地铁西南线等项目的施工合同。

图 7.7　莫斯科地铁站"中国风"设计效果

　　为致敬中方建设者，俄罗斯政府同意在米丘林地铁站设计中，使用有浓郁"中国风"的设计方案。2019 年 2 月，中国铁建牵头完成了莫斯科地铁 3 个车站的设计，一次性获得莫斯科国家鉴定委员会的批准，这意味着中国公司的设计方案获得了俄罗斯最高设计管理机构的认可。根据这一方案，米丘林站将以"中国风"形象亮相，梅花、云纹、中国红等元素将为"最美地下宫殿"增添中国色彩。[①]

莫斯科地铁项目

---

① 　材料由中国铁建股份有限公司提供.

第八章

海 上 联 通

　　海上联通，是"一带一路"倡议的重要内容之一。海上联通是一个虚拟的路径，是要
建立海上运输通道。

希腊比雷埃夫斯港口合作项目

一、项目概况

比雷埃夫斯港是希腊最大的港口（以下简称"比港"）。比港也是地中海地区第二大集装箱港口，全球排名第 32 位。

比港对于希腊来说至关重要。因为它连接着希腊各岛与希腊大陆，是爱琴海众多希腊岛屿与希腊大陆之间的唯一通道和枢纽，是希腊最大的外贸枢纽港，也是希腊的主要进出口中心，在希腊国民经济发展占据了重要的战略位置。同时，比港南面是地中海，北临巴尔干半岛，港口条件和地理位置优越，更是得天独厚的天然良港和地中海地区最重要的交通枢纽之一，在全球物流链上独具战略地位。如今，比港的主要活动包括广义上的商业活动、旅客服务及运输、船舶服务以及港口周边陆域的开发与利用，等等。

比港也是重要的国际邮轮中心和地中海地区重要的贸易枢纽。更广泛地说，比港是一个国际运输枢纽，每年将为 2 400 多艘各类船舶提供服务。

该项目的由来，还要追溯到 2008 年的金融危机。

2008 年，国际金融危机爆发并迅速席卷全球，随后欧债危机接踵而至。2009 年，希腊整体经济态势不断恶化，在国际金融危机和自身债务危机的双重影响下，希腊各大行业均受到较大冲击，比港也未能幸免。海运业务量持续下滑、装卸费率急剧下降、船舶挂港急速减少，加上港口自身设备老旧、客户流失、管理无序，甚至出现了巨额亏损。解决自身发展困境、加快港口现代化建设成为比港自身发展的迫切需求。而由于港口基础设施投入成本巨大，战略性引入资金则成为比港解决困境的必然选择。因为，仅靠希腊政府及其公共治理结构的投入显然难以实现这一目标。

希腊当时的经济、政治、技术等多重因素也推动该项目，即比港私有化进程。国际金融危机对希腊造成了严重影响。希腊一直在寻求应对方法，以缓解由全球经济衰退造成的财政问题。从 2010 年起，希腊开始求助于国际货币基金组织（IMF），并接受了 IMF 推出的三项救助计划。其中一项贷款条件即是要对希腊一系列的国有企业进行私有化。而曾一度为希腊的经济繁荣带来可观利润的港口，则成了希腊经济变革中的关键部门，筹集到资金并推动其发展，关系到希腊国家的生死存亡。

随着物流行业技术的进步，货主、航运公司对港口的运营效率、设施条件以及专业化要求不断提高，全球港口业均面临着港口设施升级。为满足日益增长的航运需求，加快现代化发展，已成为全球港口业面临的迫切需求。

在上述背景下，结合港口领域改革的迫切需要，以及经济各方面自由化的国际趋势，2014 年，希腊政府同意将包括 PPA(比雷埃夫斯港务局) 在内的若干国有资产私有化。2016 年，一家中国公司——中国远洋海运集团有限公司（以下简称"中远海运"）签署了比港股权转让协议，以 2.805 亿欧元赢得竞标，收购 PPA 51% 的股份，标志着比港私有化完成。

"中远海运"是我国上海的一家大公司，在 50 多个国家与地区拥有共计超过 1 000 家公司与分支机构。截至 2019 年 5 月 31 日，"中远海运"经营船队综合运力 10 434 万载重吨 /1291 艘，排名世界第一。集团全球投资经营码头共有 56 个，其中包括超过 51 个集装箱码头。集团拥有经验丰富的人力资源、高新技术与必要的设备设施，能够提供优质的服务。

图 8.1　比雷埃夫斯港

希腊比雷埃夫斯港口合作项目，就是中国远洋海运集团有限公司与希腊比雷埃夫斯港口合作项目，简称中远海运（比雷埃夫斯）港口项目，也称PPA项目。项目管理团队是中远海运集团成为PPA控股股东后，组建的一支管理和工作团队。希腊泛民主化及经济危机导致企业经营风险、管理难度较大，面对PPA普遍存在的陈旧思想及众多历史遗留问题，在中远海运集团"PPA经营管理委员会"和董事会的指导带领下，PPA项目管理团队全身心投入，通过一系列行之有效、落实到位的举措，顺利平稳地接管了欧洲十大港口之一的比雷埃夫斯港的经营管理，将东方管理智慧植入西方文明发源地，取得了显著业绩。

图 8.2　比港鸟瞰图

二、践行"一带一路"倡议，打造中欧"南通道"—中欧陆海快线

中欧陆海快线从最初的比港到捷克单一线路扩展到奥地利、匈牙利、斯洛伐克等多条线路，班列从单向一班发展为双向对开，每周 14 ～ 16 班，客户从去年同期的 2 家增长到目前的 731 家，发展迅猛。通过中欧陆海快线的建设，为巴尔干乃至中南欧地区国家人民带来便利、性价比高的物流运输服务，造福了当地人民。

国家主席习近平在会见希腊齐普拉斯总理时指出，比港项目是中希合作的龙头，要将比雷埃夫斯港建设为地中海最大的集装箱转运港、海陆联运的桥头堡，成为"一带一路"合作的重要支点，并带动两国广泛领域务实合作。

2017 年 11 月 10 日，雅典商务孔子学院 PPA 教学点开班典礼。这是孔子学院的汉语课堂第一次走出校门，进入参与共建"一带一路"的中资企业。雅典商务孔子学院汉语班开班，开启了历史新篇章，让更多的希腊人学习中文，更好地了解中国，更好地与中远工作人员交流，在打破语言障碍后，管理和生活都会更容易、更美好。让世人见证，中远海运人是如何和希腊当地员工团结一起，把比雷埃夫斯港建设成为真正美丽的共同家园！

比港的建设，在践行"一带一路"倡议中，起着重要的带头作用把比雷埃夫斯港建设成中东欧最大的集装箱中转港，依凭陆海快线，把它建设成为世界货物进入中东欧的南大门，具有重要的意义。

三、秉承"共商、共建、共享"理念

"中远海运"比港项目利润从 312 万欧元增加到 2017 年度盈利 5 180 万欧元；为当地直接创造工作岗位 2 600 个，间接创造岗位 8 000 多个，直接经济贡献 6 亿欧元。雇员工资 3.5 亿欧元，缴纳税金 7 000 万欧元。希腊知名智库"经济与工业研究所"发表报告，深入分析比港项目将对希腊经济产生积极的影响：到 2025 年，比港项目将为希腊财政增收 4.747 亿欧元，创造 3.1 万个就业岗位，提高希腊 GDP0.8 个百分点，报告认为，希腊物流的产值有望从 2015 年的 4 亿欧元增加到 2025 年的 25 亿欧元，比港项目将发挥重要作用。

回顾比港项目建设的历程，有许多值得总结的经验。

2008 年希腊经济危机爆发，希腊各大行业均受到很大的冲击，比雷埃夫斯港也未能幸免，员工不断地被政府削减工资。而这个时候，比雷埃夫斯港又把 2 号、3 号集装箱码头的运营权交给中国公司运营，这使得有些员工很不理解，他们将自身对政府的不满情绪转移到反对中远海运在比港的投资行为上。当时"COSCO GO HOME"的标语随处可见，工人堵门、罢工现象频出，导致工作人员不能正常进入办公大楼工作，在安装 IT 系统的过程中还会被工会工人给撵出来。但是，这种情况很快就改变了，中远海运的管理团队不但平易近人、易于沟通，而且还信守承诺，仅派了 6 名管理人员对公司进行管理。

在接管 PPA 过程中，管理团队秉承中远海运集团"四个一"目标和文化融合理念，强调中希方员工作为一个团队，要互相尊重、互相学习，最终用真诚赢得了当地的理解和支持，深切感受到中方企业互利共融的发展理念。

比港管理团队严格遵守当地法律法规，并严格按照国资委有关投资、招投标规定、中远海运集团"三重一大"管理规定，一切放在阳光下，确保工作中的"公开、公平、公正"。赢得了客户、员工、希腊社群的广泛赞誉和高度评价。

图 8.3　比港公司管理团队

2016 年，《环球时报》曾以"中企投资比港堪称'雪中送炭'创造众多就业岗位"为题，报道集团经营比港，为当地带来的巨大经济效益和社会效应。当地一名航运界人士对《环球时报》记者称，在获得来自中国的投资以前，比雷埃夫斯港的集装箱码头一直面临着效率低下和基础设施陈旧的困境。2008 年，比雷埃夫斯的集装箱吞吐量仅约 43 万标箱。而在 2015 年，这一数字暴增至 316 万标箱，其中 80% 都要归功于"中远海运"集团。

在 PPA 团队的努力下，"中远海运"集团在希腊比雷埃夫斯港的经营上取得了良好的效果，在集装箱业务板块上，已经将码头的吞吐量从接管之初的 67 万 TEU，提升至 2017 年的 415 万 TEU，2018 年达到 720 万 TEU。未来五年内，中远海运将完成对希腊比雷埃夫斯港 3.5 亿欧元投资，将其打造成为地中海最大的集装箱转运港和海陆联运的桥头堡。

PPA 项目作为中远海运集团的重点战略项目，也成为"一带一路"重要项目；"中远海运"人背负历史责任感、使命感，以更高的工作热情、发挥满满正能量，为了祖国、为了中希两国人民的福祉而不懈奋斗！千年古港比雷埃夫斯必将在爱琴海畔再现辉煌！

图 8.4 繁忙的比港码头

四、核心业务量提升

比港集装箱吞吐量从 2010 年的 88 万 TEU，增长到 2017 年的 415 万 TEU，世界排名从 93 位上升到 36 位。

五、精简优化组织架构

港口原管理机构 54 个部室，低效臃肿；精简优化公司组织架构后，进行科学化管理，目前 22 个新部室，大大提高了工作效率，缩减了管理成本。

六、效益快速增长

比港已成为欧洲集装箱吞吐量的第六大港以及地中海地区第二大港，仅次于瓦伦西亚。PPA 股价由 2016 年的最低值 11.40 欧元上涨到 2019 年 5 月

28 日的 23.1 欧元（当日收盘价），充分证明了"中远海运"的工作卓有成效。PPA 的财务报表也同样出色，2017 年比港实现了利润总额 5018 万欧元，同比增加 8.2；EBITDA（息税折旧及摊销前利润）由 2016 年的 2465.7 万欧元，增长至 2018 年的 5 667.8 万欧元。更令人高兴是，自"中远海运"2016 年接管比港以来，从未发生罢工活动。

"中远海运"的战略变革和投资方向都十分正确，在中远海运的管理下，PPA 正在不断走向辉煌，比港的游轮业务也将重获生机。当地经济在 PPA 的拉动下实现了增长，希腊各方都广泛受益。

比雷埃夫斯港作为地中海上的一颗明珠，将不断为希腊人民创造新的福祉和希望，为续写中希友好合作发展新篇章。

该项目得到了希腊政府和老百姓的拥戴和欢迎，"中国—希腊！希腊—中国！我是希腊人！我爱中国！"口号声响彻美丽的爱琴海边。[1]

比雷埃夫斯港

---

① 材料由中国远洋海运集团有限公司提供.

第九章
空 中 联 通

卢森堡航空合作项目

空中联通，是"一带一路"倡议中很重要的联通方式。我们首先联想到了河南郑州与卢森堡航空合作项目。这是由河南民航发展投资有限公司，成功架起的"空中丝绸之路"，"郑州—卢森堡"国际货运航线开通，建起了横跨中欧"双枢纽"的"空中丝绸之路"。

卢货航是欧洲最大的全货运航空公司，在国际上拥有行业内最为先进的货运机队，在欧美拥有领先的市场份额及长期稳定的客户基础。

项目合作开航运营六年来，卢森堡货航主要指标连续稳居郑州机场首位。2018年卢森堡货航在郑三条航线累计执飞航班769班，货运量占郑州机场货邮吞吐总量的25%，占郑州机场国际货运量的39%，全球排名跃居第6位，成为郑州国际航空枢纽建设的龙头，也成为河南对外开放发展的靓丽名片。

图9.1 郑州—卢森堡航线开通

一、基 本 概 况

河南民航发展投资有限公司（以下简称"河南航投"）是经河南省委、省政府批准，于 2011 年 8 月 29 日注册成立的省管国有企业，作为河南省属航空经济投融资平台，主要承担着加快河南民航产业发展、参与国内外航空公司重组合作、引领带动郑州航空港经济综合实验区建设发展的责任使命。是河南省建设郑州—卢森堡"空中丝绸之路"的重要主体单位之一，发展机遇良好、发展基础雄厚、发展势头强劲。企业注册资本金为 60 亿元，以航空运输为首的"七彩航投"产业体系搭建完善，中国南方航空河南航空公司与卢森堡国际货运航空公司合作，"一客一货"让河南航投"两翼俱丰"。同时与立陶宛阿维亚租赁集团合作，成立了阿维亚融资租赁（中国）公司，为"空中丝绸之路"建设提供了有力的金融支撑。

二、"空中丝绸之路"探索与实践

1. 探索航空经济发展

河南是中国第一人口大省，地理上具备承东启西、连南贯北的陆路交通枢纽，存在着巨大的运输市场潜力；航空港经济综合实验区有着国家级战略政策性优势。近年来，河南经济发展取得可喜成绩，经济总量连年位居全国第五，新兴工业大省地位初步确立。然而，在国际国内严峻复杂的经济形势下，河南经济发展仍然面临产业结构调整、经济转型升级的迫切任务。航空经济在全球经济发展中战略作用日益凸显，涵盖航空物流业、高端制造业和现代服务业等先进产业形态，尤其是航空物流业，已成为当今世界一个国家、地区发展高端经济所必需的战略性、基础性产业，它能够改变当地投资贸易环境，也能提升所在城市的综合竞争力。

大力发展航空经济和民航产业，是国家对郑州航空港经济综合实验区发展的战略要求。郑州航空港经济综合实验区的总体发展思路，是"建设大枢纽、发展大物流、培育大产业、塑造大都市"，即通过打造大型航空枢纽，带动航空物流业发展和产业聚集，进而构建现代化航空大都市。航空枢纽建设，是郑州航空港经济综合实验区发展的基础和前提，是航空港建设的重中之重。随着经济全球化，以及中西部地区对外开放不断加快的进程，建设航空枢纽、构建空中交通网络，将其与陆路交通优势紧密衔接，形成全国性综合交通枢纽，对促进河南交通优势的发挥，产业布局的优化具有重要意义。

以航空经济为代表的新经济快速发展，对持续扩大高时效、高质量、高附加值产品和服务的需求，已成为河南省发挥航空经济先行的优势。参与国际产能合作，带动产业转型与升级提供新动能，实现现代航空都市和中原经济核心区的目标。

发展航空经济，参与全球化竞争，更好地利用国际国内两个市场、两种资源。河南发展航空枢纽经济，是立足省情、结合实际、遵循规律、面向未来的战略抉择，打造成为具有国际竞争力的枢纽经济高地。从全球范围看，美国、欧洲等地区，高度关注航空枢纽对经济中心形成的支撑作用。国际性大都市往往既是国际性航空枢纽，也集聚着相关产业链上的领军企业，成为综合性的现代化枢纽经济中心。从国内看，我国交通也从重视网络建设转变为网络和节点并重，国家已将发展航空枢纽经济，列为推动交通及互联网等相关领域提质增效的重点方向，成为提升地区综合实力、培育经济增长新动能的重要途径。

2. 架起"空中丝绸之路"

党的十八届三中全会明确提出，我国将加强"丝绸之路经济带""21世纪海上丝绸之路"的建设，形成全方位开发新格局；支持内陆城市增开国际货运航线，发展多式联运，形成横贯中东西、联结南北对外经济走廊。2014年，河南航投通过收购欧洲最大的全货运航空公司——卢森堡货航35%股权，为河南引进第一家全球性货运航空公司，构建了"以郑州为亚太物流中心、以卢森堡为欧美物流中心，覆盖全球的航空货运网络"的双枢纽合作模式，架起郑州—卢森堡"空中丝绸之路"，打造了"一点连三洲、一线串欧美"的航空网络，实现豫卢双方同频共振发展。2017年6月14日，习近平主席在北京会见卢森堡首相格扎维埃·贝泰尔时强调，要深化双方在"一带一路"建设框架内金融和产能等合作，中方支持建设郑州—卢森堡"空中丝绸之路"。自此，"空中丝绸之路"正式成为国家"一带一路"倡议的重要组成部分，并被刻上了"河南印记"。郑州—卢森堡"空中丝绸之路"的提出，是对"一带一路"倡议的丰富与完善，也是对河南"一带一路"建设的充分认可。

郑州—卢森堡"空中丝绸之路"形成引领中部、服务全国、连通欧亚、辐射全球的空中经济走廊，在"一带一路"建设中发挥着重要支撑作用，对推动内陆地区构建开放型经济新体制，吸引更多国家参与共建"一带一路"，打造全方位对外开放新格局具有重大意义。

加快郑州—卢森堡"空中丝绸之路"建设，是丰富拓展"一带一路"框架体系，全方位、多纬度推进"一带一路"建设的重要支撑；是创新参与"一带一路"建设模式，打造特色优势品牌、形成示范带动效应的重要探索；是促进河南加快对外开放、优化产业结构，在更大范围、更宽领域、更高层次上融入全球经济体系的重大举措。将进一步带动航空偏好型产业向河南快速集聚，促进河南航空枢纽建设和经济转型升级，有力推动河南省打造枢纽型产业集群，形成大枢纽、大物流、大产业、大都市融合发展格局。具体意义如下：

一是在地域空间上强化河南与欧洲等发达地区融合度。"一带一路"倡议提出后，主要参与合作国集中分布在中亚、东南亚、中东欧、北非等地区。郑州—卢森堡"空中丝绸之路"建设的推进，实现了河南省（内陆省）与西欧经济发达地区的直接对接，将改革开放的末梢，变成新时期对方开放的前沿。

二是在产业布局上，凸显航空产业的辐射带动作用。在国际贸易中，航空运输是高价值商品的主要运输方式。据民航局统计，"一带一路"贸易总值中约有 40% 是通过航空运输来完成。以国际枢纽机场为中心而形成的临空经济区、航空港，可以吸引航空偏好型高端制造业在枢纽城市的布局，提升当地产业结构，从而有力地推动经济转型升级。

三是增进人文交流等软联通。"一带一路"建设既要重视以公路、铁路、港口等基础设施建设为代表的硬联通，同时也需注重旅游、教育、健康等人文领域的软联通。郑州—卢森堡"空中丝绸之路"，已将中原文化中心与西欧文化中心紧密联系在一起。

三、"空中丝绸之路"建设亮点

"空中丝绸之路"不仅是郑州和卢森堡两点间的空中通道，而是通过"双枢纽"建设的实施，促进航空物流、跨境电商、国际贸易、人文交流等全方位的合作发展，实现在更大范围、更宽领域、更高层次上融入全球经济体系。为落实国家"一带一路"倡议，探索推动内陆地区开放发展和产业升级的新模式，河南航投着力拓展合作领域，全面加强以政策沟通、设施联通、贸易畅通、资金融通、民心相通为主要内容的交流合作，努力推动"空中丝绸之路"越飞越广。

1. 拓丝路，努力夯实设施联通

互联互通是建设"空中丝绸之路"的首要基础和优先领域，也是河南与"一带一路"沿线国家实现务实合作、互利共赢的重要载体和依托。河南航投以织密织大"空中丝绸之路"航空网络为抓手，努力拓宽河南联接世界对接全球的"空中经济廊道"。

2014年，郑州—卢森堡"空中丝绸之路"开通以来，航班由每周2班加密至每周18班，旺季加开包机达每周23班。通航点由郑州、卢森堡等3个，增加至芝加哥、米兰、亚特兰大、伦敦、吉隆坡、小松、洛杉矶、布达佩斯等16个城市，航线覆盖欧美亚三大洲的24个国家100多个城市。截至2019年6月底，累计为郑州机场贡献国际货运量超50万吨，成为郑州机场货运增长龙头。货运种类也由单一传统轻工业产品，发展到高精尖的精密仪器，活体动物等10余大类200多个品种；累计国际货运量、国际货运航线数、航班数量、国际通航点等四项主要指标，连续五年稳居郑州机场首位。收购当年，卢森堡货航即实现扭亏为盈，5年来累计盈利超4亿美元，其中2018年实现利润2.1亿美元，是成立49年来最佳成绩；从世界排名第9位跃升至第6位。郑州—卢森堡"空中丝绸之路"，已成为河南深度融入全球经济的有效途径，正在打造成为内陆开放高地的靓丽名片。

2. 着力抓好贸易畅通这个关键

贸易畅通是"一带一路"建设的重点内容，也是促进互联互通的关键支撑。河南航投积极推动豫卢两地贸易便利化，促进"空中丝绸之路"向买卖全球迈进，加快亚太物流分拨中心基地打造。依托贯通欧美亚、辐射东中西的航空物流通道，大力发展航空货代业务，2018年1月与卢森堡货航签订货代合作协议，不到一年就发展成为河南本土货代公司龙头；大力推进"新鲜卢森堡"双向跨境E贸易，国内建立线上"航投臻品"网站和线下覆盖全省的O2O直销平台，推动平行进口汽车业务稳步提升，完成南美水果包机合作。2019年4月，完成航投物流卢森堡海外子公司设立，积极布局海外市场，提高海外集货分拨能力与通关效率，降低物流成本、缩短营销环节、改善配送效率，推动更好融入境外流通体系。

3. 积极增添资金融通

资金是经济发展的血脉，融通资金、创新金融产品，可为"空中丝绸之路"建设提供强大的金融支撑。河南航投聚焦航空金融主业，努力搭建完善金融平台，为河南与沿线国家开展民航项目，基础设施合作提供金融服务。成立中原丝路基金，为中原龙浩航空卢森堡中心等，具有良好发展前景的"一带一路"项目，提供有力资金支持。同时，河南航投与立陶宛 AviaAM（阿维亚）租赁集团合作，成立河南第一家本土飞机融资租赁公司。运营两年，机队规模达 19 架，资产规模达到 8.66 亿美元，居全球租赁公司第 64 名，荣膺全球最有影响力的航空金融杂志《航空经济》，为机队颁发了"亚太区年度最佳融资交易奖"。

4. 全力强化政策沟通

政策沟通是沿线国家发展有效对接的过程，可以实现求同存异，互学互鉴，互利共赢。豫卢双方明确了合作的发展目标，确定了以郑州为亚太物流中心、以卢森堡为欧美物流中心的"双枢纽"发展规划。根据规划，双方以构架亚欧"空中大陆桥"为起点，逐步织密织大以双枢纽机场为核心的航线网络，带动物流、人流、资金流等高端要素资源，向枢纽机场集聚；同时，逐步深化在航空运输、国际贸易、文化旅游等方面的全方位合作，促进现代化的高端产业转移与升级，激发双边区域经济增长的内在动力，实现"空中丝路"经济同频共振，民心相通的目的。

5. 坚持抓牢民心相通

民心相通是"空中丝绸之路"行稳致远的社会基础和民意根基，是共建"空中丝绸之路"不可或缺的软动力。河南航投以丰富郑州—卢森堡"双枢纽"发展内涵为依托，加强与卢森堡等欧洲国家政企对接沟通，努力为豫卢两地建立多层次、宽领域的人文交流渠道，促进民心相通常态化、机制化。

推进签证便利业务常态化。2017 年 6 月 13 日，贝泰尔来豫访问期间，河南航投与卢森堡驻华使馆签署了《在河南开展签证便利业务的谅解备忘录》，协议商定卢森堡驻华使馆在郑州为河南及其周边居民提供签证服务。2018 年 4 月 16 日，卢森堡旅游签证（郑州）便捷服务平台在郑东新区揭牌，郑州成为除北京、上海之外，国内第三个能够办理卢森堡签证的城市，拓展了郑州—

卢森堡"空中丝绸之路"合作内涵，为河南省对外开放掀开了新的历史性篇章。一年来，签证便捷服务平台产品不断丰富，为中原人民提供申根商务签证、旅游签证、欧洲夏令营签证、英国探亲签证等多样化服务；逐渐形成签证生态圈，为中原地区的商务来往、出入境旅游打开便利之门。同时也深化了豫卢、豫欧文化交流，推动了旅游业发展，促进了河南文化的国际传播。

搭建豫卢多元化合作平台。借助"空中丝绸之路"建设，豫卢之间不仅实现商品、货物的快速流动，更实现了人员、信息和资金等要素的流动。2017 年、2018 年，"一带一路"经济合作论坛分别在郑州和卢森堡举办，并形成双年交替举办机制；2018 年中卢（郑州—卢森堡）"空中丝绸之路"经贸合作高峰会，卢森堡金融推广署金融推介会及河南省博物院文物赴卢展出等活动相继举行，豫卢两地多元化的开放合作平台逐步建成。

四、"空中丝绸之路"建设思路

习近平主席明确支持建设郑州—卢森堡"空中丝绸之路"，既是对郑州—卢森堡"双枢纽"建设的充分肯定，又是对河南发展临空经济，加快经济转型、升级提出的殷切期望，下一步将不断完善，以中外双支点资源配置、双市场辐射、内外双向联动的系统化整体合作路径。

1. 以"空中丝绸之路"推动豫卢全面深度融合发展

扩大开放，推动经贸交流合作。依托河南自贸试验区、航空港实验区及中国（郑州）跨境电子商务综合试验区等载体平台，开展自由贸易先行先试，在口岸平台建设等多个方面开展制度创新和改革试验；发展壮大电子商务，拓展"跨境电商＋空港＋陆港＋邮政"运营模式，建设双向跨境贸易平台和电商综合运营中心；完善口岸功能，申请建立药品进口口岸，建设国际邮件经传中心，加快形成河南"1+N"功能口岸体系，辐射全球主要经济体的口岸开放新格局；提升通关能力，创新口岸监管方式，建设国际先进水平的国际贸易"单一窗口"，完善综合保税区的保税加工、保税分拨、保税物流等功能，聚焦重点经贸合作领域，构建"优进优出"发展格局。

促进融通，强化金融服务保障。借助卢森堡国际金融中心，加强与欧盟金融领域合作，推进金融业务合作与创新，推动与卢森堡国际银行等欧盟金融机构合作，大力发展租赁业；深化金融服务业开放，吸引国际金融机构在豫设立分支机构，引进大型跨国公司设立财务中心、结算中心；积极发展离岸金融，推动在河南自贸试验区内发展离岸金融业务，吸引欧盟国家央行、主权财富基金和投资者投资境内人民币资产，构建国际化金融服务支撑体系。

沟通民心，深化人文交流合作。搭建合作交流平台，深化与卢森堡等欧洲国家在旅游、文化、教育、人才、科技等领域的合作交流。开展更多常态化签证产品，推动旅游互惠合作，推动成立航空旅游联盟，建成豫卢双向旅游平台，举办中欧旅游年、"中华源"河南系列旅游推广活动；推动教育科技交流合作，加强与卢森堡等欧洲国家地区的人文交流与教育合作，推动河南高校与欧美大学开展中外合作办学等活动，构建中欧人文交流重要门户。

2. 以"双枢纽"战略构建"丝路空网"

"双枢纽"建设成功实施，让河南航投走出去，发展了航空产业。同时也为更多企业走出去提供了可循的路径与合作模式。下一步，河南航投将以深化郑州—卢森堡"双枢纽"合作为基础，着力拓展枢纽航线网络，构建连接世界重要航空枢纽，形成多点支撑的航线网络格局。

密织航空货运网络，吸引更多集疏能力强、联手覆盖范围广阔的货运航空公司，共同开辟和加密货运航线，扩大全货机航班运营规模，构建连接世界主要枢纽机场的空中骨干通道。同时也不断完善航空客运航线网络，积极与国内外知名航空公司对接，全力推进开通郑州—卢森堡客运直飞航线，不断联通国际枢纽节点城市，完善通航点的布局，打造郑州联接世界的客运航空网络。

3. 整合多方资源，组建走出去联合体

河南航投寻找更多航空运输、基础设施建设、物流服务提供商、金融机构等合作伙伴，组成"走出去"联合体，结合多方优质资源，进一步推动"空中丝绸之路"建设。河南航投紧紧抓住航空物流行业为突破口，上延至生产制造企业和地方政府，下扩至具体客户和零售终端，利用产业资本集群优势，形成产业链闭环提升企业利润率。近年来，河南通过大物流带动大产业，而大产业的集聚，最终能够塑造大都市的闭环模式，壮大城市群，带动河南全省经济整体发展，实现富民强省、振兴中原的伟大使命。①②

---

① "空中丝绸之路"：世界若比邻 . 搜狐网 .
② 材料由河南民航发展投资有限公司提供 .

第十章

网 络 联 通

第一节　阿里巴巴助力数字丝绸之路

习近平主席指出，"要坚持创新驱动发展，加强在数字经济、人工智能、纳米技术、量子计算等前沿领域合作，推动大数据、云计算、智慧城市建设，连接成 21 世纪的数字丝绸之路。"

近年来，中国的数字经济发展取得了举世瞩目的成绩。中国数字经济的创新实践，对"一带一路"沿线国家有着巨大的吸引力，有助于帮助广大发展中国家向数字经济转型。

阿里巴巴集团自成立以来，一直秉持"让天下没有难做的生意"的使命，积极建设发展电商平台、普惠金融、智能物流、跨境服务、云计算和大数据等数字时代的新型商业基础设施，推动实施世界电子贸易平台（eWTP）倡议，努力为全球中小微企业、发展中国家和年轻人创造更好的发展机会。

一、助力"一带一路"沿线国家贸易畅通

贸易畅通是共建"一带一路"的重要内容。"丝路电商"的蓬勃兴起，极大释放了沿线国家的发展潜力。1999 年以来，阿里巴巴通过电子商务平台和跨境服务，积极帮助中国和"一带一路"沿线国家的广大中小微企业"买全球、卖全球"，更好地进入全球市场，更好地服务全球消费者。

（一）进口方面

2018 年 11 月 6 日，在首届中国上海国际进口博览会上，阿里巴巴集团宣布了阿里的"大进口计划"，阿里将集合数字经济体的力量，在未来 5 年实现全球 2 000 亿美元的进口总额。

当前，在阿里巴巴电商平台上，"一带一路"沿线国家的商品受到了中国消费者的热烈欢迎，特别是一些国家的特色商品备受青睐。根据天猫国际平台数据，进入中国的"一带一路"沿线国家商品总销售额持续快速增长，2018 年同比增长 120%，与 2017 年同比增速（68%）相比，接近翻倍。

图 10.1　天猫国际在"一带一路"沿线国家商品销售额增速示意图

1. "一带一路"沿线国家特色商品深受中国消费者欢迎

哈萨克斯坦因为地理环境优越、纬度高、光照好、昼夜温差大、适合小麦生长。种植的小麦筋度高、蛋白质含量高。从哈萨克斯坦经由中欧班列"长安号"，运送到达国内加工厂再进行深加工，面粉劲道，适合家庭制作面食、馒头等。在盒马销售的数十个面粉品牌中，哈萨克斯坦面粉颇受中国消费者欢迎。

埃及橙在盒马鲜生属于颇受欢迎的小众产品。埃及 2015 年起对华出口鲜橙，出口量从最初的约 2.4 万吨，提高至 2016 年的 3.7 万吨，到 2017 年更是猛增至 10.1 万吨。从出口额来看，埃及 2017 年对华鲜橙出口额达 8 000 多万美元，同比增长超过 3 倍，成为中国进口鲜橙第三大来源地，仅次于南非和美国。

2. 卢旺达通过跨境电商加入全球数字贸易网络

2018 年 10 月 18 日，阿里巴巴"聚划算"平台"汇聚全球"项目，上线了来自卢旺达的咖啡，号召人们用购买来支持包括卢旺达在内的非洲国家发展。卢旺达咖啡仅一天的成交量就相当于过去一年。

卢旺达总统卡加梅表示："过去，卢旺达农民卖咖啡豆一公斤收入只有 8 美元。卢旺达加入 eWTP 后，通过电商平台把当地优质咖啡卖给中国消费者，农民收入大大提高"。卢旺达农业出口局首席执行官 George William Kayonga 表示："和阿里巴巴的合作，对卢旺达咖农来说，是一个前所未有的机会。他们现在可以向全球的消费者直接销售单品烘焙咖啡。"

（二）出口方面

在阿里巴巴速卖通平台上，2018 年"一带一路"沿线国家买家数占比达

56%，沿线国家消费者创造了 57% 的订单量和 49% 的交易额。跨境电商让质优价美的中国商品，更好地服务于沿线国家的消费者。根据速卖通数据，"一带一路"沿线国家消费者最喜欢购买的中国商品，包括手机、手机配件、汽车用电子设备、时尚珠宝、便携式音视频设备等。

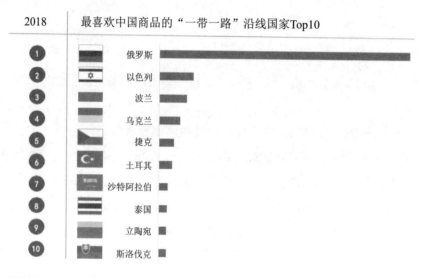

资料来源：全球速卖通（AliExpress）

图 10.2　全球速买通数据图

二、助力"一带一路"沿线国家数字商业基础设施建设

当今社会，已经进入数字经济时代。云计算和大数据、智能物流和普惠金融，正在成为促进"一带一路"沿线国家数字经济社会发展的新型商业基础设施。近些年来，阿里巴巴积极与"一带一路"沿线国家的政府和企业合作，积极帮助建立新型数字商业基础设施，促进各国数字经济、社会民生普惠以及可持续发展。

（一）云计算和大数据

目前，阿里云在新加坡、印度、马来西亚、印度尼西亚、澳大利亚以及中东地区等全球 19 个地域，运营了 56 个可用区。跟随阿里云的全球基础设施布局，中国企业出海脚步也在加速。目前，阿里云已带动超过十万家中国企业规模化出海。

图 10.3　阿里云分布示意图

1.阿里云 ET 城市大脑让吉隆坡交通更通畅

2018 年 1 月 29 日，马来西亚数字经济发展机构（MDEC）和吉隆坡市政厅联合宣布，引入阿里云 ET 城市大脑。人工智能将全面应用到马来西亚交通治理、城市规划、环境保护等领域。其中，包括应用到马来西亚首都吉隆坡281 个道路路口，通过红绿灯动态调节、交通事故检测、应急车辆优先通行，缓解了吉隆坡拥堵的交通状况。救护车和消防车能节省 49% 的通行时间。

未来，马来西亚城市大脑还将成为开放的人工智能平台，MDEC 和阿里云将通过天池平台，为当地科技创新企业和开发者提供技术扶持，培育当地技术社区，激励更多基于城市大脑平台的人工智能应用开发。

2.阿里云数字技术保护非洲大象

2018 年 9 月 19 日，阿里云与肯尼亚旅游与野生动物保护部，共同发布了"肯尼亚野生动物智能保护项目"。阿里云构建了一套对野生动物进行保护的数字化系统，利用 IoT、大数据和 AI 技术，24 小时监测野生动物位置、移动速度、体温等多维度信息。当野生动物可能异常侵入居民区，可能产生疾病时，及时进行救助。利用大数据和 AI 等技术，无人机、红外相机将自动识别进入保护区的是否为盗猎者，并进行预警和巡护人员调度。同时，实时监测、采集保护区内包括天气、生态、动物等信息，用于科学研究、保护区监控、动物习性等各方面分析。

（二）智能物流助力"一带一路"

菜鸟通过与 100 余个海内外合作伙伴的深度合作，已接入遍布全球 250 多个跨境仓，服务覆盖 224 个国家和地区。2015 年菜鸟推出"无忧物流"服务以来，跨境物流时效大幅提升。目前，中国到全球主要城市端到端的物流效率从 70 天缩短到 10 天。

俄罗斯消费者购买中国商品的收货时间，从平均 50 天降到最快 5 天；西班牙消费者购买多数中国商品的收货时间从 26 天降到 3 天。马来西亚 eWTP 试验区的清关时间，已从原来的 1 天优化至 3 小时；仅 2017 年 10 月以来，就累计为小企业节省通关时间约 3 000 万个小时；目前，每月有百万个包裹通过菜鸟平台进出马来西亚。

（三）普惠金融

通过赋能当地合作伙伴，蚂蚁金融帮助当地国家建设普惠的科技金融新商业基础设施。目前，支付宝在线下，已经覆盖到除中国内地以外的 55 个国家和地区，成为全球最大的电子钱包，帮助国人实现"一部手机游遍全球"。在"一带一路"沿线已经帮助当地建立了 9 个本地版"支付宝"，支付宝及其小伙伴们服务到全球超过 10 亿消费者。

支付宝走出去独特的"出海造船"模式是：把底层架构、风控能力等核心技术输出给合作伙伴，帮助合作伙伴培养团队，因地制宜地"授人以渔"，打造出服务各国当地的支付宝。

蚂蚁金服区块链技术帮助提供更好的跨境汇款服务

2018 年 6 月 25 日，全球首个基于区块链的电子钱包跨境汇款服务在香港上线。在港工作 22 年的菲律宾女务工者 Grace，通过香港版"支付宝"AlipayHK，向菲律宾版"支付宝"GCash 完成汇款，整个过程耗时仅 3 秒，一改以往她需要排半天大队、跨境汇款在路上"走太慢"的老问题。

2019 年 1 月 8 日，巴基斯坦人也用上了区块链技术。在马来西亚工作的巴基斯坦人，可以用马来西亚电子钱包 Valyou 向巴基斯坦版"支付宝"Easypaisa 进行区块链跨境汇款了，这也是南亚首次实现区块链跨境汇款。

三、助力"一带一路"沿线国家人文交流和人才培养

民心相通是共建"一带一路"的人文基础。阿里巴巴旗下的飞猪旅行、UC浏览器、阿里影业、阿里音乐、高德地图等，都在积极帮助中国消费者走向全球，增强与当地社会的合作交流，增进中国与各国的经贸和人文往来。

（一）飞猪平台，帮助中国游客前往"一带一路"沿线国家旅游

随着生活水平的提升，选择出国游的人越来越多。2018年选择到"一带一路"沿线国家旅行的中国消费者，比2017年总体增长了44%。随着"一带一路"沿线各国合作的深化，签证便利，支付环境和中文服务环境不断优化等因素加强，2019年中国游客的足迹覆盖了更多"一带一路"沿线国家。

塞尔维亚是第一个对中国游客免签证的中东欧国家。2018年购买塞尔维亚相关旅行产品的人数同比增长200%。黑山有条件免签政策便利了国人赴黑山旅游，2018年购买黑山相关旅行产品的人数同比增长314%。阿尔巴尼亚对中国公民实施旅游旺季免签（4月到10月）。2018年购买阿尔巴尼亚相关旅行产品的人数同比增长413%。中国和白俄罗斯互免签证于2018年8月10日生效。2018年购买白俄罗斯相关旅行产品的人数同比增长101%。

（二）UC浏览器于2009年开始走向国际市场

截至目前已经发布英文、印地语、印尼语、西班牙语、葡萄牙语、越南语、俄语、孟加拉语、阿拉伯语等10个国际语言的版本。UC浏览器在全球拥有4.3亿月活动用户。据StatCounter数据显示，自2015年起，UC浏览器已成为全球最大的第三方移动浏览器。UC通过创新的产品和技术，为用户带来有趣、有价值的多元化内容，服务全球用户，消除数字鸿沟。

（三）人才培养是"一带一路"沿线国家发展数字经济的关键

2017年4月，马云提出B200计划，希望将发展中国家和最不发达国家的中小企业，纳入"世界电子贸易平台倡议（eWTP）"合作框架，承诺阿里巴巴将在未来五年，帮助发展中国家培养1000名年轻创业者。同时，通过与联合国贸易和发展会议(UNCTAD)合作"互联网创业者计划"(eFounders Fellowship)，阿里巴巴集团为发展中国家和最不发达国家的年轻人提供了广阔的发展平台，助力为各自国家的数字经济发展贡献力量。2018年8月，马

云在南非宣布将出资 1 000 万美元，成立"马云非洲青年创业基金"，帮助非洲年轻人实现梦想，让他们抓住普惠式全球化和数字化机会，希望非洲出现 100 个阿里巴巴。

目前，来到阿里巴巴杭州总部，学习中国数字经济创新和发展实践的创业者，已遍布"一带一路"沿线 25 个国家，包括近 300 位创业者和 100 余名政府官员，其中 87 位创业者来自非洲。接受培训的创业者中，有数名先后登上联合国电商周的讲台。

图 10.4　阿里巴巴与联合国贸发会议合作"互联网创业者计划"项目

1. 卢旺达要在非洲复制"淘宝村"

2018 年 1 月 7 日至 10 日，卢旺达政府 9 部门的 12 名负责人，在杭州密集学习阿里巴巴电商生态、电商普惠发展思路、农村淘宝、科技金融、跨境电商、新旅游等内容，实地走访盒马门店、"中国淘宝第一村"临安白牛村，为把中国数字化经验如何嫁接到卢旺达特色寻找答案。卢旺达农业出口发展局首席执行官 George William Kayonga 表示，要把淘宝村模式带回卢旺达，让更多卢旺达人亲眼看到电商的创造力。

2. 国际爱心包裹将送达"一带一路"沿线 11 国

来自熊猫国度的礼物——"国际爱心包裹项目"（Panda Pack Project），为"一带一路"沿线发展中国家的贫困小学生发放爱心包裹，改善孩子们的基本学习和生活条件。"国际爱心包裹"项目的善款，将全部来自阿里巴巴"公益宝贝"计划，2019 年计划发放 20 万个以上爱心包裹。未来 3 年，项目总筹款额预计将超过 1 亿元，100 万儿童会因此受益。首批国际爱心包裹合作伙伴国包括：柬埔寨、埃塞俄比亚、老挝、蒙古国、缅甸、纳米比亚、尼泊尔、巴基斯坦、菲律宾、苏丹和乌干达。

四、助力全球普惠和可持续的数字商业生态建设

2016 年以来，阿里巴巴集团提出了世界电子贸易平台（eWTP）倡议，呼吁顺应当前数字经济飞速发展的时代潮流，更好地帮助中小微企业发展，促进全球普惠贸易和数字经济增长，孵化互联网时代的全球化贸易新规则。这一倡议作为 B20 最重要的一项提议，被写进了当年 G20 领导人杭州峰会公报。

根据 B20 共识，eWTP 作为一项多利益攸关方倡议，将通过市场驱动的公私对话机制／伙伴关系，分享最佳实践，孵化电子贸易新规则，促进电子贸易基础设施建设，为互联网时代的电子商务和数字经济发展创造更加统一、普惠和有效的政策和商业环境。

（一）建立马来西亚数字自由贸易区 eWTP 海外试验区（eHub）

2017 年 3 月，马来西亚政府和阿里巴巴集团签署协议。在吉隆坡联手建设数字自由贸易区（DFTZ），这是中国以外的第一个 eWTP "试验区"（eHub）。eWTP 在吉隆坡落地以来，为马来西亚中小企业提供了机遇，从商机、交易到流通的国际贸易整体解决方案，极大促进了马来西亚的数字商业和数字政务发展。

阿里巴巴集团和马来西亚生态合作伙伴，共同建设一个数字自由贸易区。具体包括：在吉隆坡国际机场打造一个国际超级物流枢纽，为马来西亚中小企业跨境贸易提供物流、仓储、通关、贸易、金融等一系列的供应链设施和商业服务；共同探索跨境电子商务贸易新规则；提供"一站式"的外贸综合服务，帮助东南亚中小企业更方便、高效地参与全球贸易；提供支付和普惠金融服务，促进 B2B 贸易；利用阿里云和大数据技术，支持马来西亚培育本土创业公司，培育和储备数字经济人才等。从 2017 年至今，阿里巴巴商学院已为马来西亚培训超过 15 000 名电商相关从业者。

马来西亚财政部长林冠英表示："eWTP 合作，将在马来西亚塑造东南亚最大的数字贸易枢纽，从而给中小企业带来更多机遇"。马来西亚数字经济发展局首席运营官黄婉冰表示，"eWTP 为马来西亚带来了全球视野和拥抱全球化的能力"。

（二）建立卢旺达 eWTP

2018 年 10 月，阿里巴巴集团和卢旺达政府签署谅解备忘录。卢旺达成为第一个共同建设 eWTP 的非洲国家。阿里巴巴集团将和卢旺达政府合作，帮助卢旺达中小企业向中国消费者销售咖啡、手工品等特色产品，推广卢旺达旅游。同时，双方在卢旺达携手打造物流、支付、通关、数据一体化的数字中枢。此外，阿里巴巴帮助卢旺达培训数字经济人才，2019 年 9 月阿里巴巴商学院将开设首个非洲跨境电商本科班。

（三）建立比利时 eWTP

2018 年 12 月，阿里巴巴集团和比利时联邦政府联合宣布。双方基于 eWTP 达成促进双边贸易的协定，通过构建更具包容性和创新性的贸易平台，为中小企业从事跨境贸易提供更便利和公平的选择。双方将共同建设电子关务平台，普及"秒级通关"，为中小企业"全球买、全球卖"提供高效的"全球运"基础设施。比利时首相米歇尔表示，"通过这一合作，提升比利时和欧洲公司在全球舞台上的竞争力。参与 eWTP 让当地中小企业在数字经济时代参与全球市场，更具竞争性，不仅让比利时小企业和年轻人受益，也辐射到整个欧洲。"

未来，阿里巴巴集团还将持续搭建和完善跨境电商平台，助力"一带一路"沿线国家贸易更自由、更畅通；通过发展云计算和大数据、普惠金融、智能物流网络，助力沿线国家的数字商业基础设施联通；通过助力"一带一路"沿线国家的人文交流和人才培养，助力民心相通；通过共建世界电子贸易平台（eWTP），努力为全球中小微企业创造更好的发展机遇，为全球普惠和可持续发展作出积极贡献。①

第二节　河南保税集团网上丝绸之路

2014 年 5 月 10 日，习近平总书记考察河南保税物流中心时，勉励河南省朝着"买全球、卖全球"的目标迈进。作为河南省"网上丝绸之路"建设单

---

① 材料由阿里研究院提供.

位的河南保税集团，牢记习近平总书记的殷切嘱托，建设郑州跨境电商综试区核心区主体，E贸易核心功能集聚区运营主体，积极参与国家"一带一路"建设，并取得良好成效。

一、基本情况

2013年7月15日至2019年6月30日，河南保税物流中心园区累计进出口3.18亿单，交易额351.66亿元（全国第一），缴纳税款35.95亿元（全国第一）。社会零售额贡献400亿元，物流贡献52万吨，社会消费贡献30亿元，拉动投资500亿元，带动就业5万人次；集聚企业1 400余家，间接服务企业4万余家，累计接待16万余人；业务辐射全球200个国家和地区，服务5000余万终端消费者。

目前，B2B2C（简称1210）监管服务模式已在卢森堡实现复制推广；在波兰、美国、俄罗斯的复制均已进入最后政府审批阶段，下半年计划启动到美国和波兰的出口包裹测试，争取开通郑州（CGO）至美国达拉斯（DFW）货运航线；已完成越南、印度尼西亚、马来西亚、匈牙利等"一带一路"国家及美国一个G20国家的考察调研工作，对接关务合作；2019年底，计划完成在全球3个国家和地区的复制推广。

二、创新经验做法

河南保税集团创新"网购保税进口1210"监管模式，解决了跨境电商领域存在的交易、税收、物流、外汇、征信等方面的难题，在跨境电商领域实现了"一平两网六中心"创新发展，推动监管部门取得"三个一""秒通关"等创新成效，并取得了一批"可复制、可推广"的成熟经验，有力支撑和推动了"一带一路"沿线国家跨境电子商务共建、共享。该模式得到习近平总书记、李克强总理称赞，被WTO、WCO国际组织认可，并作为跨境电商国际标准框架蓝本，在全球复制推广。

（一）进口方面

（1）"网购保税1210"模式，实现关务互通，吸引消费回流，促进贸易便利化。解决了全球跨境零售（B2C）模式遇到的企业清关难、成本高、政府税收流失、消费者权益无法保障的难题，已在全国 37 个跨境试点及综试区推广，成为国际海关组织（WCO）的标准框架蓝本，引起全球高度关注及认可。

（2）跨境 O2O 零售新模式，践行了"一带一路"倡议促进世界各国之间贸易畅通、民心相通的理念，实现世界人民共享美好生活。在监管部门有效监管下，开展多模式合一的新型展示展销，现场自提业务（"O2O 跨境自提"），能够让百姓在家门口购遍全球保真、免税的优质商品，极大改善了消费者的购物体验，满足以消费为主导的市场需求，大幅提升了河南在跨境零售行业的综合竞争力。

（3）"一区多功能"模式，实现"一站式"便利服务，降低政企成本。针对市场痛点，在风险可控、流程可溯、模式可区分的前提下，把邮件监管中心、快件监管中心、口岸作业区、一般贸易查验中心、内贸货物监管中心等 6 种监管场所，集中到河南保税物流中心进行综合管理，实现"一站式、一窗口"便利服务，节约资源，提高时效 100%，降低企业成本 45%。

（4）"三个一"监管服务机制，建立 E 贸易信息化综合服务平台。河南保税物流中心推动海关，在同一区域实现现场查验流水线作业，实现了"一次申报、一次查验、一次放行"，大大提高了通关效率，受到李克强总理"秒通关"的赞扬。依托"秒通关"信息化系统建立 E 贸易信息化综合服务平台，建立上百项数据模型，对每单交易均实现了实时监管，有效解决了跨境电子商务的关务申报、税收征管、质量监督、物流服务等系统性难题。将在河南形成跨境电商大数据沉淀，为政府提供有价值的数据分析。

（二）出口方面

1. 建立出口物流新通道

河南保税集团以扩大出口为目标，不断探索制定贸易新规则，创新建立了"1210 保税出口监管模式＋全球终端智能分拣＋国际干线直达＋境外进口关务协同服务＋邮／快终端派送"出口物流新通道，解决境外关务及终端配送等难题，降低企业 45% 成本。同时，解决了偷逃境外增值税和外汇结算的问题。

2. 建立出口服务新模式

河南保税集团结合河南本地特色出口产品，建立了"产业基地＋交易平台＋物流中心"的"卖全球一站到家"产业服务模式。

三、"网上丝绸之路"发展情况

2019 年 1—5 月，河南省跨境电商进出口交易额 662.9 亿元，同比增长 23.9%，快递包裹出口 3610.3 万件，货值 78.9 亿元，同比增长 6.3%。在"一带一路"沿线国家和地区累计建设海外仓共 65 个，2019 年 3 月 2 日，开通首条中欧班列（郑州）跨境电商班列。积极在"一带一路"国家探索推广新模式，以"出口跨境电商＋海外保税仓＋行邮通关＋售后服务保障"模式发展。预计上半年全省跨境电商进出口（含快递包裹）同比增长 20% 左右，郑州海关监管跨境电商零售进出口清单货值同比增长 15% 左右。[①]

---

① 材料由中共河南省委外事工作委员会办公室提供.

第十一章

海外园区建设

"一带一路"推进过程中,海外园区建设是一大亮点。企业可以抱团在海外建设园区,发展各企业的优势,形成合理的资源配置,共同抵御风险,提高企业法律风险防范,增强防范公共安全风险的能力,也能争取到当地更优惠的政策,同时降低企业间的内耗,使多方利益长久化、多元化。

园区功能方面,中国海外园区的发展从单一制造、贸易物流园区向科技园及创新区域、海外研发中心型园区转变。

目前海外园区建设的模式越来越成熟,不断建立健全海外投资生态系统,包括权威数据信息搜集、整理与发布、"一带一路"重大问题的研究、国际协作机制建立与完善、实施方案的绩效评估与修正等。

目前在世界范围内,我们已经建成或正在建设的园区已经有 82 个,在此我们遴选了较早建设的吉布提经济特区进行介绍。

吉布提经济特区建设

吉布提经济特区,不同于一般意义上的开发区或工业园区,它是一座功能完整的城市。是由上海达之路集团投资建设的。上海达之路集团不是一个简单的投资者,而是经济特区的管理者和运营者,需要整合吉布提国内外的资源和吸收世界各国先进的经济特区管理经验,从而建设发展经济特区。

根据协议,吉布提经济特区由拉西亚半岛(RasSiyyan)、七兄弟岛(Seven Brothers Islands)、奥博克(Obock)地区、沐沙(群)岛(Iles Moucha)和吉布提市市区哈亚贝雷 (Hayabley)地区共 5 个区块组成,面积广阔。特别是其中的七兄弟岛,地理位置尤其重要,它扼守红海与亚丁湾之间的曼德海峡,是世界第二大繁忙航道,是每年经过苏伊士运河的近 3 万艘商船的必经之地,与亚洲大陆最短距离不足 20 海里。组成经济特区的奥博克地区坐落于塔朱拉湾北部，是塔朱拉湾通向亚丁湾的门户。吉布提经济特区可谓是海上丝绸之路的一颗明珠。

2014年1月27日，在吉布提共和国总统伊斯梅尔·奥马尔·盖莱（Ismael Omar Guelleh）阁下的见证下，上海达之路集团董事长何烈辉和吉布提共和国总理阿卜杜勒·卡德尔·卡米勒·穆罕默德（Abdoulkader Kamil Mohamed）阁下签署了吉布提共和国政府授权达之路集团在吉布提设立"经济特区"的备忘录。

图11.1　盖莱总统见证设立吉布提"经济特区"备忘录

中国民营企业被授权在一个非洲国家设立"经济特区"，在我国尚属首家，这是一种全新尝试。此事引起众多非洲国家和西方媒体的广泛关注，也得到我国党和国家领导人的肯定和鼓励。2014年8月28日吉布提总理卡米勒应李克强总理邀请访华，两国总理在南京会谈时卡米勒总理向李克强总理表示，吉布提政府把达之路吉布提经济特区项目置于最优先发展位置。

依照备忘录和后续文件的约定，达之路集团享有租借上述地区90～99年不等的权利。吉布提政府授予了达之路集团排他性的经营管理权，授权达之路集团在经济特区可以建立旅游城市，修建机场、海港，船舶修理中心，船舶供应服务，设立金融、电信和医疗中心等。经济特区的建设施工无需经过吉布提政府审批，由达之路集团根据中国的标准和规范自行决定。从而使达之路吉布提经济特区具有"政府授权""长期租借""拥有排他性的自主经营管理权""立足特区辐射全东非"的鲜明特色。在吉布提政府和达之路集团的通力合作下，2014年12月24日达之路集团和吉布提政府联合举行了达之路吉布提经济特区项目启动仪式，吉布提总统盖莱阁下、吉布提总理卡米勒阁下、吉布提政府各部部长、国会议员、各国驻吉布提外交使团、外国军事基地代表、企业界人士等350余人出席了仪式，吉布提国家电视台进行了现场直播。达之路吉布提 经济特区的建立和启动顺应了天时、地利、人和，也让中国建设经济特区的成功经验可以复制到非洲。事实上早在2012年，吉布提就有了设立经济特区的构想。当年7月，吉布提总统盖莱阁下到访中国，在北京会见达之路集团董事长何烈辉时就热忱邀请其到吉布提设立经济特区。希望能借此吸收中国深圳、上海 浦东经济开发的成熟理念和成功经验，把吉布提建成非洲的新加坡、中国香港或迪拜。

图11.2 吉普提经济特区规划示意图

吉布提经济特区的建设，具有里程碑的意义。吉布提实行总统共和制，相比一些非洲国家，政治环境相对平稳。虽然贫穷，国小，人少，但从投资角度上看，吉布提仍然具有诸多得天独厚的优势。现行宪法于1992年9月4

日经全民公决通过并颁布实施，该宪法规定吉布提实行多党制，政党必须非种族化、非民族化、非宗教化和非地区化。目前主要有8个政党，以争取进步人民联盟等4个政党组成的"总统多数联盟"长期执政，因此见证了吉布提各项政策的连续性，在今年4月举行的大选中，现任总统盖莱再次当选获得连任。吉布提长期奉行中立、不结盟和睦邻友好的温和外交政策。泛阿拉伯主义思潮、泛伊斯兰思潮、泛非洲思潮以及"大索马里"思潮在吉布提的影响力均十分有限。它是22个阿拉伯国家和50多个非洲国家中反西方殖民主义势力最弱的国家，这也是吉布提能够吸引法国、美国、日本等多国前来驻军的原因。多国部队的驻守，为吉布提创造了良好的治安环境。在这里，即使凌晨一两点钟独自出门也没有问题。

21世纪是非洲的世纪，只有非洲发展了我们的世界才会变得更美好。世界应该更多地理解非洲、关注非洲和投资非洲，非洲需要的不仅是贸易，更需要发展非洲本地的制造业、现代化的工业和多元化的经济，非洲的资源应该更多地用于非洲经济的发展和非洲人民的福祉。正是这样的理念，达之路吉布提经济特区的设立，就是尽可能本地化，融入当地社会，与非洲经济共同成长！商业行为的最终目的不仅是经济利益，更重要的是要为人类创造更美好的生活。

在吉布提经济特区的建设中，达之路集团严格贯彻本地化的原则。项目的总承包商为一家吉布提本地企业，建设工程的启动为当地数百人创造了就业机会。达之路集团为当地承包商提供技术支持，通过安排当地的工程技术人员到中国学习培训，提高了他们的管理能力和技术水平。同时达之路集团也为当地承包商提供先进的设备，使其不断提高劳动效率。本地化战略使达之路集团在吉布提深得民心。

现在的非洲正在以加速度发展，过去我们需要5年才会淘汰的技术，在那里可能一两年就过时了。现在，许多欧美国家都将非洲看作重要的战略投资对象，要在和他们的竞争中脱颖而出，就必须竭尽全力。

要发展好中非关系，需要大批有理论水平、又有丰富经验的"非洲通"人才。要对非洲有兴趣，深入非洲社会，经历时间沉淀，知己知彼。在非洲的中国人要积极表达，让别人了解中国；我们也要学会倾听，学会用真诚平等的精神与非洲人民交朋友。要有这样一种平等的精神，也是一个国家真正强大的标志。现在，非洲有上百万的华人侨，每个人都可以从自己做起，构建新的中非友谊。

针对在非洲的中国企业有以下 4 点建议：

（1）努力实现本土化，给非洲创造就业机会

如果起用的都是自己的亲戚朋友，会引发当地社会的不认同。

（2）尊重当地文化和法律，积极融入当地社会

在非洲，多起排华事件的起因，很大程度是一些中国商人不守法经营，或与当地企业恶性竞争。

（3）商业上总会有起起落落，非洲社会也难免会有动荡和困难，需要和当地人一起患难与共、风雨同舟的勇气和行动。

（4）中国企业应当积极地履行企业的社会责任，财富取之于社会，也要用之于社会，这一点，无论国内国外都一样。①

吉布提园区建设

---

① 特约撰稿，何烈辉：我们在吉布提建"经济特区". 张小叶.

第十二章

其 他 项 目

第一节　大型钢铁企业沿"一带一路"推进国际产能合作

河钢集团是河北省政府出资设立的国有独资公司，是河北省第一大企业，也是目前世界上最大的钢铁生产商和综合服务商之一。在国内具备 5 000 万吨世界先进水平的优质钢铁产能，产品覆盖除无缝钢管外所有品种领域，是中国产能规模最大、产品规格最齐全的钢铁企业。集团旗下拥有 20 家直属子分公司，形成了以钢铁为主业，矿山资源、金融服务、装备制造、现代物流等相关产业协同发展的产业格局。2016 年集团实现营业收入 2 908 亿元，年末资产总额达到 3 604 亿元。2016 年世界 500 强排名位列第 201 位，中国企业 500 强第 44 位，获中国钢铁企业"竞争力极强"A+ 评级。

经过数十年的滚动发展，河钢集团已形成着力于前沿、共性、关键、重大技术研究和产品研发的技术研发平台。通过自主创新和集成，已拥有清洁生产、矿山资源绿色开发及高效利用、先进环保节能、大型高炉低成本及稳定顺行炼铁、高效率及低成本洁净钢平台技术，高品质特厚钢板、超薄规格热轧板卷、高端汽车板的生产以及钒的清洁提取和钒产品生产等采矿、焦化、炼铁、炼钢、轧钢及深加工等全流程钢铁生产技术。河钢集团管理和技术人才实力雄厚，拥有 12 名河北省管优秀专家，14 名享受国务院政府特贴专家，20 名河北省中青年突出贡献专家，大中专以上学历者占在册员工总数的 50% 以上。

近几年来，河钢集团立足国内国际"两种资源、两个市场"，抢抓机遇、整合优势、重点突破，坚持不断推进国际化发展战略，加快构建"全球营销服务平台、全球技术研发平台、全球钢铁制造平台"，倾力打造最具竞争力的国际化企业集团，提升集团全球资源配置能力。截至目前，河钢集团已完成境外直接投资 11 亿美元，在境外直接或间接参（控）股公司 70 余家，投资遍及美国、英国、澳大利亚、南非、加拿大、新加坡、瑞士、塞尔维亚等

30 多个国家和我国香港地区。控制运营海外资产超 70 亿美元，海外员工近 13000 人。海外运营公司全部保持盈利，目前的发展态势良好。

一、钢铁企业沿"一带一路"推进国际产能合作的实施背景

（一）政策背景

1.国家提出"一带一路"倡议，支持"国际产能合作"，为中国钢铁企业"走出去"提供了优渥的政策环境

"国际产能合作"这一概念首先由中国提出，源于 2014 年中哈合作。李克强总理发表在《经济学人》的署名文章《中国经济的蓝图》中这样阐述国际产能合作："中国正在推动'一带一路'建设。通过国际产能合作，将中国制造业的性价比优势同发达经济体的高端技术相结合，向广大发展中国家提供'优质优价'的装备，帮助他们加速工业化、城镇化进程，以供给创新推动强劲增长。试想如果中国 13 亿人的发展能为支撑世界经济增长做贡献，那涉及数十亿人的增长将为大宗商品市场、制造业以及更广泛的领域等带来多么巨大的机遇！"。

"一带一路"倡议和国际产能合作的政策红利正在逐渐释放，一方面国内配套的支持政策越来越完善，另一方面带来的与沿线国家的政治友好也极大地改善了沿线国家的投资环境，政策红利的集中释放，极大地降低了企业"走出去"的风险。

2.国内以化解过剩产能、转型升级和绿色发展为主题，全面推进供给侧改革

钢铁行业化解过剩产能经历了两个阶段，2015 年之前，以淘汰落后产能为主，包括在 2008 年开始淘汰小高炉；2013 年，国务院确定钢铁为 5 大过剩产能行业之一；2014 年，工信部公布了三批累计 305 家规范企业名单，其余未纳入的产能不得不淘汰或升级，也面临着差别电价和惩罚性水价；2015 年制定《钢铁行业规范条件》，落实产能等量或减量置换，严控新增产能，在政策层面为钢铁企业结构调整留出了足够的空间；2016 年，逐步转向以供给侧改革为核心，解决供需错配来化解过剩产能。

（二）行业背景

1. 我国钢铁行业飞速发展，全球钢铁产业已经转向中国，中国钢铁行业具备参与全球竞争的基础条件

在全球钢铁产业发展历程中，实现过钢产量占世界一半的国家只有英国、美国和中国，而且自1996年以后，我国粗钢产量一直保持世界第一位，2016年我国粗钢产量占全球49.6%。在经济发展拉动及技术进步推动下，在劳动力、土地、资本等要素支撑下，全球钢铁产业已经转向中国。中国钢铁企业已经积累了足够的资本、技术优势、管理经验，初步具备参与全球竞争的基础条件。

2. 我国钢铁行业总体产能过剩，结构失衡，低端产品供给过剩与高端产品供给不足并存

钢铁产能过剩是全球性问题，按照世界钢协数据，2016年全球粗钢产能利用率约为70%。2014年末我国粗钢产能约为11.3亿吨，按照2016年产量测算产能利用率71.5%，比全球粗钢产能利用率略高。我国钢铁产能过剩表现为两个方面：一是先进产能与落后产能并存。总体上看，先进产能尚不能满足国内市场需求，而落后产能则严重过剩，造成有效供给能力不足。淘汰落后生产能力，提高钢铁行业的总体竞争能力已经成为钢铁工业结构调整、产业升级的重大任务；二是高端产品产能不足与大路货产品产能过剩并存。主要是部分高端产品国内生产还不能满足市场需求，而以线材、螺纹钢为代表的低端产品产能明显过剩。

3. 我国钢铁企业多以区域市场为主，整体国际化水平不高

我国经济高增长导致的钢铁需求一定程度上淡化了钢铁企业产能、客户的区域结构不合理问题。从近几年的发展来看，鲜有国内的钢铁企业从全球的角度来审视自身产能和客户的区域结构问题，这一定程度上也限制了我国钢铁企业国际化水平的提高。

4. 全球钢铁行业总体发展不平衡

一方面欧美发达国家虽然占领着世界制造业的高端，但支撑制造业发展的钢铁行业却普遍面临资本短缺。欧美发达国家资本市场高度发达，资本逐利的本质导致了钢铁行业很难得到金融资本和产业资本的青睐，很多钢铁企业都面临资本开支不足的问题；另一方面"一带一路"沿线很多发展中国家，工业基础尚未完全建立起来，钢铁行业处于空白或起步阶段。这种区域性的发展不平衡，与我国钢铁行业结构性产能过剩，以及供给侧改革的迫切需求，形成有效的互补。一方面为我国钢铁企业提供了低成本，整合欧美发达国家优势钢铁资源，助推产品结构、档次向上调整的难得机遇；另一方面为我国钢铁企业向"一带一路"沿线的新兴市场国家输出优势产能，提供了更好的基础条件和广阔的市场空间，有效降低了投资风险。

（三）河钢集团的发展选择

先谋后动。河钢集团以国家政策导向为出发点，综合对钢铁行业发展趋势的判断和对自身发展情况的梳理分析，首先通过制定发展规划，明确了集团全球发展的基本定位。根据集团海外发展规划，"十三五"期间，河钢集团将通过实施海外发展规划，从根本上提升集团国际竞争力，特别是全球配置资源能力，实现"全球拥有资源、全球拥有市场、全球拥有客户"，成为最具竞争力的钢铁企业集团和"世界的河钢"，做中国钢铁行业全球化发展的领先企业。努力形成"2232"的发展格局，即打造海外服务国内钢铁主业和海外新事业两大功能事业集群；两大实业基地，资源、制造、贸易三大业务板块，两大投融资上市平台。构建扁平高效的组织管控体系、多层次的人才支撑体系、信息管理体系、系统科学的风险管控体系，以及集中管控、分工合作的分散型全球研发体系五大战略支撑体系。

规划已定，如何破局是面临的棘手问题。国内很多钢铁企业都曾有在国外建钢厂的计划，包括宝钢 2004 年就计划在巴西投建钢厂，武钢在 2009 年也曾谋划在巴西投建钢厂，最终都未能成功。河钢经过慎重研究，认为钢铁企业的全球化必须坚持发挥既有优势，以点带线、以线带面，沿产业链打造竞争优势。"点"的布局一是要紧紧围绕"一带一路"降低政治和投资风险，二是要依托既有的海外资源降低地缘和经营风险，三是要面向客户、面向未来，优先布局欧美等成熟、高端市场区域，同时抓住"一带一路"沿线资源禀赋好的发展中国家工业体系重构、市场需求释放的历史机遇。"面"的覆盖要优先通过形成国际化的市场营销网络建立起国际化发展的"桥头堡"，再根据市场需求不断完善制造业在全球市场的多点布局，最终形成全球多点制造业布局与全球渠道有机贯通、互相促进、协同创效的发展态势。

二、钢铁企业沿"一带一路"推进"国际产能合作"的内涵

国际产能合作本质属于产业转移，理论基础包括垄断优势理论、产品生命周期理论、边际产业扩张论和国际生产折中理论等。垄断优势理论由美国学者海默提出，该理论认为具有垄断优势的跨国经营企业才能在与当地的企业竞争中脱颖而出。产品生命周期理论由美国经济学家雷蒙德·弗农提出，该理论认为一种新产品往往会在其生命周期的不同阶段，随着产品属性的变化，而在要素禀赋不同的国家之间转移，主要表现为由发达国家向次发达国家和发展中国家依次转移。边际产品扩张理论由日本经济学家小岛清提出，该理论认为，一国进行对外直接投资应该从具有比较劣势的边际产业、边际企业、边际区域或边际部门依次开始。国际折中理论由英国经济学家约翰·哈里·邓宁提出，该理论认为对外直接投资活动需要同时具备所有权优势、内部化优势和区位优势。这些理论从不同的角度对产业的跨国转移作出了不同的解释。

从全球产业转移的进程来看，经历过几次大的产业转移，第一次是从英国向美国和欧洲转移；第二次是世界大战之后从美国向欧洲和日本转移；第三次是从欧洲和日本转向亚洲四小龙；第四次是从欧、美、日、亚洲四小龙转向发展中国家尤其是中国；第五次是 2008 年经济危机之后出现的双向转移，表现为高端装备制造业向发达国家回流，产业低端链条开始向成本更低的地区转移。目前正在经历的第五次国际产业转移呈现出来的复杂性，对现有理论构成了挑战。

本次产业转移对中国钢铁行业来说，意味着双重机遇。前文已经述及，本次产业转移是一种双向转移，一方面是高端制造业向发达国家回流，以美国为代表；另一方面是产业链中低端开始向成本更低的地区转移，以中国为代表。之所以称之为双重机遇，是因为高端制造业回流必然会带来新的并购和市场机会；而我国钢铁行业在产业链中低端拥有的优势是任何国家都无法比拟的，这种优势借助国际产能合作充分发挥出来，意味着在下一轮经济增长中率先完成产能布局的钢铁企业将获得更大的发展机会。

"一带一路"倡议在中国和沿线国家之间通过基础设施的互联互通，双边和多边的税收和合作协议，从软、硬两个方面构建核心区位优势，必将促

进该区域的投资便利化，成为国际产能合作的绿色通道，因此也必然会成为钢铁行业国际产能合作的核心区域。沿"一带一路"推进国际产能合作，既契合国家战略发展方向，又是河钢集团未来成长需要，充分体现了河钢集团的责任担当和顺势而为的能力。紧跟国家政策，顺势而为是河钢集团海外发展规划的重要执行原则，顺势而为带来的政策红利提高了"走出去"项目的经济性，降低了"走出去"项目的风险。

三、钢铁企业沿"一带一路"推进国际产能合作的做法

2016 年，河钢集团成功完成对塞尔维亚斯梅代雷沃有限公司（Železara smederevo d.o.o.) 的资产收购。该项目是河钢集团沿"一带一路"推进国际产能合作，实现钢铁产能全球布局的成功实践。

斯梅代雷沃钢厂是塞尔维亚最大的钢铁企业，位于塞尔维亚首都贝尔格莱德东南约 40 公里的小城斯梅代雷沃市。钢厂建于 1913 年 2 月 20 日，1945 年至 1992 年，该厂由前南斯拉夫政府运营，是国家冶金工业的支柱企业；后于 2003 年 9 月 12 日公司被美钢联以 2 300 万美元价格收购；2012 年 1 月 31 日由塞尔维亚政府以象征性的 1 美元价格将其购回。之后塞尔维亚政府一直致力于将其私有化。该钢厂理论钢铁产量为每年 220 万吨，美钢联管理时期达到过的最高产量为 170 万吨。公司主要产品包括热轧产品、冷轧产品和镀锡板。热轧产品具备 260 万吨 / 年生产能力，产品包括：结构钢、低碳钢、低合金钢、压力容器钢、造船板、耐候钢、管线钢；冷轧产品具备 160 万吨 / 年生产能力，产品包括：冷硬、冷轧退火、低碳钢和搪瓷缸；镀锡设备最高产量为 20 万吨。主体装备中，2250 轧机和年产 20 万吨的镀锡板生产线具有较好的商业价值。公司拥有完善的物流设施，5 000 名技能熟练的岗位员工，位于欧洲腹地的市场区位优势。产品 80% 出口欧盟国家，包括意大利、德国、土耳其、奥地利、保加利亚、罗马尼亚，也出口到北非周边国家和地区。

（一）有序推进"一带一路"沿线的钢铁产能布局

2015 年，中国钢铁企业面临"走出去"发展的两个窗口期。一是国家"一带一路"倡议和"国际产能合作"的配套支持政策逐步推出，"走出去"发展可以享受国家政策释放的政策红利；二是全球钢铁行业处于产能布局调整

的有利时机，投资机会多、并购成本低，如斯梅代雷沃钢厂就是美钢联收缩海外布局出现的一个低成本投资机遇。抓住时机走出去，是河钢集团国际化发展的必要之选和必然之选。

在全球化布局的次序上，河钢集团选择先进入欧美成熟发达的市场区域，然后再布局"一带一路"沿线发展中国家。主要考虑是欧美地区拥有成熟高端的技术、市场与客户资源，现阶段通过并购方式布局欧美地区，既可以最大限度地规避市场开发风险，还可以有效拉动国内面临的结构调整和转型升级，反哺国内的供给侧改革。同时，新兴发展中国家在发展初期阶段需要先完善其水、电、路、港等基础设施，之后才能具备工业化生产的基础条件，不合时宜地投资会遇到诸多困难和挑战导致项目难以良性运营。但是，欧美日益抬头的贸易保护主义和针对中国钢铁的敏感性严重抑制了中国钢铁企业在欧盟和美国本土的投资并购机会，塞尔维亚身处欧洲腹地，非欧盟国家且市场与欧盟直接联通的特点，使河钢集团看到了进入欧盟市场的曙光。

在全球化发展的方式上，河钢集团选择投资并购而非投资新建，主要考虑是欧美地区环境容量小、市场高端稳定且获得渠道少、获得成本高，并购钢厂较之新建，投资成本低且可以直接拿到钢厂配套的产能资源和市场资源，从而有效规避市场准入等诸多风险。对斯梅代雷沃钢厂的资产收购，是河钢抓住机遇实现低成本扩张的典型案例。

（二）共创、共享，以实际行动贯彻"丝路精神"

在斯梅代雷沃钢厂并购项目上，塞尔维亚政府的核心诉求是找到一个长期战略投资者，能够承诺保障钢厂员工的就业和福利，能够持续投资以维持钢厂长期可持续发展，拉动塞尔维亚经济增长；河钢集团的核心诉求是要担当国家角色、践行"一带一路"倡议，推进国际产能合作，低成本、低风险实现在中东欧的产能布局，突破欧洲贸易保护壁垒，通过欧洲的高端产品需求，拉动集团整体产品高端化。双方在交易谈判中，充分关注并考虑对方的核心利益，将主要精力聚焦各方的核心诉求，高效推动了项目进程，从正式启动项目到完成交易仅仅用了一年的时间，这在国际并购案例当中实不多见。

（三）全面揭示并化解投资风险，是成功推进国际产能合作项目的基石

如果说风险控制是海外并购成功的基石，那么尽职调查则是风险控制的

前提和基础。在斯梅代雷沃钢厂并购项目上，河钢集团聘请德勤会计师事务所为项目提供财务、税务及人力资源尽职调查服务；聘请金诚同达律师事务所和塞尔维亚 BDK 律师事务所为项目提供法律尽职调查服务；聘请中国出口信用保险公司为项目提供国别风险评估服务；聘请韦莱保险经纪公司为项目提供风险评估服务；河钢德高为项目提供市场分析方面的支持；河钢唐钢为项目提供技术管理尽调和改造工程可研编制方面的支持。尽职调查报告出具后，河钢集团按照"问题大起底，风险全覆盖、预案早到位"的海外投资原则，对报告提示的风险因子进行归纳整理，逐一研究制定解决方案或风险规避预案。特别是对欧盟反倾销和政府资助审查、劳资关系、汇率、税收、环保等重大风险事项，逐一与塞尔维亚政府进行洽商，直到找到双方认同的解决方案。

（四）聚焦商业价值的实现是国际产能合作项目长期健康发展的关键

评价一个海外投资项目是否成功，归根结底还是要看其在商业上能否取得良好的经济价值。斯雷代雷沃钢厂已经严重亏损多年，河钢集团投资后能否让这样一个巨亏的企业"起死回生"，必须要做谨慎的评估。商务谈判的同时，河钢集团委托旗下骨干子公司河钢唐钢组成专门的技术和运营团队，委托河钢德高组成专门的市场分析团队，在商务团队的统一协调下，参与到项目论证过程当中。《合作框架协议》签署后，技术和运营团队立即入驻钢厂，开始着手项目技术改造方案的制定和项目可研报告的编制；从尽职调查阶段开始，河钢德高跟随市场变化三次更新市场调研报告，以支撑项目的商业可行性分析。此外，河钢集团还积极与两国政府沟通商洽，在法律许可框架内最大限度争取两国政府对项目给予政策支持并敦促支持政策迅速落地。管理、技术和政策支持资源的注入有效提升了并购项目的经济可行性，同时使得项目在交割时实现了生产经营的无缝衔接，确保了交割前后钢厂的平稳过渡，也为新公司提前扭亏奠定了良好基础。

（五）打造"一带一路"中资企业的"金名片"

收购后，河钢集团以习近平主席考察塞钢时的指示精神为指针，调度全集团可利用的优势资源，精心打造国际产能合作的样板工程。

一是强化组织领导。成立河钢塞钢项目推进工作领导小组，由集团董事长担任组长。细化、精准化项目任务，将项目分解为 10 项重点工作任务，逐一落实责任主体、明确工作目标，建立月度汇报及协调机制，确保集团及时掌握项目进展情况，第一时间协调解决难点难题。同时，对塞钢前方管理团队在全面掌握塞钢生产经营状况、加强对塞方管理人员支持力度、强化本土化学习力度、塑造企业形象和团队形象、建立联络渠道和汇报机制等方面提出明确要求，确保了前方管理团队工作的顺利开展；

二是加大技术、管理和装备支持力度。项目交割以来，河钢先后派出 11 批，累计 200 人次赴塞钢开展工作，从生产组织、财务管理、工艺控制、质量保障、设备维护等多个方面，帮助塞钢分析、查找和解决问题。双方工作人员依托河钢构建的强大技术管理平台，一同研究，一道工作，按照共同确定的方案，快速加强了品种开发、质量管理和成本控制。交割以来，塞钢月度生产运营水平连续刷新历史纪录；

三是提供技术改造和战略规划支持。在控制风险、平稳过渡的基础上，河钢集团围绕全面提升竞争力，进一步完善细化河钢塞钢技术改造方案。一方面将塞钢情况与河钢国内企业情况进行对标，另一方面与欧洲钢企作对标分析，主动走访塞尔维亚附近的匈牙利多瑙河钢厂、斯洛伐克科希策钢厂，并组织国际专家团队从工艺技术、节能环保等方面，进行深度诊断，做好技术评估，稳步推进技术改造，确保 2017 年全面达产，2018 年全面达效，成为欧洲市场有竞争力的钢铁材料供应商之一；

四是调动德高公司营销资源，为塞钢提供优质低价原料资源和广阔的国际市场。河钢充分利用河钢德高作为全球最大钢铁贸易商所拥有的覆盖全球的高端用户和成熟稳健的全球营销平台，以及国际优质原料资源掌控配置能力，全力为塞钢提供大宗原料支撑和国际市场保障；

五是以"员工本地化、管理本地化、利益本地化"为原则，构建优势互补、文化融通、健康向上的企业文化。河钢集团将"以人为本""员工是企业不可复制的竞争力"的人本理念引入塞钢，视广大员工为企业财富而非企业包袱。妥善安置原企业 5 000 名员工，开通中塞两国之间的员工培训交流平台，大胆起用当地员工承担关键岗位领导职务，维持企业原有的先进高效的扁平化业务运行及管理模式，同时将集团先进管理方法和手段通过规范操作规程和规章制度等方式有机嵌入钢厂管理流程当中，提升了企业文化的先进性。

河钢的做法赢得了塞尔维亚政府的高度认同和全体职工的热烈拥护，同时也在国际钢铁行业中树立了负责任的长期战略投资者的正面形象。收购完成后，广大塞钢员工团结一心、士气高涨，迅速转化为扭亏增盈的原动力。

四、河钢沿"一带一路"推进国际产能合作所取得的阶段性效果

河钢对塞尔维亚斯梅代雷沃钢厂的收购及管理经验得到了两国政府层面的高度关注和大力支持，得到了业界的广泛认同。河钢集团用实际行动诠释了"一带一路""金名片"和国际产能合作"样板工程"的内涵，创新路径"走出去"，打造中国制造"金名片"和国际产能合作样板工程，有显著的借鉴意义。

（一）项目的政治价值

河钢塞尔维亚斯梅代雷沃钢厂收购项目有力促进了两国经贸合作，实现了"以经促政"。[对中国政府来讲，河钢塞钢项目成功践行国家"一带一路"倡议，丰富了中国与中东欧 16+1 合作成果，有利于化解国内钢铁产能过剩局面，并带动其他中国制造"走出去"，为国家政策在欧洲的有效推进起到良好的带动和示范作用。]河钢项目投资成功后，一批中资企业跟随着赴塞尔维亚和中东欧寻找投资发展机会，切实拉动了中国资本的国际化发展。对塞尔维亚政府来讲，协助执政党兑现了对人民的承诺，振兴了塞尔维亚工业经济，有效促进了塞尔维亚政治稳定和经济发展。

在塞尔维亚政府的强烈倡议下，2016 年 6 月 19 日，习近平主席在塞尔维亚总统和总理陪同下亲自视察河钢塞尔维亚公司，对河钢打造"一带一路"建设及"中国—中东欧"国际产能合作样板工程提出殷切期盼。接管钢厂以来，河钢以实际行动践行承诺，肩负起了打造"一带一路"建设及"中国—中东欧"国际产能合作样板工程的重任。该项目被国家发改委和外交部列入"国际产能和装备制造合作重点国别规划"，商务部将项目纳入国家国际产能合作重点项目。

（二）项目的社会效益

（1）将中、塞两国经贸合作拓宽到基础工业领域，项目的成功实施，为后续两国进一步深化合作奠定基础；

（2）项目将极大拉动塞尔维亚经济发展，塞钢 80% 产品出口欧盟，达产后年出口额约为 10 亿美元，相当于塞尔维亚总出口额的 7% 左右，对塞尔

维亚的经济拉动巨大；

（3）项目直接解决塞尔维亚 5000 余名员工就业，为当地经济发展及社会稳定做出贡献，后续钢厂的技改和扩能将为相关服务领域提供更大的发展空间，提供更多就业机会，本项目的经济影响力会进一步放大；

（4）作为中国企业参与塞尔维亚私有化项目的成功开端，为中国资本参与塞尔维亚乃至中东欧私有化项目提供样板，促进中国资本"走出去"；

（5）使两国政府层面的互信和战略合作有了更加坚实的民意基础；

（6）以河钢收购斯梅代雷沃钢厂为样板，向国际社会展示了河钢、中国钢铁的正面形象，增进了国际社会对中国钢铁行业的理解和认同。

（三）项目的成功价值

（1）河钢集团海外发展的领先优势迅速形成，成为中国钢铁企业中国际化程度最高的企业。目前集团海外核心资产已经形成"四钢一矿一平台"的发展格局，海外资产的规模、影响力大大增强。"四钢"指河钢塞钢、马其顿钢厂、南非开普敦钢厂、美国克拉赫公司；"一矿"指南非 PMC 公司，主营铜矿开采、铜产品加工以及磁铁矿开采和销售；"一平台"指德高公司。集团这些海外核心资产通过德高平台串联成一个有机的整体。

（2）项目的成功实施，极大地提升了集团的国际化形象，使河钢集团在国际资本市场、金融市场获得了更多的信任和可用的资金、资源；

（3）成功拓展了集团在欧洲的优质客户群，提高了集团在全球范围内拥有客户的数量和服务客户的能力。塞钢产品 80% 出口欧盟市场，河钢的欧洲直供客户群已经形成并逐渐扩大，目前已经成功开发了菲亚特集团、依维柯集团、斯柯达集团、汽车企业一级配套厂 GONVARRE 公司、BANESA 公司等高端客户。

（4）成功提升了集团在全球范围内的资源配置能力，有效支持了集团国内的结构调整和产业升级。

（四）项目的经济效益

（1）河钢集团几乎以零对价在欧洲获得了 220 万吨钢铁产能，比新建同等规模钢厂节约资金近百亿元人民币。按照投入 22 亿元人民币用于技改投入，2017 年预计净利润 2 亿元人民币计算，以 2017 年 5 月 12 日中国沪深两市黑色金属冶炼及压延加工业行业市盈率 28.48 倍计算，河钢塞钢市场价值为 56.96 亿元，扣除 30% 的流动性溢价因素后，市场价值约为 40 亿元，扣除约 22 亿元的技改投入，有近 18 亿元的效益；

（2）河钢团队仅用了五个月即实现了钢厂的扭亏为盈，钢厂经营管理水平明显改善，钢厂价值得到了充分体现。2016 年下半年塞钢吨材能源成本比上半年降低 19%，吨材人工成本降低 31%，吨材物流成本降低 20%，吨材非生产性支出压缩 50%，较上年同期塞政府管理期间月均减亏超 1 000 万欧元，仅用半年不到的时间就将钢厂运行恢复到了历史最好水平；

（3）塞尔维亚政府为钢厂提供了现有法律框架下最优的政策支持，包括所得税的减免、增值税退税、将钢厂纳入自贸区、环境类技改争取欧盟资金支持等，为钢厂长期发展营造了优渥的发展环境。

（五）项目的管理价值

河钢集团有望在塞钢项目上，通过中、外企业的优势互补和文化融合，探索出一条钢铁行业全新的运营发展模式，并有力支持集团的供给侧改革实践。欧美市场长期以来形成的需求导向型的投资、管理经验与河钢长期以来积累的技术、管理、成本控制等能力相结合，其运营和管理实践本身是对钢铁行业运营模式的一次有益探索。河钢对塞尔维亚钢厂的管理实践充分证实了这一点。[①]

第二节　恒逸文莱 PMB 石化项目

文莱首都斯里巴加湾市东北角，蔚蓝的海湾里静卧着大摩拉岛。在中国恒逸石化和文莱政府与人民的共同努力下，一个世界级石化产业基地正在这个小岛上加速崛起，蓄势待发。恒逸文莱 PMB 石化项目，是中国"一带一路"倡议在沿线国家落地的重大项目之一，更被中国国家主席习近平誉为两国"旗舰合作项目"。

"志合者，不以山海为远。"这句话正是中文双方，全力推进恒逸文莱

---

① 材料由河钢集团有限公司提供.

大摩拉岛石油化工项目（以下简称恒逸文莱 PMB 石化项目）的生动写照。

一、天下为公行大道，两国凝心汇共识

"使者相望于道，商旅不绝于途。"2000 多年前，黄沙漫天，驼铃悠扬，我们的先人踏出了一条沟通亚欧大陆的商贸之路，成就了一段彪炳史册的传奇。

2013 年秋天，面对"和平赤字、发展赤字、治理赤字"的严峻挑战，习近平主席先后提出共建"丝绸之路经济带"与"21 世纪海上丝绸之路"的重大倡议。

"一带一路"是中国与世界的互利共赢之路，是促进各国和平与发展的康庄大道。一经面世，就得到国际社会的高度关注和许多国家的积极响应。

文莱国名寓意"和平之邦"。这颗"婆罗洲的闪亮明珠"位于加里曼丹岛西北部，北濒南中国海，东南西三面与马来西亚接壤，并被马来西亚沙捞越州的林梦地区分隔为不相连的东西两部分，是一个崇尚君权的伊斯兰古国。

雄伟的伊斯兰建筑、金光闪闪的皇宫、架在水上的传统村落、丛林长屋中的欢声笑语、清晨的祈祷诵经……踏上文莱的那一刻，一股浓郁的马来气息扑面而来，是崇敬，是宁静，更充满着迷人的一面。这个"袖珍小国"总人口仅 42 万，不及我国的一个中等县，面积还没有上海大，却因石油和天然气资源丰富，成为世界上最富有的国家之一。

文莱经济结构单一，油气产业是其唯一经济支柱。文莱是高福利国家，为其公民提供终身福利，包括零赋税、住房补贴以及免费教育和医保，但最近文莱不得不削减了一些福利。由于油气产量下降、国际原油价格下滑，文莱经济连续四年负增长。在文莱，大多数人希望在政府、国有企业或石油和天然气行业找到工作，但如今这三个部门都受到了影响，青年失业率持续走高，目前高达 10%。

"狼来了"的呼声一声紧似一声，引起文莱上下关注。2008 年 1 月，文莱政府宣布启动"2035 宏愿"，积极对外招商引资，并规划各类产业园区，加快经济多元化步伐。

1. "一带一路"对接"2035 宏愿"
中国与文莱的交往可谓源远流长。根据史料记载，两国关系最早可以追

溯到西汉时期，宋代以后商业和文化往来日益频繁，到了明代，两国友好关系发展到最高峰。

在斯里巴加湾市的海事博物馆珍藏着一艘古代沉船，沉船上整理出的文物有三分之一是中国青花瓷。亲眼看到这些展品，不禁令人感慨：几百年前的海上丝路是何等繁盛。专家推断，这是前往文莱进行贸易时遭遇海难而沉没的中国明代商船。

在斯里巴加湾市，有一条被称为"王总兵路"的街道。这是为了纪念与中国有密切关系的伟大航海家王景泓，他是郑和的副将。

同一时期，历史的镜头再转至中国。明永乐年间，当时文莱（古称浡泥）第二任国王苏丹麻那惹加那乃率庞大代表团到访南京，不幸在南京因病辞世，留下"体魄托葬中华"的遗愿，明成祖朱棣以王礼将其厚葬于南京。

斯里巴加湾市的古代沉船和"王总兵路"，中国南京市的浡泥国王墓，都见证了两国悠久的友好交往历史。

时光流淌千年，不改丝路之缘。1991 年，中国同文莱正式建立外交关系，两国绵延千年的"前缘"得以重续。2013 年，中文两国将双边关系提升为战略合作层级。两国发展政策的对接，既可助力文莱经济多元化发展，也可加强与 21 世纪海上丝绸之路沿线国家在贸易、投资与旅游领域的合作。

2. 两国旗舰合作项目将于今年投产

当前，中文关系正处于历史最好时期。中文双方加强发展对接，不断发掘新的合作增长点，逐步从传统贸易、基础设施建设等扩大到金融、物流、油气等诸多领域。中国已成为文莱最大进口来源国，越来越多的中资企业到文莱投资兴业。

宁静的文莱湾上，一条如白色巨龙般的跨海大桥将大摩拉岛与陆地连接在一起。陆地这边，是熙熙攘攘的码头；而在另一边的大摩拉岛上，中国企业恒逸石化正在修建一座现代化炼油厂。

恒逸文莱 PMB 石化项目，是恒逸石化与文莱政府共同合作的项目，其中恒逸持股 70%，文莱财政部旗下主权基金持股 30%。项目一期占地 375 公顷，投资 34.5 亿美元。项目规划炼油年产能 800 万吨，包括年生产近 600 万吨汽柴煤油品、150 万吨芳烃、50 万吨苯，将帮助文莱优化采油、炼油到出口石化产品的产业链条，实现产业提质升级，从而增强抵御市场风险的能力。目前，一期项目建设已经逐步进入尾声，已经在 2019 年第二季度进入投料试车，第三季度进入商业运营阶段。

恒逸文莱 PMB 石化项目是 2013 年 4 月文莱苏丹访华的成果之一。作为首批列入"一带一路"的重点建设项目，首个全面执行中国标准的海外石化项目，文莱迄今为止最大的一笔海外直接投资项目，该项目受到两国政府高度重视，成为文莱举国瞩目的焦点，也备受外界政商关注。

2017 年 9 月 12 日，2017 中国—东盟博览会期间，文莱苏丹视察恒逸展会，强调恒逸文莱 PMB 石化项目是目前文莱最重要的投资项目。文莱政府还专门成立项目指导委员会，牵头协调解决项目推进过程中遇到的重点问题。2018 年 11 月 18 日至 20 日，中国国家主席习近平应邀对文莱进行国事访问，这是中国国家元首时隔 13 年后再次到访文莱，并将恒逸文莱 PMB 石化项目写进《联合声明》。

二、众人拾柴火焰高，披荆斩棘克艰难

1. 一个被遗忘的荒凉岛屿

很难想象，九年前的大摩拉岛还是满眼的荒凉与落寞，岛上沼泽遍布，灌木丛生，孤悬于烟波浩渺的海面上，为世人所遗忘。这个孤岛曾经是进口牛羊活畜的检疫区和野战部队训练点。再上溯历史，第二次世界大战期间，曾被日军占领和驻军。

"如果不是因为恒逸，我都不知道在文莱还有这么一个岛屿。"在一群皮肤黝黑的文莱员工中，23 岁的钟明芳显得有些不同，肤色偏黄，能说一口流利的中文。她是在文莱长大的第三代华人，毕业于文莱大学，去年 6 月上岛工作。

当地附近的文莱人，生活在大摩拉岛附近，一直都是靠出海捕虾为生，以前每天就在岛附近捕虾，从来没有上去过，他们不敢想象在这个荒岛上，今天会有那么多大型罐器设备，这是近年看到的变化，而这样的变化，也吸引了他们参与到项目建设中，让年轻人有一份稳定的工作和收入，当地的人都非常珍惜。在岛上，中国人勤劳、肯干的精神也正在潜移默化影响着岛上的每一个人。

"刚上岛的时候，感觉被骗了，这不是开玩笑嘛，怎么可能在这里建炼

油厂，就是个不毛之地嘛。"上岛比登月还难，大摩拉岛大桥还没有建成的时候，六七个人挤在一艘小船里，要坐 20 分钟左右才能到岛上。有一年连续几天刮大风，所有人被困在岛上出不去，没吃没喝，后来趁风小一点冒险出去，还差点在海上翻了船。岛上植被非常茂密且有许多沼泽地，一踩下去就没腰了，拔也拔不出来，每天就是和鳄鱼为伍，现在回想起来都觉得害怕。刚开始施工时，条件异常艰苦，每天都要自带快餐和矿泉水上岛，烈日暴晒下，到了中午，饭都馊了。岛上还有非常毒的沙滩苍蝇，很多人被咬过，如果不及时采取措施，腿就会肿得像猪腿一样。

2. 昔日"荒岛"变身生态绿岛

曾一度有传闻称恒逸文莱 PMB 石化项目停滞数年。而事实是，从 2012 年第一次上岛至今，为了把一个沼泽遍地的荒岛开垦成为环境友好、配套齐全的产业基地，恒逸一直在默默耕耘。在国内，政府会将土地处理好，也就是常说的三通一平（通水、通电、通路、平整土地），企业只要进驻就可以开始运作。而文莱因为工业基础较薄弱，需要花费大量的人力物力把这些植被和淤泥都清掉，吹砂回填并将土地垫高，然后还要经过强夯，最后土地才能够作为工业用地使用。通过清表、吹填、打桩、强夯等一系列工作，恒逸为文莱拓展了 100 多公顷陆地国土面积。

大摩拉岛上栖息着许多被列入保护名单的珍稀动植物。在项目建设前，恒逸与文莱环保部门、专业顾问公司和文莱大学一起调查研究，指定周全的迁移方案，将这些珍稀动植物迁移到合适地点。仅猪笼草就迁移了 1 000 多株，更别提岛上的蟒蛇、蜥蜴、鳄鱼等。而当时参与清理工作的只有 140 多人，工作量相当大。恒逸还在该岛四周布设了 6 个环境监测点，每天报告数据。为严格执行环保标准，本来三四个月就可以完成的工作，恒逸花了十几个月。

第二次世界大战期间，文莱被日本侵略占领，日本人在大摩拉岛东侧驻扎阵营。1945 年，同盟国在解放文莱的时候，对这里进行了密集空袭，那些遗留下来的炸弹已经在这座岛上沉睡了数十年。2012 年 11 月 23 日，在岛上施工时，发现挖出的泥土里有个形状奇怪的铁疙瘩，扒开泥土一看竟是一枚炸弹。这是发现的第一枚炸弹，因为随时都有爆炸的可能，当时就联系了文莱警察和军队，一直处理到凌晨 4 点钟。项目有专业的 HSE 工程师，专门处置安全有关问题。恒逸在岛上前后发现各类型的炸弹一共 53 枚，最重的达

118千克，全部由文莱政府聘请新加坡专业排爆机构在岛内引爆。每次引爆的时候，都会升起一团小型"蘑菇云"。

在清表过程中，岛上还发现了一个皇家墓地和一个附近村民的墓地。由于独特的历史、社会和文化原因，文莱宗教色彩和马来民族传统较浓厚，伊斯兰教神圣不可侵犯。为了尊重当地的宗教信仰及风俗习惯，恒逸请了当地建筑公司做了墓地保护，还请了阿訇（穆斯林对主持清真寺宗教事务人员的称呼）对亡灵进行安抚。每年斋月期间，恒逸都会专门派车接送前来祭祖的附近村民，方便他们上下岛。

3. "中国力量"在这座岛创造了奇迹

"中国方案"勾画发展蓝图，"中国行动"彰显大国担当。在"一带一路"建设中，中国的实干精神在新时代的曙光下熠熠生辉。

施工现场，项目一期工程已见雏形，炼塔林立、管廊交错、油罐成群，与碧海蓝天交相辉映。来自不同国家的一万多名施工人员正在高温高湿的环境下日夜劳作。"中国企业非常了不起！从当初的荒岛，到现在初具规模的石化生产基地，我们这里的变化堪称奇迹！"

为了保证国际竞争力，恒逸文莱PMB石化项目，引进当时全球最大的单体单系列芳烃装置和全球第六套灵活焦化工艺装置，通过科学管理、严密组织，创造了不逊于中国国内同类项目建设速度的奇迹。"中国智慧"和"中国质量"为这个水比油贵的东南亚邻国增添了新的发展动力。

图 12.1　恒逸文莱 PMB 石化项目建设现场

这是文莱历史上从未有过的大项目。也是中国人的项目，必须要把它建好。整个项目采用目前全球最先进的工艺技术，比如重整芳烃、加氢裂化用的就是霍尼韦尔 UOP 的工艺包。同时，也采用了先进的国产化技术，比如柴油液相加氢技术，除了能够满足生产欧五标准的柴油，还能降低运行成本。

"中国技术"为文莱注入了加速度，而"中国精神"则为两国勾画出圆梦路径。

在文莱的施工难度很大，雨季暴雨随时可下，当你顶着暴晒作业，觉得一切安全措施都做到位时，一场突如其来的瓢泼大雨就能将所有防线冲垮。大摩拉岛上紫外线极强，除了全套安全服、劳保鞋外，大家还尽可能地用围巾包裹住脖子和脸，然而这身安全"装扮"在高温下令人汗流浃背，甚至晒得脱皮。白天烈日当头，暴雨无处躲闪，与恶劣环境的"战斗"只是建设者们的工作日常。

另外，建筑资源十分稀缺，给施工带来诸多阻碍。一个小小的螺丝杆需要去马来西亚进口。加工一些特殊构件，要运到新加坡。拌混凝土用的砂石也要从别的国家进口，算上入关清关的时间，最快 10 天才能到货。施工淡水紧张时期，甚至要直接从临近的马来西亚林梦地区用船只进口淡水。在国内，这些都是分分钟能解决的事情，而在文莱都没有，等待物资这个过程很痛苦。2017 年 3 月，当打下第一根桩的时候，建设者们真的是百感交集。就是在这样艰难的条件下，中国人一次又一次刷新了世界对中国的认知。

为了如期完工，大家每天自愿加班，经常工作到半夜，打造'中国名片'是建设者自觉的责任。有的项目工程师，已经连续三个春节没有回家，因为要选择最佳观测时间，经常五点多就起床，晚上工作到十一二点也是常有的事，为了这个项目，每个人都在全力以赴。

作为中国最大的海外民营炼化一体化项目，恒逸文莱 PMB 石化项目有六家主承包商，分别是中机国能、中化二建、中化三建、南京南化建、镇海石化工程以及中建安装。此外，还有中国外运、中远海运、上海三航奔腾等多家分包商参与到项目中。在"一带一路"建设中，央企、国企、民企优势互补，抱团出海，助推中国优势、优质产能输出，也让"走出去"的步伐变得更坚定。

海外艰苦的征程令这些背井离乡的中国建设者们，心中五味杂陈，一面是离家的不舍，另一面是向世界展示"中国制造"的满腔热忱，他们毅然决然地坚持着。

2019 年 5 月 2 日，首船原油进入厂区储罐，标志着恒逸文莱 PMB 石化项目正式进入生产试运行阶段。在这激动人心的时候，大家流下了眼泪，抒发着为事业付出的辛勤情感！大家坚信恒逸团队有信心、有能力，建好运行好恒逸文莱 PMB 石化项目，树立恒逸人、中国人的品牌和形象。

4. 这是我们共同的家园

曾经，它是一座人迹罕至的荒岛；如今，它是我们共同的家园。

岛上大部分为中方员工，此外还有文莱本地员工以及来自菲律宾、马来西亚、越南、孟加拉国等国的员工。大家虽然有着不同的肤色，不同的语言，不同的宗教信仰，不同的文化背景，但却在这里成为最亲密的家人。

在岛上，一辆辆上海"永久牌"自行车整齐排列。为了提高岛上员工上下班效率，公司采购了上千辆自行车，分好几批从国内运到。文莱人出行基本靠汽车，大部分人不会骑自行车，马路上基本没有非机动车道。虽然大家有点语言障碍，但是大家还是一遍一遍手把手地学习骑车，时间长了，好多人都会骑了。

图 12.2　荒岛上建起的石化工厂

为了解决语言障碍，实现以英语为工作语言的目标，恒逸还专门为中国籍运营人员开设了英语培训班，分阶段对全体中方员工进行语言培训并考核。

首批人员已经完成了初级英语学习，培训学校的反馈不错。外方人员也经常说，中国同事对我们很友善、很有礼貌，所以特别想学习中文。

岛上还悄然发生着一些浪漫的爱情故事。一个东北大小伙，三年前因为这个项目，与到浙大学习的文莱姑娘相识相知。今年1月，他们在文莱喜结良缘，决定一起为两国梦想而奋斗。

在岛上，没有国籍之分，只要一个眼神一个微笑，就能彼此心领神会。不同文化的人聚在一起，偶尔在岛上打篮球，偶尔去周边森林公园爬山，大家手牵得越来越紧，心也贴得越来越近。当夜幕降临，围坐在一起，一起在岛上看个露天电影。在紧张的工作之余，像一家人一样幸福生活，一起感受文莱虔诚的宁静。

三、倾听世界的声音，不负期待与时行

1. 在海天碧水间结伴齐飞

文莱是中国隔海相望的友好邻邦，自古便是海上丝绸之路的重要组成部分。中国政府高度重视发展同文莱的关系。尽管中文两国在国土面积、人口规模、历史文化等方面存在着诸多差异，但是双方均坚持独立自主的和平发展道路，在国际和地区事务上相互尊重，平等相待，求同存异，密切合作。目前，两国正在成为大小国家和谐共处、互利共赢的典范。

文莱，一个漂在石油上的国家，近年来因为石油产量和油价双双下降而经济捉襟见肘，中国投资则为这个国家带来新的机遇，相信有了中国的先进技术、经验和资金支持，结合文莱的发展意愿和自身优势，文莱或将告别对石油的高度依赖，真正走出一条靠勤劳智慧再致富的经济之路。恒逸文莱PMB石化项目，作为文莱近年来最大的外国直接投资项目，将为文莱经济增长和发展前景注入强劲动力。

荷兰壳牌集团是最早进入文莱的外资公司，一直控制着文莱石油行业的命脉。不过，这与恒逸在文莱的发展并不矛盾。因为壳牌主要从事上游的勘探开发，包括原油及天然气的开采，而恒逸在这里发展的主要是石化整个产业链的中间环节，即炼油化工、石油化工深加工。恒逸和这些当地上游企业是合作关系，而不是竞争关系。把文莱西部壳牌开采的原油，直接运送到东侧大摩拉岛上进行炼化深加工，无论从物流成本还是运输时间的角度，都是

优化的组合。

早在 2012 年，恒逸实业（文莱）有限公司便与文莱壳牌石油公司签署了有关 PMB 石化项目的《原油供应协议》。双方约定，文莱壳牌向恒逸文莱实业每年供应 2007.5 万桶（约合 275 万吨）原油，每批供应数量在 30 万～60 万桶之间，供应年限为 15 年，到期前双方另行协商延长有效期限。文莱壳牌是荷兰皇家壳牌集团和文莱政府按 50：50 出资比例组建的合资公司。

2. 实力圈粉赢得各方信任

此前，中国企业承建的项目，很多都参照欧美的行业标准。恒逸文莱 PMB 石化项目，是按中国石化行业标准走出去的，从设计、采购到制造、施工全部执行中国标准，在与世界接轨的同时，也将中国技术和中国标准推广到世界。

作为第一个吃螃蟹的中国石化企业，难免会引来各方质疑。对于已经习惯了欧美标准的文莱能源局来说，刚开始时并不认可中国标准。从 2013 年到 2015 年，恒逸用了两年多的时间，聘请第三方国际权威机构对拟应用到炼厂设计、施工和运营阶段的所有相关的中国标准与国际标准开展深度比较，通过大量会议沟通，来证明中国标准是可行的、安全的。

在石化工程设计领域，目前中国标准已相当成熟可靠，某些方面甚至优于欧美标准。更重要的是，采用中国标准设计建造项目，能够有力推动国内优质产能、优势装备的输出。

文莱目前有 26 个产业园区，园区分布较为集中，分别位于斯里巴加湾市的西南和东北两侧。西南侧主要是依附于诗里亚地区，该地区是文莱壳牌石油销售有限公司重要陆上石油基地，已经有着 90 年的历史。东北侧主要围绕着大摩拉岛，这是文莱最大的岛屿。对于这个在荒岛上拔地而起的"庞然大物"，项目安保问题一直很受文莱政府与民众密切关注。项目安保主管 Jeffery 有着十年安保经验，曾在文莱—日本合资的甲醇厂担任安保主任。恒逸很重视安保，不仅为员工开展消防、安保等方面的培训，还出资送他们去新加坡参加培训，通过多个国际通用的安全证，提高职业技能。

恒逸也定期组织国会议员及周边社区长老上岛参观，让他们对恒逸文莱 PMB 石化项目有一个更加全面的认识，同时对项目安保工作加强监督检查。

走在文莱的马路上，可能方圆十里见不到一个行人；去文莱商场采购一批碗，都有可能把全国的碗买断货。这是一个喜爱宁静且资源匮乏的小国。岛上一万余名施工人员如果同时下岛，会影响当地资源环境的承载力。目前，大部分施工人员都生活工作在岛上，没有时间下岛。在岛下，为了避免对周边居民造成压力，公司安排了不同生活区，以分散人流。投产运营后，将只留 1 000 多名运营管理人员在岛上工作。项目推进过程中，还有很多方面仍须不断完善，公司会注重倾听当地各界的顾虑及意见，在理解的基础上增强互信。

3. 感谢中国投资雪中送炭

"授人以鱼不如授人以渔。"油气产业是文莱国民经济支柱产业，但是文莱缺乏该方面的专业型人才。为使项目工程能长期惠及当地，并与当地建立和谐互促的关系，恒逸不仅积极雇用本地劳动力，还为当地培养化工人才。

"由恒逸出奖学金，从文莱大学大二的学生挑选一批学生，到浙江大学进行一年半的有关化工方面专业课程的学习。"从 2014 年开始，五年来，这个三方专业人才联合培养项目已经培养了 6 批共 80 名学生，都已在恒逸工作。这是跨国领域校企合作的典范，为恒逸文莱 PMB 石化项目提供未来的工程师储备，并为文莱化工产业发展培养人才。

文莱女孩丽亚娜 2014 年参加了第一批培训，在浙江大学学习化学工程专业课程，同时还学习中文。她还分别在舟山、萧山的石化企业实习了五个月。现在丽亚娜在恒逸已经工作近两年。她说："很喜欢这份工作，作为技术人员受人尊重，而且能为国家作出更大贡献。"杰瑞是该项目奖学金获得者之一，他说："恒逸不仅提供了大量就业岗位，还很重视培养员工，对文莱大学生有很大吸引力。同学们很羡慕我能在恒逸工作"。

"兰州石化职业技术学院—文莱技术教育学院—恒逸"人才联合培养项目，也于去年正式启动，该项目还成功入选首批"中国—东盟高职院校特色合作项目"。目前，第一批 30 名文莱学生，正在兰州石化职业技术学院学习化工实际需要的操作技能。

莫哈默德是摩拉镇上唯一的一位国会议员，也是当地社区的领袖，他表示："很高兴看到大摩拉岛有这么大的变化，大家都特别期待恒逸能够为当地年轻人创造更多就业机会。"

在中国，你可能不知道恒逸，但在文莱，恒逸的名气很大。所有人听到"恒逸"，都会发出一声惊叹，眼神里流露出一份崇拜与感谢。令当地人感到欣喜的是，随着中国推进"一带一路"倡议，中国对文莱的投资肯定会上升。

4. 是责任，更是骄傲

"一带一路"为国家和民族开启"筑梦空间"，也为每一个个体播下梦想的种子。

林森已是身经百战的项目经理，曾在国内负责多个重大石化项目施工，这次远渡海外也感到肩上的压力。"海外施工和管理团队会遇到各种不可预测的问题，要确保高质量、零安全事故建设，这是作为项目负责人的承诺。很庆幸与这群坚守信念的同事共同奋斗"，岛上生活条件不好、工作压力大，项目部却没有一个"逃兵"。最令林森钦佩的是年逾 70 的专家郑祥龙，他退休后放弃了赴美国与妻女团聚，仍坚持工作在文莱施工一线，与团队共同研究最佳施工方案。

岛上发生了很大变化，也有很多美好的故事，伴随着大家的辛苦、付出，创造出了人间奇迹。

四、凝聚合作公约数，共绘建设"工笔画"

1. 走深走实，才能让当地民众享受更多红利

路是走出来的，事业是干出来的，美好蓝图变成现实，需要扎扎实实的行动。

政府服务管理职能的机构，从上到下都对恒逸文莱 PMB 石化项目非常重视，除了日常工作联系外，还会定期组织负责其他项目的员工也上岛参观，了解进展、开展交流。希望一期尽快顺利安全投产，目前已开始和恒逸对接二期总体规划和用地需求。在项目建设期，恒逸为当地中小企业及服务业创造了一些商业机会，除了打开文莱各类工程服务的市场，也促进了附近公寓租赁、餐饮、交通购物等商业的繁荣，相信今年投入运营后，周边制造业及服务业将会得到进一步拉动，直接及间接就业机会也会更多。恒逸是一家很有愿景的企业，期待能为文莱的经济长久繁荣作出更多贡献。

政策在推行、推动、落实的过程当中，除了领袖之间的重视，政府工作人员也起着重要的推动力，只有他们认可、肯定，才能将"一带一路"建设真正铺进民众心里。

文莱 One City 购物中心，琳琅满目的商品，眼花缭乱的商铺，令人目不暇接，中国元素更是随处可见。一家面包店，店员会用简单的中文与顾客进

行沟通，甚至还可以用人民币支付。"我们刚住进来的时候，也没有这么热闹。后来楼下慢慢开始出现一些中国餐厅，口味也做了改良。这里的人特别友善，宿舍环境也挺好，麻雀虽小，五脏俱全，有种家的感觉。"

2. 互利共赢，才能跑得快、站得稳、行得远

"国之交在于民相亲，民相亲在于心连心。"对企业来说，走出去，走进去，走上去，需要与东道国的社区建立良好互动关系，积极履行企业社会责任，回报当地社区，这是树立中国负责任大国形象的需要，同时也是保护企业海外资产的需要。

作为一家文莱本土企业，恒逸正在切实履行人员本土化承诺和企业社会责任，为中文两国友谊"添砖加瓦"。教育方面，由恒逸牵头并出资的两个人才联合培养项目进展顺利，深受文莱学生青睐，为企业实现人员本土化奠定了坚实基础，也为文莱化工产业发展培育了高素质人才。公益慈善方面，每年斋月期间，恒逸都会组织员工到当地社区给一些孤寡贫困家庭送去慰问物资。文莱是一个十分虔诚的伊斯兰国家，而开斋节（即穆斯林新年）是穆斯林最盛大的节日之一，斋月期间的捐赠对穆斯林来说，显得更有意义。除此之外，恒逸还会跟随当地穆斯林一起，清理墓园，敬献鲜花，服务社会。绿色环保方面，在项目前期，恒逸就花费大量人力物力做了珍稀动植物迁移工作，赋予这颗跳动的婆罗洲绿色心脏新的活力。前不久"五一劳动节"，恒逸近百名员工来到 Berakas 生物多样性公园，共同参与公司首次举办的植树造林活动，以积极的环保姿态，立足文莱，造福文莱。

在莫哈默德看来，从陌生到熟悉再到了解，恒逸已经慢慢走进民众心里，"这是一家有情怀的中国企业"。

为了让文莱国家及民众共享发展成果，恒逸将践行承诺，在投入运营后即设立并启动企业社会责任（CSR）委员会及基金，并采用规范化、透明化运作，确定扶助穷困、发展教育、环保公益等重点方向。CSR 委员会及基金首批启动资金 500 万文币，并在今后每年从利润中划拨一定金额向基金注资，将恒逸文莱 PMB 石化项目的未来发展与当地政府、民众利益紧紧连接在一起，努力创造共享价值，追求经济与社会效益的双平衡，向世界诠释中国企业的社会担当。

3. 行稳致远，才能绘就高质量"工笔画"

现在是中国企业"走出去"最好的时代，也是最好的机会。随着"一带一路"

建设不断推进，越来越多企业更有自信地"走出去"。

恒逸作为一家起步于传统纺织制造业的民企，多年来一直在行业中扮演"领头羊"的角色，发展壮大之路是沿着产业链从化纤、聚酯、PTA 到炼油芳烃，一路向上游延伸。今天的恒逸已成为全球领先的 PTA—聚酯生产商龙头企业，而恒逸文莱 PMB 石化项目是其上游炼油炼化产业链布局最关键的一步。项目建成投产后，恒逸将打通全流程石化产业链"最后一公里"，实现真正意义上的石化行业产业链一体化运营。恒逸文莱 PMB 石化项目是恒逸长远战略中至关重要的一环，在解决对二甲苯原料的供应瓶颈的同时，也大幅降低了资金汇率波动给企业带来冲击，实现了企业"走出去"的发展目标。

该项目选址文莱，对于恒逸来说，首先是文莱政治稳定与中国历来交好，当地油气资源丰富，地理位置优越可媲美新加坡，同时文莱给予境外投资企业土地租金、税收优惠政策，而且与中国沿海炼厂相比，还具备物流成本优势。"原料方面，同样从中东进口原油，根据测算，原油物流成本可低至 8 美元/吨，较国内沿海炼厂的物料成本大幅降低。另外油品方面，中国国内的油品产能过剩，汽柴油产品主要出口东南亚市场，而恒逸文莱 PMB 石化项目直接面对东南亚市场，所以整个物流成本是非常有竞争力的。"

企业走出去，是企业和国家利益双赢之选。不过这些年来，中国企业走出去，机会与风险共存，成功与失败参半。恒逸作为国家"走出去"规划的积极践行者，在努力克服文化、宗教等方面带来的境外"水土"不适的同时，还需要解决在管理模式、人才储备、人员本地化等方面带来的难题。作为中国石化企业走出去的先遣队和排头兵，恒逸承载着太多的历史使命和责任，探索者的经验或教训将为后来者留下一笔宝贵财富，助推"一带一路"向高质量发展转变，为世界经济增长提供更多动力，为国际经济合作开辟更大空间。

4. 平等友好，才能奏响美美与共的丝路乐章

共建"一带一路"倡议源于中国，但机会和成果属于世界。文莱犹如"小家碧玉"，中国更像是"大家闺秀"，但两国坚持相互尊重、平等相待、合作共赢，正在携手走向路路相连、美美与共的光明未来。

恒逸文莱 PMB 石化项目一期投入运营后，每年将实现稳定的营业收入和投资回报，产品中的二甲苯、苯等化工产品将销往恒逸在中国的下游企业，汽油和柴油则优先满足文莱国内市场需求，其余部分就近在东南亚当地销售。

项目的投产有助于文莱当地发展油气下游产业，实现产业经济结构转型，提升文莱未来经济的增长力。此外，文莱方面非常重视环保，恒逸文莱项目规划之初，产品中的汽柴煤全部按照能够满足欧 V 以上标准设计，可以将文莱当地的油品使用标准直接提升到欧五标准。

随着一期工程建设接近尾声，规模更大的二期项目也启动在即，二期新增 1 400 万吨原油加工能力和 150 万吨乙烯产能，进一步完善丰富 PMB 石化产业链，提升项目盈利能力和抗风险能力。二期项目预计可再增加 4000 个直接就业岗位以及上万个间接就业机会，为文莱的经济长远发展增添新动力。

项目启动以来，恒逸始终秉持"共商共建共享"原则，在开放合作中做大蛋糕、共享蛋糕。考虑到文莱工业基础薄弱、环境资源有限，当地的公用工程设施无法承载如此大规模的投资项目，恒逸集团承诺，项目规划设计将会立足自我，采用自建发电站、海水淡化厂的方式解决项目的水电需求，富裕的电力也可为当地的民用电网提供支撑，淡水和码头资源亦可考虑与其他新的投资者共享。项目的主要产品将主要依托海外市场和供内部下游企业，在环保及减排方面，项目会加大投资力度，在保障当地财政贡献、创造就业、振兴产业的同时，为文莱保留一方"碧水蓝天"。

"无数铃声遥过碛，应驮白练到安西"，千年之前古丝绸之路的盛况犹在眼前。如今，"一带一路"倡议为企业发展带来了历史新机遇，蓝图绘就，未来可期。

走进新时代，迈向更高点，恒逸正以更加高远的视野、更加凝聚的力量、更加稳健的步伐，为"一带一路"工笔画增添更加细致的笔法，渲染更加厚重的色彩。[1]

文莱 PMB 石油项目

---

[1] 材料由恒逸（实业）文莱公司提供.

第三节　医疗合作项目

摩尔多瓦中医中心技术合作项目

近年来，中医药已然成为中国与世界各国开展人文交流、促进东西方文明交流互鉴的重要内容，成为中国与各国共同维护世界和平、增进人类福祉、建设人类命运共同体的重要载体。中国政府一直致力于推动国际传统医药发展，因此，在2015年7月，由中华人民共和国商务部提供无偿援助，由甘肃中医药大学作为承担单位，在摩尔多瓦共和国首都基希讷，开展了为期2年的援摩尔多瓦中医中心第二期技术合作工作。现技术合作项目已结束，并移交摩方管理。

一、项目背景

摩尔多瓦是原苏联加盟共和国，1991年独立，现为独联体成员国。摩尔多瓦经济发展较为滞后，民众收水平较低。由于历史原因，摩尔多瓦民众对我国比较友好，有良好的群众基础，因此比较符合对外援助的条件。

随着国家"一带一路"倡议的提出，摩尔多瓦共和国作为共建"一带一路"国家与我国在文化、教育、卫生等方面的合作进一步加强。早在2003年2月双方签署了《中华人民共和国卫生部和摩尔多瓦共和国卫生部关于提高卫生专业人员技能合作的议定书》及《中华人民共和国国家中医药管理局和摩尔多瓦共和国卫生部传统医药合作谅解备忘录》。2011年，根据两国政府的换文，由中国政府提供500万元人民币无偿援助，在摩尔多瓦建成中医中心并正式投入使用。中医治疗效果得到了摩尔多瓦当地人民一致好评。2012年10月30日，摩国立医科大学校长阿巴比致信我国驻摩使馆，明确希望中医中心继续运行，并能由医疗转变为医疗和培训并重。

借助国家"一带一路"倡议的大力推进，2014年10月，由甘肃省委省政府的大力支持，甘肃省卫生计生委及省商务厅的全力指导配合，甘肃中医药大学向国家商务部，提交援摩尔多瓦中医中心第二期技术合作项目的可行性研究报告，并申请承担该项目。2015年7月经商务部国际经济合作局招标，甘肃中医药大学作为项目的承接单位，正式开始执行该项目。

二、项目的实施情况

援摩尔多瓦中医中心第二期项目，中国中医专家组由5名专家（包括中医针灸专家2名、推拿康复专家1名、中医专家1名、俄语翻译1名）组成，在摩开展为期2年的中医医疗及培训相关工作。项目主要内容如下：

（1）以摩尔多瓦医师或医学生为对象，开展中医专业培训。

（2）以摩尔多瓦医学生或其他非医学专业学生为对象，开展中医适宜技术培训。

（3）针对当地病患，提供诊疗服务。

2016年1月20日，专家组成员抵达摩尔多瓦中医中心，并根据项目开展工作。

三、项目成绩

1. 中医药诊疗方面

从2016年1月至2018年1月，共治疗门诊病人15 203人次，处方药3 385付，煎药4 290袋。其中中医治疗针灸80%，推拿10%，中药10%。对适宜病人教授真气运行法、八段锦等功法辅助治疗。接诊患者疾病谱广泛，患者除了主要来自摩尔多瓦的普通民众，还吸引了如法国、意大利、德国、瑞士、罗马尼亚、乌克兰、俄罗斯等国家的患者来中医中心就诊。患者有政府现任总理、国会议员、部长、少数党领袖、外国驻摩使馆大使等，这些人员对中医的了解和认可，对中医药在欧洲国家的普及起到了积极的推动作用。

2. 中医药培训开展情况

对外技术合作期间，共承担4期针灸医师进修班培训任务，2期推拿医师进修班的培训教学任务。接受培训人员45人次。

3. 中医药文化推广和宣传

中医药文化推广方面，在基希纳乌市中心与ULIM大学孔子学院联合举办了中医文化宣传日，宣传中医文化，让更多的人了解了中药、针灸及中医诊病的方法，一些人现场体验了针刺。受到了当地各界群众的普遍的欢迎，扩大了中医药在摩当地的影响力。中国中医专家应邀去摩尔多瓦电视台，介绍相关中医知识；摩尔多瓦电视1台，专程到中医中心对中国医疗专家组进行了现场采访，记录了中国医疗队的工作情况，做好中医药在摩尔多瓦的宣传、普及和推动工作。

4. 学术合作方面

专家组在两年援摩尔多瓦的工作，得到了摩国各界人士、华侨、使馆官员的广泛赞扬，为中摩人民友谊和摩尔多瓦人民健康做出积极的贡献。

四、项目的移交工作

按照合同，援摩尔多瓦中医中心第二期技术合作项目于2018年1月结束。1月10日上午在摩尔多瓦国立医药大学举行了项目移交仪式。摩尔多瓦政府部门高级官员、中国驻摩尔多瓦大使、经商处领导、摩国立医药大学校长等出席了移交仪式。摩尔多瓦国务秘书 Buga 先生和总理卫生顾问 Boris 先生，分别代表摩尔多瓦政府和卫生部对该项目的顺利完成表示了祝贺，并对项目在发展和改善摩尔多瓦共和国公共卫生事业，以及完成摩尔多瓦中医中心第二期技术合作项目任务所作出的贡献给予高度评价，并向学校及5名援外专家颁发了政府荣誉证书及奖章。

五、对未来的思考

（1）适当调整选派专家的方式，合理地对专家的调换和派遣作出安排。

（2）积极推进中药材在摩尔多瓦的准入制度，并在药品采购中多考虑摩方的疾病谱，药品采购应与当地疾病谱相结合（解表药、痢疾等基本没用），加大中药有效利用率，推动中药材在当地的推广和应用。[①]

随着共建"一带一路"不断走向深入，越来越多的国家和民众从中受益！一些国家从反对、质疑、观望到参与其中，"一带一路"的朋友圈越来越大！我们在编写该教材的过程中，收集到了很多企业和单位从不同角度、不同方式参与共建"一带一路"的情况，他们在此过程中取得了很大成绩，实现了自身增长与国家开放、东道国家发展的互利多赢。以更加开放的姿态融入经济全球化是中国未来发展的必然选择，特别是目前中美出现贸易争端的情况下，共建"一带一路"彰显了中国实现开放、融合、共同发展的决心和努力，为我国经济的长效发展找到了很好的空间！

---

① 材料由甘肃中医药大学提供．